民间非营利组织会计制度
相关知识读本

—————— 徐军⊙著 ——————

民主与建设出版社

图书在版编目（CIP）数据

民间非营利组织会计制度相关知识读本 / 徐军著 .
—北京：民主与建设出版社，2014.8
ISBN 978-7-5139-0387-5

Ⅰ.①民…　Ⅱ.①徐…　Ⅲ.①社会团体—会计制度—
基本知识—中国　Ⅳ.①F233.2

中国版本图书馆 CIP 数据核字（2014）第 161982 号

出　版　人　许久文
责任编辑　程　旭
封面设计　逸品文化
出版发行　民主与建设出版社
电　　话　（010）59419778　59417745
社　　址　北京市朝阳区曙光西里甲六号院时间国际 8 号楼北楼 306 室
邮　　编　100028
印　　刷　北京明月印务有限责任公司
成品尺寸　148mm×210mm
印　　张　12.5
字　　数　310 千字
版　　次　2014 年 9 月第 1 版　2014 年 9 月第 1 次印刷
书　　号　ISBN 978-7-5139-0387-5
定　　价　39.80 元

注：如有印、装质量问题，请与出版社联系。

前　　言

改革开放以来，随着社会主义市场经济体制的建立和不断完善，我国民间组织进入了快速发展的时期，这些民间组织在社会主义物质文明、精神文明和政治文明建设中，都起到了越来越重要的积极作用，在社会、经济、教育、文化、体育、环保、社会福利等诸多方面为社会提供了高效、优质的服务，为构建和谐社会做出巨大的贡献，同时也起到了政府与企业力所不及的作用。民间组织已成为我国社会主义现代化建设的一支生力军。

目前，国家已出台了《社会团体登记管理条例》《民办非企业单位登记管理暂行条例》《基金会管理条例》以及《民办教育促进法》等法律规定。民政部门和其他有关部门也根据其管理工作制定了一系列配套的政策规定，初步建立了我国民间组织管理的法律法规体系。

2004 年 8 月，财政部正式颁布了《民间非营利组织会计制度》，并已于 2005 年 1 月 1 日起在全国民间非营利组织范围内全面实施。2004 年 10 月财政部、民政部联合下发了关于《认真贯彻实施〈民间非营利组织会计制度〉的通知》。为了贯彻执行《民间非营利组织会计制度》，帮助各类民间组织顺利完成会计核算的接轨工作，完善民间组织的会计核算体系，北京市社会团

体管理办公室与有关单位于 2004 年 11 月组织了数期民间非营利
组织会计制度培训班，培训范围覆盖市级及 18 个区县各类民间
组织。根据北京市社会团体管理办公室掌握的全市各类民间组织
目前的财务状况，结合一些民间组织在实施会计制度接轨工作过
程中提出的问题和要求，我们在原培训讲义的基础上，进行了提
炼、细化和修改，同时也考虑到日常会计核算工作中的一些涉税
问题，我们增添了一些相关税收政策及账务处理方面的知识介
绍，汇集成此财务与税收知识读本，希望能对民间组织的管理和
会计核算工作有所帮助。

民间非营利组织涉及领域及行业十分广泛，其个性问题也十
分突出，我们在编辑这部知识读本的过程中，召集了多次研讨
会，广泛听取了各方意见与建议，并得到了北京市各级民间组织
管理机关的大力支持，但由于时间仓促加之能力所限，且有一些
具体操作环节与制度本身的规定尚需磨合，肯定还会有一些实际
操作问题难以统一认识，本书中这样或那样的不足与纰漏在所难
免，特恳切希望广大读者及民间组织会计人员提出宝贵意见与建
议，以丰富我们的知识，提高我们的能力，争取在服务于北京市
民间组织管理工作中尽一份微薄之力。

目　　录

附录二

民间非营利组织会计制度

附录三

有关法规

财政部　民政部
关于认真贯彻实施《民间非营
利组织会计制度》的通知

2004 年 10 月 28 日财会［2004］17 号

各省、自治区、直辖市、计划单列市财政厅（局）、民政厅（局），新疆生产建设兵团财务局、民政局：

2004 年 8 月 18 日，财政部发布了《民间非营利组织会计制度》（财会［2004］7 号），自 2005 年 1 月 1 日起在全国适用的民间非营利组织范围内实施。为了做好该制度的贯彻实施工作，现将有关事项通知如下：

一、《民间非营利组织会计制度》有利于
规范民间非营利组织的会计行为，
促进民间非营利组织的健康发展

为了进一步完善我国民间非营利组织的法律规范体系，适应民间非营利组织快速发展的需要，财政部发布了《民间非营利组织会计制度》。这一制度统一了会计核算标准，要求民间非营利组织按照制度的规定编制和对外提供财务会计报告。

《民间非营利组织会计制度》的发布意义重大，有利于促进民间非营利组织加强内部管理，完善各项规章制度，规范民间非营利组织的会计核算行为，使各项经济业务的处理有章可循、有法可依；有利于提高民间非营利组织的会计信息质量和透明度，从而提升民间非营利组织在社会各界的诚信度，促进民间非营利组织健康、规范发展。

二、切实做好宣传培训工作，掌握《民间非营利组织会计制度》的基本内容和要求

各级财政、民政等部门应当充分重视《民间非营利组织会计制度》的贯彻实施工作，利用各种方式加大宣传和培训力度，促使民间非营利组织单位负责人重视该制度的执行，使广大民间非营利组织会计人员全面掌握《民间非营利组织会计制度》的各项规定和具体办法。政府监管部门也应熟悉了解该制度的基本要求和主要内容，以便于实施有效监管。

在宣传培训过程中，各级财政、民政部门要充分利用各种新闻媒体、组织有关中介机构等社会力量、发挥院校教师的作用，宣传《民间非营利组织会计制度》的重要意义和内容，为全面贯彻实施《民间非营利组织会计制度》奠定基础。

三、民间非营利组织的单位负责人要认真履行法定职责，保证会计信息真实、完整

根据《中华人民共和国会计法》的规定，单位负责人对单位的会计工作和会计资料的真实性、完整性负责。单位的财务会计报告应当由单位负责人和主管会计工作的负责人、会计机构负责人签名并盖章。因此，民间非营利组织的单位负责人应当保证

本单位按照《民间非营利组织会计制度》的规定进行会计核算，编制财务会计报告。如果民间非营利组织违反《中华人民共和国会计法》以及国家统一的会计制度，单位负责人将作为第一责任人承担相应的行政责任或刑事责任。

民间非营利组织的单位负责人应当根据本单位的具体情况和会计业务的需要，设置会计机构，或者在有关机构中设置会计人员并指定会计主管人员；不具备条件的，应当委托经批准设立从事会计代理记账业务的中介机构代理记账。民间非营利组织应当严格按照《会计档案管理办法》《会计基础工作规范》和《内部会计控制规范》的规定，建立健全本单位的会计核算制度、资产管理制度和内部控制制度，加强本单位的财务会计管理工作。

四、抓紧做好民间非营利组织新旧
会计制度的衔接，保证平稳过渡

民间非营利组织应当自 2005 年 1 月 1 日起严格按照《民间非营利组织会计制度》进行会计核算。目前执行《事业单位会计制度》或其他会计制度的民间非营利组织，应当抓紧做好新旧会计制度的衔接工作，以实现平稳过渡。

民间非营利组织要根据财政部发布的《民间非营利组织会计制度》和《民间非营利组织新旧会计制度有关衔接问题的处理规定》，对现有资产和负债进行全面清查和盘点，明晰产权，建立固定资产目录，设置固定资产卡片，做好各项会计基础工作和执行新制度的准备工作；要建立健全各项财产管理制度，加强资产管理。对于清查出的资产报废、毁损、盘盈盘亏和应确认而未确认的资产以及应确认而未确认的负债等，应当在报经批准后及时进行账务处理。

五、全面贯彻实施《民间非营利组织 会计制度》，加强对制度执行 情况的监督、检查和指导

全面贯彻实施《民间非营利组织会计制度》是一项系统工程，各级财政、民政部门应当加强合作，采取有效措施，做好制度执行情况的监督、检查和指导，切实保证《民间非营利组织会计制度》在本地区民间非营利组织的贯彻实施。财政部门应当依法监督民间非营利组织是否依法建账，会计凭证、账簿、财务会计报告和其他会计资料是否真实、完整，会计核算是否符合《民间非营利组织会计制度》的要求，会计人员是否具备从业资格；将民间非营利组织的会计信息质量作为会计监管的重要工作之一。民政部门在民间非营利组织登记、年检和日常监督管理时，应当检查民间非营利组织财务会计报告是否按照《民间非营利组织会计制度》编制，财务会计报告的内容是否真实、完整，有关财务指标是否符合法定要求。

对于不按照《民间非营利组织会计制度》进行会计核算、编制财务会计报告的，各级财政、民政部门应当依法在自己的职责范围内对民间非营利组织进行行政处罚；对民间非营利组织有违法违规行为，情节严重的，可以撤销登记；对直接负责人和相关责任人构成犯罪的，应当移交司法机关，依法追究刑事责任。各级财政、民政部门还应当充分利用中介机构的力量，加强对民间非营利组织的审计监督。对于依法要求审计的民间非营利组织，应当在提交财务会计报告的同时，提交注册会计师审计报告。对于注册会计师发表了非标准审计意见审计报告的民间非营利组织，应当作为重点检查的对象，各级民政部门在年检和日常监督检查时，也应当予以重点关注。

第一部分

《民间非营利组织会计
制度》概述

一、《民间非营利组织会计制度》
实施的重要意义

财政部于 2004 年 8 月 18 日正式发布了《民间非营利组织会计制度》，并规定自 2005 年 1 月 1 日起施行。该制度的发布对于规范我国民间非营利组织的会计核算行为，真实、完整地反映民间非营利组织的财务状况、运营绩效和现金流量，提高民间非营利组织会计信息质量，促进民间非营利组织的健康发展和规范化管理具有深远的意义。

随着我国社会主义市场经济体制的建立和完善，我国各类民间非营利组织得到了稳定、快速地发展，整体规模和素质都有较大提高。目前我国的民间非营利组织主要分为两类，一类是在民政部门登记的民间非营利组织，其中包括社会团体、基金会、民办非企业单位；另一类是在宗教事务部门登记的寺院、宫观、清真寺和教堂等宗教活动场所。这些民间非营利组织目前已经涉及社会生活的各个领域，形成了适应社会主义市场经济发展需要的层次不同、覆盖广泛的民间非营利组织体系，其影响力及作用愈显重要。

民间非营利组织作为与政府和企业并列的"第三部门"，是市场经济体系的有机组成部分，从而在一定程度上解决政府和市场失调问题，为完善我国社会主义市场经济体系，促进我国社会各项事业的综合、协调发展作出积极贡献。

近年来的实践证明，我国民间非营利组织在激发社会活力、促进社会公平、倡导互助友爱、疏缓就业压力、推进公益事业、化解社会矛盾、解决贸易纠纷、促进科教兴国、保护公民宗教信仰自由权利等方面发挥了重要的作用。它已经成为社会主义市场经济体系中的一支重要力量。

考虑到我国民间非营利组织快速发展和规范管理的客观要求，为了解决我国民间非营利组织执行会计标准较为混乱的状况和法律依据不足的情况，财政部制定和颁布了《民间非营利组织会计制度》。这一制度的颁布，统一了所有民间非营利组织所应遵循的会计标准，要求所有的民间非营利组织必须按照制度的规定进行会计核算，编制财务会计报告。因此，严格执行这一会计制度，既可以大大提高我国民间非营利组织会计信息的可比性和有用性，提高民间非营利组织财务活动和业务活动的透明度，便于政府等部门对该类组织进行监督管理，也可以促使该类组织以高质量的会计信息取信于民，取信于社会，从而有利于其规范、健康发展。

二、什么是民间非营利组织

一般说来，民间非营利组织是指由民间出资举办的、不以营利为目的的，从事教育、科技、文化、卫生、宗教等社会公益性活动的社会服务组织。包括社会团体、基金会、民办非企业单位和寺院、宫观、清真寺、教堂。

社会团体是指中国公民自愿组成，为实现会员共同意愿，按照其章程开展活动的非营利性社会组织。如：各种学会、协会等。

　　基金会是指按照民间捐赠人的意愿设立的专门用于捐赠人指定的社会公益性用途的非营利性基金管理组织。如：各种基金会等。

　　民办非企业单位是指企业事业单位、社会团体和其他社会力量以及公民个人利用非国有资产举办的，从事非营利性社会服务活动的社会组织。主要包括从事科学、教育、文艺、卫生、体育等科学文化类非企业单位。

　　寺院、宫观、清真寺、教堂是由具有宗教信仰和热心宗教的人在国家支持下兴办的开展宗教活动的场所。包括佛教的寺院、道教的宫观、伊斯兰教的清真寺、基督教的教堂等。

三、民间非营利组织的特征

　　在会计上，与其他社会经济组织形式相比，民间非营利组织具有以下特征：

　　1. 不以营利为宗旨和目的

　　民间非营利组织的非营利性，与企业及其他经济组织的营利性相区别。民间非营利组织业务运作的主要目的不是获取一定的利润或等同物。当然，也不排除其因提供社会服务或商品所获得的相应收入及获取的合理费用。民间非营利组织只有不断地实现收支结余，才能保证本组织的存在与发展。

　　2. 资源提供者不取得经济回报

　　民间非营利组织的资金或者其他资源提供者不能从民间非营利组织中获取回报，不能按照其所提供的资金或财产比例获得经济利益，收支结余不得向出资者进行分配。

3. 资源提供者不享有该组织的所有权

资金或其他资源提供者在将资源投入到民间非营利组织后不再享有相关所有者权益，也就是说任何单位或个人不因为出资而拥有民间非营利组织的所有权。即使是在民间非营利组织因故出售、转让、变卖或清算时，也不可以分享一份剩余资金或财产。这一特征将民间非营利组织与企业区分开来。

四、《民间非营利组织会计制度》的特点

《民间非营利组织会计制度》的特点如下：

（1）民间非营利组织的会计目标是满足捐赠人、会员、服务对象、债权人、监管部门等会计信息使用者的决策需要。

（2）以权责发生制原则为会计核算基础。《民间非营利组织会计制度》引入了权责发生制原则，从而要求民间非营利组织计提固定资产折旧，进行成本核算等，有助于民间非营利组织加强资产负债管理和成本管理，提高运营绩效，有效弥补收付实现制会计的不足。

（3）《民间非营利组织会计制度》设置了资产、负债、净资产、收入和费用五个会计要素。

（4）《民间非营利组织会计制度》的计量基础包括历史成本和公允价值。

（5）《民间非营利组织会计制度》净资产分为限定性净资产和非限定性净资产两类进行核算和列报。

（6）《民间非营利组织会计制度》按照交换交易形成的收入和非交换交易形成的收入，分别界定其确认标准。

（7）《民间非营利组织会计制度》要求在对费用的会计核算

中应当严格区分业务活动成本和期间费用。

（8）财务会计报告的内容根据民间非营利组织的业务特点及其会计信息使用者的需求设计。

五、《民间非营利组织会计制度》 规范的主要内容

《民间非营利组织会计制度》的基本指导思想和原则规范了以下内容：

1. 对民间非营利组织一般会计原则的规范

（1）民间非营利组织的会计基本假设包括会计主体、持续经营、会计分期和货币计量四个假设。

（2）民间非营利组织的资金来源、会计信息使用者的特点及其需要等，将满足会计信息使用者的信息需要作为民间非营利组织的会计目标。

（3）民间非营利组织的会计核算应当以权责发生制为基础，有利于真实、完整地提供会计信息。

（4）民间非营利组织会计目标和会计核算基础的要求，制度规范了客观性、相关性、实质重于形式、一贯性、可比性、及时性、可理解性、配比性、历史成本、谨慎性、区分费用性和资本性支出以及重要性12项会计核算基本原则。

（5）民间非营利组织的会计要素划分为资产、负债、净资产、收入和费用五项。

（6）民间非营利组织许多资产的取得没有实际成本，因此，制度在强调"实际成本计量原则"的同时对于一些特殊的交易事项引入了公允价值等计量基础，以弥补实际成本之不足。

2. 对民间非营利组织特殊交易或者事项的会计规范

（1）关于捐赠（包括政府补助）的会计处理。民间非营利组织取得的捐赠应当确认为收入，在业务活动表中予以反映，因为它是业务活动取得的，最终会导致净资产的增加，应当作为收入予以确认。以完整地反映其收入来源和业务活动开展情况。

（2）关于受托代理交易的会计处理。所谓受托代理交易，是指民间非营利组织只是从委托方收到受托资产，并按照委托人的意愿将资产转赠给指定的其他组织或者个人，或者按照有关规定将资产转交给指定的其他组织或者个人的交易行为。民间非营利组织应当对受托代理资产进行确认和计量。在确认一项受托代理资产时，应当同时确认一项受托代理负债，并在资产负债表中单列项目予以反映。

（3）关于净资产的分类与列报。民间非营利组织没有所有权属于出资者的投入资本，也没有针对出资者的分配，所以，民间非营利组织的净资产来源基本为其所获得的收入扣减相应的费用后的余额。这一特征决定了民间非营利组织对于净资产的分类和列报与企业有着明显不同。

在构成民间非营利组织收入来源的相关资产中，因其使用是否受到限制也在性质上有所不同，所以，民间非营利组织的净资产按照其资产的使用是否受到限制进行分类，有助于向会计信息使用者提供较为有用的信息，有利于会计信息使用者据以判断在民间非营利组织的净资产中，哪些是属于其使用受到资产提供者限制的，哪些是属于不受限制的并可以自由支配和使用的。综上所述，制度将净资产分为限定性净资产和非限定性净资产两类进行核算和列报。

（4）关于收入的确认。民间非营利组织的收入一般分为交换性交易收入和非交换性交易收入两类。所谓交换性交易，是指按照等交换原则所从事的交易，即当某一主体取得资产获得服务或者解除债务时，需要向交易对方支付等值或者大致等值的现金，或者提供等值或者大致等值的货物、服务等交易。所谓非交换交易，是指除交换交易之外的交易。

制度对于这两种收入规定了不同的确认标准。具体而言，对于因交换交易所形成的收入，应当按照《企业会计准则——收入》规定的原则予以确认；对于因非交换所形成的收入，应当在满足下列条件时予以确认：①与交易相关的、含有经济利益或者服务潜力的资源能够流入组织并为组织所控制，或者相关的债务能够得到解除；②交易能够引起净资产的增加；③收入金额能够可靠地计量。

（5）关于费用的确认和列报。由于制度规定民间非营利组织的会计核算基础为权责发生制，而且业务活动表的主要功能是用以反映民间非营利组织的经营绩效，所以，制度要求在对费用的会计核算中，应当严格区分业务活动成本和期间费用，将两者分别列报。其中，期间费用又分为管理费用、筹资费用和其他费用。

（6）关于财务会计报告的组织和内容。根据《中华人民共和国会计法》的规定，任何单位必须定期编制财务会计报告，财务会计报告应当包括会计报表、会计报表附注等内容，而且财务会计报告必须真实、完整。根据会计法的要求和民间非营利组织的会计目标，即财务会计报告应当向其使用者提供与其决策有用的信息，真实、完整地反映民间非营利组织的财务状况、经营成果和现金流量，制度规定民间非营利组织的财务会计报告应当包括资产负债表、业务活动表、现金流量表三张基本报表和会计报表附注等内容。

综上所述，我国《民间非营利组织会计制度》的制定和发布，填补了我国会计规范领域的空白，完善了我国会计标准体系，顺应了形势发展的需要，对于我国民间非营利组织的规范发展和监督管理将起到十分重要的作用，是我国会计改革的一个重要举措。

第二部分

民间非营利组织的会计核算

一、资产的核算

（一）资产核算的要求

1. 资产的概念和特征

资产是指过去的交易或者事项形成并由民间非营利组织拥有或者控制的资源，该资源预期会给民间非营利组织带来经济利益或者服务潜力。

第一，资产是由已经发生过的交易或者事项形成。首先资产必须是现实的资产，而不是预期的，不能根据谈判中的交易或计划中的经济业务来确认资产。

第二，资产预期能够导致经济利益流入民间非营利组织，或者带来服务潜力。经济利益，是指直接或间接地流入民间非营利组织的现金或现金等价物。与企业不同的是，民间非营利组织持有许多资产不是为了获取经济利益，而是为了向服务对象提供服务，增加服务潜力。

第三，资产是民间非营利组织所拥有的，或者不为民间非营利组织所拥有，但是民间非营利组织所控制的。民间非营利组织拥有资产，才可能从资产中获取经济利益或服务潜力。有些资产虽然不为民间非营利组织拥有，但是民间非营利组织对其有支配权的，同样也能从中获取经济利益或服务潜力。

2. 资产的初始确认和计量

民间非营利组织在确认资产时，原则上应当按照取得资产时发生的实际成本予以计量，即以资产历史成本入账。但《民间非营利组织会计制度》同时也规定了一些应用历史成本对资产进行初始计量的特殊情况，应当按照制度规定的计量基础进行初始计量，原则上应按公允价值初始计量这些资产。

（1）历史成本的确定。对于民间非营利组织接受捐赠的现金资产，应按实际收到的金额入账。对于民间非营利组织接受捐赠的非现金资产，如接受捐赠的短期投资、存货、长期投资、固定资产和无形资产等，应当按照以下方法确定其入账价值：①如果捐赠方提供了有关凭据（如发票、报关单、有关协议等）的，以凭据上标明金额为入账价值。如果凭据上标明的金额与受赠资产公允价值相差较大，受赠资产以其公允价值为入账价值。②如果捐赠方没有提供有关凭据的，受赠资产以其公允价值为入账价值。对于民间非营利组织接受的劳务捐赠，不予确认，但应当在会计报表附注中作相关披露。

（2）公允价值的确定。公允价值是指在公平交易中，熟悉情况的交易双方自愿进行资产交换或债务清偿的金额。公允价值的确定顺序如下：①如果同类或类似资产存在活跃市场的，应当按照同类或类似资产的市场价格确定公允价格。②如果同类或类似资产不存在活跃市场，或者无法找到同类或类似资产的，应当采用合理的计价方法确定资产的公允价值。

在规定采用公允价值的情况下，如果有确凿的证据表明资产的公允价值确实无法可靠计量，则民间非营利组织应当设置辅助账，单独登记所取得资产的名称、数量、来源、用途等情况，并在会计报表辅助中作相应披露。在以后会计期间，如果该资产的公允价值能够可靠计量，民间非营利组织应当在其能够可靠计量的会计期间予以确认，并以公允价值计量。

3. 资产的后续计量

资产的后续计量主要针对资产在会计期末应以什么计量基础或价值在资产负债表上反映，尤其是在资产价值变动比较大，或者资产的账面价值与其实际价值差异较大的情况下，资产的后续计量就十分重要。

出于会计信息有用性和会计谨慎性原则的考虑，《民间非营利组织会计制度》引入了资产减值会计。民间非营利组织应当定期或至少于每年年度终了，对短期投资、应收款项、存货、长期投资等资产进行减值测试，如果这些资产发生了减值，必须计提减值准备，确认减值损失，并计入当期费用。如果固定资产、无形资产等其他资产发生了重大减值，也应当计提减值准备，确认减值损失，并计入当期费用。如果已计提减值准备的资产价值在以后会计期间得以恢复，则应当在该资产已计提减值准备的范围内部分或全部转回已确认的减值损失，冲减当期费用。

4. 资产的非货币性交易

非货币性交易是指交易双方以非货币性资产进行的交换，这种交换不涉及或只涉及少量的货币性资产（即补价）。其中，货币性资产是指持有的现金及将以固定或可确定金额的货币收取的资产；非货币性资产是指货币性资产以外的资产。

民间非营利组织资产非货币性交易的计量：

（1）未发生补价的非货币性交易。

　　换入资产的入账价值＝换出资产的账面价值＋相关税费

（2）发生补价的非货币性交易。

①支付补价的民间非营利组织：

$$换入资产的入账价值 = 换出资产的账面价值 + 补价 + 相关税费$$

②收到补价的民间非营利组织：

$$换入资产入账价值 = 换出资产账面价值 - 补价 \div 换出资产公允价值 \times 换出资产账面价值 - 补价 \div 换出资产公允价值 \times 应交税金 + 相关税费$$

$$应确认的收入或费用 = 补价 \times [1 - （换出资产账面价值 + 应交税金） \div 换出资产公允价值]$$

（3）多项资产的非货币性交易。在非货币性交易时，如果同时换入多项资产，应按换入各项资产的公允价值占换入资产公允价值总额的比例，对换出资产的账面价值总额和应支付的相关税费进行分配，以确定各资产的入账价值。

$$换入资产甲入账价值 = 换入资产甲公允价值 \div 换入资产公允价值总额 \times （换出资产账面价值 + 相关税费）$$

（二）流动资产的内容及核算方法

流动资产是指预期可在 1 年内（含 1 年）变现或者耗用的资产，主要包括现金、银行存款、短期投资、应收款项、预付账款、存货、待摊费用等。

1. 货币资金的内容及核算

（1）现金。

①现金的管理：

第一，民间非营利组织应当设置"现金日记账"，随时掌握现金的收付和库存余额，加强对现金的管理和核算。现金日记账一般采用"三栏式"格式，由出纳根据审核无误的会计凭证，按照经济业务发生的先后顺序，逐日逐笔登记"现金日记账"。现金的核算必须做到日清月结，其账面余额必须与库存现金、现金的总账余额核对，做到账实、账账相符。

第二，遵守库存现金限额的规定，超过库存限额部分的现金必须在当天或次日上午由民间非营利组织解交银行，以保证现金的安全。

第三，支付现金，应当从本单位库存现金限额中支付或直接从开户银行中提取支付，不得从本单位现金收入中直接支付（即坐支）。因特殊情况需要"坐支"现金的，必须报经有关部门批准并在核定的范围和限额内进行，同时，收支的现金必须入账。

第四，不能用不符合制度规定的票据凭证顶替库存现金（即不得以白条顶库）；不能私借、挪用公款；不能以任何票证代替人民币；不能保留账外现金。

第五，应当健全现金收付票据的复核制度，坚持现金的查库制度，定期或不定期地组织内部审计人员查核库存现金。

②现金的核算：

收到现金，从银行提取现金及结算、清查时：

借：现金

　　贷：银行存款（或其他相关科目）

支付现金，将现金存入银行及结算、清查时：

借：银行存款（或其他相关科目）

　　贷：现金

用于各单位、内部各部门周转的备用金，应在"其他应收款"科目或单独设置"备用金"科目核算，不在"现金"科目核算。

（2）银行存款。

①银行存款的管理：

第一，民间非营利组织应当按开户银行和其他金融机构、存款种类等，分别设置"银行存款日记账"。

第二，"银行存款日记账"由出纳根据审核无误的记账凭证，按业务的发生顺序逐笔登记，每日终了应结出余额。

第三，"银行存款日记账"应至少每月一次与"银行对账单"核对，"银行存款"账面余额与"银行存款对账单"余额之间如有差额，必须逐笔查明原因进行处理，并按月编制"银行存款余额调节表"调节相符。

②银行存款的核算：

款项存入银行时：

借：银行存款

　　贷：会费收入（或其他相关科目）

提取和支出存款时：

借：业务活动成本（或其他相关科目）

　　贷：银行存款

如果在定期对银行存款进行检查时，有确凿证据表明存在银行或其他金融机构的款项已经部分或全部不能收回的，应当将不能收回的金额确认为当期损失：

借：管理费用

　　贷：银行存款

③外币业务的账务处理：

按照业务发生当日（或当期期初）的市场汇率将支付的外币或应支付的外币折算为人民币金额记账。

A. 以外币购入商品、设备、服务等：

借：固定资产（或存货等科目）

　　贷：银行存款——外币户（或其他相关科目）

B. 以外币销售商品、提供服务或者获得外币捐赠等：

借：银行存款——外币户（或应收账款等科目）

　　贷：捐赠收入（或其他相关科目）

C. 借入外币借款时：

借：银行存款——外币户

　　贷：短期借款（或长期借款等科目）

D. 偿还外币借款时：

借：短期借款（或长期借款等科目）

　　贷：银行存款——外币户

E. 发生外币兑换业务时：

购入外币时：

借：银行存款——外币户

　　贷：银行存款——人民币户

按两者之间的差额，借记或贷记"筹资费用"。

卖出外币时：

借：银行存款——人民币户

　　贷：银行存款——外币户

按两者之间的差额，借记或贷记"筹资费用"。

各种外币账户的外币余额，期末时应当按照期末汇率折合为人民币。按照期末汇率折合的人民币金额与账面人民币金额之间的差额，作为汇兑损益计入当期费用。但是，属于在借款费用应予资本化的期间内发生的购建固定资产有关的外币专门借款本金及其利息所发生的汇兑差额，应当予以资本化，记入"在建工程"科目。

（3）其他货币资金。《民间非营利组织会计制度》规定，对于民间非营利组织的外埠存款、银行汇票存款、银行本票存款、信用卡存款、信用证保证金存款和存出投资款等在"其他货币资金"科目核算。

①外埠存款，是指民间非营利组织到外地进行临时或零星采购时，汇往采购地银行开立专户的款项。具体核算如下：

A. 将款项委托当地银行汇往采购地开立专户时：

借：其他货币资金——外埠存款

　　贷：银行存款

B. 收到采购员交来供应单位发票账单等报销凭证时：

借：存货（或其他相关科目）

　　贷：其他货币资金——外埠存款

C. 多余的外埠存款转回当地银行时：

借：银行存款

　　贷：其他货币资金——外埠存款

②银行汇票存款，是指民间非营利组织为取得银行汇票按规定存入银行的款项。具体核算如下：

A. 填送"银行汇票申请书"并将款项交存银行，取得银行汇票后：（根据银行盖章退回的申请书存根联记账）

借：其他货币资金——银行汇票存款

　　贷：银行存款

B. 使用银行汇票后：（根据发票账单等有关凭证记账）

借：存货（或其他相关科目）

　　贷：其他货币资金——银行汇票存款

C. 收到多余款或因汇票超过付款期等原因而退回的款项时：（根据开户行转来的多余款收账通知记账）

借：银行存款

　　贷：其他货币资金——银行汇票存款

③银行本票存款，是指民间非营利组织为取得银行本票按规定存入银行的款项。具体核算如下：

A. 提交"银行本票申请书"并将款项交存银行，取得银行本票后：（根据银行盖章退回的申请书存根联记账）

借：其他货币资金——银行本票存款

　　贷：银行存款

B. 使用银行本票后：（根据发票账单等有关凭证记账）

借：存货（或其他相关科目）

　　贷：其他货币资金——银行本票存款

C. 因本票超过付款期等原因而要求退款时：（填制进账单一式两联，连同本票一并送交银行，根据银行盖章退回的进账单第一联记账）

借：银行存款

　　贷：其他货币资金——银行本票存款

④信用卡存款，是指民间非营利组织为取得信用卡按照规定存入银行的款项。具体核算如下：

A. 填制申请表，连同支票和有关资料一并送交发卡银行后：（根据银行盖章退回的进账单第一联记账）

借：其他货币资金——信用卡存款

　　贷：银行存款

B. 用信用卡购物或支付有关费用时：

借：管理费用（或其他相关科目）

　　贷：其他货币资金——信用卡存款

C. 向信用卡账户续存资金时：

借：其他货币资金——信用卡存款

　　贷：银行存款

⑤信用保证金存款，是指民间非营利组织为取得信用证按规定存入银行的保证金。具体核算如下：

A. 向银行交纳保证金后：（根据银行退回的进账单第一联记账）

借：其他货币资金——信用保证金存款

　　贷：银行存款

B. 收到开证行交来的信用证来单通知书后：（根据信用来单通知书及有关单据列明的金额记账）

借：存货（或其他相关科目）

　　贷：其他货币资金——信用保证金存款

银行存款

⑥存出投资款，是指民间非营利组织存入证券公司但尚未进行投资的资金。具体核算如下：

A. 向证券公司划出资金时：（按实际划出金额记账）

借：其他货币资金——存出投资款

　　贷：银行存款

B. 购买股票、债券等时：（按实际发生的金额记账）

借：短期投资（或其他相关科目）

　　贷：其他货币资金——存出投资款

2. 短期投资

短期投资，是指能够随时变现并且持有时间不准备超过 1 年（含 1 年）的投资，包括股票、债券投资等。

（1）短期投资的初始计量。

①以现金购入短期投资：（按实际支付的全部价款记账）

借：短期投资

　　贷：银行存款

②以接受捐赠方式取得的短期投资：（按接受捐赠时市场价值或公允价值加上相关税费记账）

借：短期投资

　　贷：捐赠收入

③以非货币性交易换入的短期投资：按应收债权账面价值或非货币性资产账面价值加上相关税费，作为投资成本。

借：短期投资

　　　　贷：应收账款（或存货等科目）

　　　　现金

A. 收到补价：

借：短期投资（按应收债权账面价值或非货币性资产账面
价值减去补价，再加上相关税费记账）

　　银行存款（按实际收到的补价记账）

　　　贷：应收账款（或存货等科目——按账面价值记账）

　　　　现金（按交易所产生的相关税费记账）

B. 支付补价：

借：短期投资（按应收债权账面价值或非货币性资产账面
价值加支付的补价和相关税费记账）

　　　贷：应收账款（或其他相关科目——按账面价值记账）

　　　　现金（按交易所产生的相关税费记账）

　　　　应付账款（或其他相关科目——按支付的实际补
价记账）

④短期投资实际支付的价款中包含的已宣告但尚未领取的现
金股利：

　　借：短期投资

　　　其他应收款——应收股利

　　　贷：银行存款

（2）取得短期投资现金股利和利息的核算。《民间非营利组
织会计制度》规定，短期投资的利息或现金股利应当于实际收
到时冲减投资的账面价值，但在购买时已计入应收款项的现金股
利或者利息除外。具体核算如下：

①短期投资持有期间所获得现金股利或利息，除取得时已宣
告计入其他应收款的部分外：

　　借：银行存款

　　　贷：短期投资

②实际收到取得短期投资时已宣告但尚未领取股利或利息，或已到付息期但尚未领取的利息：

借：银行存款

　　贷：其他应收款

（3）短期投资的期末计价。《民间非营利组织会计制度》规定，期末，民间非营利组织应当按照有关规定对短期投资是否发生了减值进行检查。如果短期投资的市价低于其账面价值，应当按照市价低于账面价值的差额计提短期投资跌价准备，确认短期投资跌价损失并计入当期费用。如果短期投资的市价高于其账面价值，应当在该短期投资期初已计提跌价准备的范围内转回市价高于账面价值的差额，冲减当期费用。

①短期投资的市价低于其账面价值：（按照市价低于账面价值的差额记账）

借：管理费用——短期投资跌价损失

　　贷：短期投资跌价准备

②短期投资的市价高于其账面价值：（按照该短期投资期初已计提跌价准备金额记账）

借：短期投资跌价准备

　　贷：管理费用——短期投资跌价损失

3. 应收款项的内容及核算

（1）应收票据，是指民间非营利组织因销售商品、提供服务等而已收到的、且尚未到期的商业汇票（参见图1）。

应收票据入账价值按照其面值入账，具体核算如下：

①不带息票据：

A. 收到开出、承兑的商业汇票时：

借：应收票据

　　贷：商品销售收入（或其他相关科目）

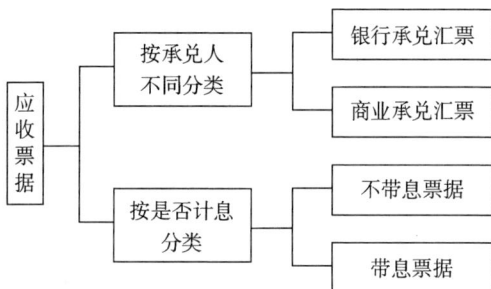

图 1　应收票据

B. 收到用以抵偿应收账款的应收票据时：

借：应收票据

　　贷：应收账款

C. 应收票据到期收回时：

借：银行存款

　　贷：应收票据

D. 应收票据到期，承兑人违约拒付或无力支付票款，民间非营利组织收到银行退回的商业承兑汇票、委托收款凭证、未付票款通知书或拒绝付款证明书等后：

借：应收账款

　　贷：应收票据

②带息票据：

应收票据利息＝应收票据票面金额×票面利率×期限

A. 收到带息票据时：

借：应收票据

　　贷：商品销售收入（或其他相关科目）

B. 期末计提利息：（增加应收票据账面价值，同时冲减筹资费用）

借：应收票据

贷：筹资费用

C. 带息应收票据到期收回款项时：

借：银行存款（按票据账面价值加应收票据利息的金额记账）

　　贷：应收票据（按账面价值加已计提利息部分的金额记账）

　　　　筹资费用（按未计提利息部分记账）

③应收票据转让：

A. 转让不带息应收票据背书时：

借：存货（或其他相关科目——按照所取得物资应确认的成本记账）

　　贷：应收票据（按账面余额记账）

按照实际收到或支付的银行存款等，借记或贷记"银行存款"等科目。

B. 转让带息应收票据背书时：

借：存货（或其他相关科目——按照所取得物资应确认的成本记账）

　　贷：应收票据（按账面余额记账）

　　　　筹资费用（按尚未计提的利息记账）

按照实际收到或支付的银行存款等，借记或贷记"银行存款"等科目。

④应收票据贴现：

带息票据到期值 = 票据面值 × （年利率 × 票据到期天数 ÷ 360）

　　　　　　　 = 票据面值 × （年利率 × 票据到期月数 ÷ 12）

不带息票据到期值 = 票据面值

贴现期 = 票据期限 － 已持有票据期限

贴现利息 = 票据到期价值 × 贴现率 × 贴现期

贴现所得 = 票据到期值 － 贴现利息

A. 持未到期的应收票据向银行贴现：

借：银行存款（按实际收到金额记账）

　　贷：应收票据（按面值记账）

按其差额，借记或贷记"筹资费用"。

B. 如果贴现的商业承兑汇票到期，承兑人的银行账户不足支付，银行即将已贴现的票据退回申请贴现的民间非营利组织，同时从贴现民间组织的账户中将票据款划回：

借：应收账款

　　贷：银行存款

C. 如果申请贴现民间非营利组织的银行存款账户余额不足，银行将作为逾期贷款处理，民间非营利组织应按照转作贷款的本息处理：

借：应收账款

　　贷：短期借款

（2）应收账款，是指民间非营利组织因销售商品、提供服务等主要业务活动，应当向会员、购买单位或接受服务单位等收取的、但尚未实际收到的款项。具体核算如下：

①发生应收账款时：（按应收未收金额记账）

借：应收账款

　　贷：商品销售收入（或其他相关科目）

②收回应收账款时：（按实际收到的款项金额记账）

借：银行存款

　　贷：应收账款

③如果应收账款改用商业汇票结算，在收到承兑的商业汇票时：（按票面价值）

借：应收票据

　　贷：应收账款

④发生销售退回与折让：销售退回是指购买者由于商品质量

或品种不符合规定要求，而将这部分已购买的商品退回给出售单位；销售折让是指对于已购买的质量或品种不符合规定要求的商品不作退回处理，而是要求在价格上给予某些折让。

借：商品销售入（或其他相关科目）
　　贷：应收账款（或银行存款）

（3）其他应收款，是指除应收票据、应收账款以外的其他各项应收暂付款项，它包括应收股利、应收利息，应向职工收取的各种垫付款项、职工借款、应收保险公司赔款等。具体核算如下：

①对外进行短期或长期股权投资应收取的现金股利：

A. 购入股票对外投资时：

借：短期投资（或长期股权投资——按实际支付的全部价款减去其中已宣告但尚未领取的现金股利后的金额记账）
　　其他应收款（按应当领取的现金股利记账）
　　贷：银行存款（按实际支付的价款记账）

B. 对长期股权投资应分得的现金股利或利润被投资单位宣告发放或分派时：

借：其他应收款
　　贷：投资收益（或长期股权投资）

C. 实际收到相关股利或利润时：

借：银行存款
　　贷：其他应收款

②进行短期或长期债权投资应收取的利息：

A. 购入债券对外投资时：

借：短期投资（或长期债权投资——按实际支付的全部价款减去其中已到付息期但尚未领取的利息后的金额记账）

　　其他应收款（按应当领取的利息记账）

　　　　贷：银行存款（按实际支付的价款记账）

　B. 已到付息期应收而未收的利息：

　借：其他应收款

　　　　贷：投资收益

　C. 实际收到相关利息时：

　借：银行存款

　　　　贷：其他应收款

　③其他各项应收、暂付款项：

　A. 发生其他各项应收、暂付款项：

　借：其他应收款

　　　　贷：现金（或银行存款等科目）

　B. 收回各项款项时：

　借：现金（或银行存款等科目）

　　　　贷：其他应收款

　　（4）应收款项和坏账。应收款项，是指民间非营利组织在日常业务活动过程中发生的各项应收未收债权，包括应收票据、应收账款和其他应收款等。应收款项应当按照实际发生额入账，并按照往来单位或个人等设置明细账，进行明细核算。

　　坏账，是指民间非营利组织无法收回或收回的可能性极小的应收款项。由于发生坏账而产生的损失，称为坏账损失。

　　《民间非营利组织会计制度》规定，民间非营利组织在期末，应当分析应收款项的可收回性，对预计可能产生的坏账损失计提坏账准备，确认坏账损失并计入当期费用。即民间非营利组织采用备抵法核算坏账损失。备抵法是采用一定的方法按期预计坏账损失，计提坏账准备，计入当期费用，当某项应收款项全部或部分被确认已经成为坏账时，按确认的坏账金额冲减已计提的坏账准备，同时转销相应的应收款项的一种核算方法。计提坏账准备的范围主要包括应收账款和其他应收款等应收款项。

①坏账准备的计提方法：

A. 个别认定法，就是根据每一项应收账款的情况来估计坏账损失的方法。

B. 账龄分析法，是根据应收款项账龄的长短来估计坏账的方法。账龄指的是债务人所欠款的时间，账龄越长，发生坏账的可能性就越大。在采用账龄分析法时，收到债务单位当期偿还的部分债务后，剩余的应收款项的账龄，应按原账龄加上本期应增加的账龄确定；如果存在多笔应收款项，且各笔应收款项账龄不同的情况下，收到债务单位当期偿还的部分债务，应当先认定收到的是哪笔应收款项，若确实无法认定的，按照先发生先收回的原则确定。

C. 余额百分比法，是根据会计期末应收款项的余额和估计的坏账比率估计坏账损失、计提坏账准备的方法。

②坏账准备的核算：

当期应补提（或冲减）的坏账准备 = 当期应计提的坏账准备金额 − 坏账准备科目贷方余额

A. 计提坏账准备：（按计算的当期应提取的坏账准备金额记账）

借：管理费用——坏账损失

贷：坏账准备

B. 冲减坏账准备：（按计算的当期应冲减的坏账准备金额记账）

借：坏账准备

贷：管理费用——坏账损失

C. 确实无法收回的应收款项，应及时查明原因，根据管理权限，经相关批准后：（按无法收回的金额记账）

借：坏账准备

　　贷：应收账款（或其他应收款科目）

D. 已确认并转销的应收款项在以后期间又收回：（按实际收回的金额记账）

借：应收账款（或其他应收款科目）

　　贷：坏账准备

借：银行存款

　　贷：应收账款（或其他应收款科目）

年末在计提坏账准备时，应考虑当年坏账的实际发生情况，进行补提或冲减坏账准备。

4. 预付账款的内容及核算

预付账款，是指民间非营利组织预付给商品供应单位或者服务提供单位的款项。预付账款和应收账款都是单位的短期债权，应收账款是单位销货引起的，是等待客户付款；预付账款是购货引起的，是本单位主动支付款项形成的。具体核算如下：

①因购货而预付款项时：（按实际预付的金额记账）

借：预付账款

　　贷：银行存款（或其他相关科目）

②收到所购货物时：

借：存货（按所确认购货成本的金额记账）

　　贷：预付账款（按预付的账款金额记账）

按照退回或补付的款项，借记或贷记"银行存款"等科目。

③确凿证据表明预付账款不符合预付款项性质，或因供货单位破产、撤销等原因已无望再收到所购货物：（按预付账款账面余额记账）

借：其他应收款

　　贷：预付账款

民间非营利组织对其预付账款，一般不计提坏账准备，如果已无望收到所购货物的，应先将其转入其他应收款，再按规定计提坏账准备。

5. 存货的内容及核算

存货，是指民间非营利组织在日常业务活动中持有以备出售或捐赠的，或者为了出售或捐赠仍处在生产过程中的，或者将在生产、提供服务或日常管理过程中耗用的材料、物资、商品等。包括材料、库存商品、委托加工材料，以及达不到固定资产标准的工具、器具、用品等。

（1）存货取得的核算。《民间非营利组织会计制度》规定，存货在取得时，应当以其实际成本入账。

①外购存货：按买价加运输费、装卸费、保险费、包装费等费用，运输途中的合理损耗和按规定应计入成本的税金以及其他可直接归属于存货采购的费用，即采购成本，作为实际成本。

借：存货

　　贷：银行存款（或应收账款等科目）

②自行加工或委托加工完成存货：按采购成本、加工成本（包括直接人工以及按照合理方法分配的与存货加工有关的间接费用）和其他成本（指除采购成本、加工成本以外的，使存货达到目前场所和状态所发生的其他指出）作为实际成本。

借：存货

　　贷：银行存款（或应付账款、应付工资等科目）

③接受捐赠的存货：如果捐赠方提供了有关凭证（如发票、报关单、有关协议等）的，应按凭证上标明的金额作为实际成本。如果凭证上表明的金额与受赠资产的公允价值相差较大，或者捐赠方没有提供有关凭据的，受赠资产应以其公允价值作为存货的入账价值。

借：存货

　　贷：捐赠收入

④以非货币性交易取得存货：按应收债权账面价值或非货币性资产账面价值加上相关税费，作为实际成本。

借：存货

　　贷：应收账款（或存货等科目）

　　　　现金

A. 收到补价：

借：存货（按应收债权账面价值或非货币性资产账面价值
　　减去补价，再加上相关税费记账）

　　银行存款（按实际收到的补价记账）

　　贷：应收账款（或存货等科目——按账面价值记账）

　　　　现金（按交易所产生的相关税费记账）

B. 支付补价：

借：存货（按应收债权账面价值或非货币性资产账面价值
　　加支付的补价和相关税费记账）

　　贷：应收账款（或存货等科目——按账面价值记账）

　　　　现金（按交易所产生的相关税费记账）

　　　　应付账款（或其他相关科目——按支付的实际补
　　　　价记账）

（2）存货发出的核算。

①发出存货计价方法：《民间非营利组织会计制度》规定，存货在发出时，应当根据实际情况采用个别计价法、先进先出法或者加权平均法，确定发出存货的实际成本。

A. 个别计价法，是以每次取得存货的实际成本作为计算各次发出存货成本的依据。采用个别计价法，对每次发出的存货，需查明其原来的实际成本，作为发出存货的成本，发出哪批存货就按该批存货的数量与实际单价计价。计算公式如下：

$$每次存货发出成本 = 该次存货发出数量 × \frac{该次存货实际}{收入的单位成本}$$

B. 先进先出法，是假定先收到的存货先发出，或者先收到的存货先耗用，并根据这种假定的存货流转次序对发出存货和期末存货进行计价。采用先进先出法，在接受存货时，逐笔登记每一批存货的数量、单价和金额；在发出存货时，按照先进先出原则计价，逐笔登记存货的发出和结存金额。

C. 加权平均法，是根据期初存货结存和本期取得存货的数量及成本，期末一次计算存货的加权平均单价，作为计算本期发出存货成本和期末结存价值的单价。计算公式如下：

加权平均单价 = （期初结存存货实际成本 + 本期取得存货实际成本）
÷ （期初结存存货数量 + 本期取得存货数量）

本期发出存货成本 = 本期发出存货数量 × 加权平均单价

期末结存存货成本 = 期末结存存货数量 × 加权平均单价

或（采用倒挤成本法计算发出存货的成本）：

期末结存存货成本 = 期末结存存货数量 × 加权平均单价

本期发出存货成本 = 期初结存存货实际成本 + 本期取得存货实际成本
– 期末结存存货成本

②存货发出的账务处理：

业务活动过程中耗用、出售或捐赠存货：

借：业务活动成本

　　管理费用

　　贷：存货

（3）存货的清查。《民间非营利组织会计制度》规定，存货应当定期进行清查盘点，每年至少盘点一次。对于发生的盘盈、盘亏以及过时、变质、毁损等存货，应于期末前查明原因，并根据管理权限，经理事会、董事会或类似机构批准后，在期末结账前处理完毕。具体核算如下：

A. 盘盈存货：

借：存货

　　贷：管理费用

B. 盘亏存货：

借：管理费用（或其他应收款）

　　贷：存货

（4）存货期末的计量。《民间非营利组织会计制度》规定，期末，民间非营利组织应当对存货是否发生了减值进行检查。如果存货的可变现净值低于其账面价值，应当按照可变现净值低于账面价值的差额计提存货跌价准备。如果存货的可变现净值高于其账面价值，应当在该存货期初计提跌价准备的范围内转回可变现净值高于账面价值的差额。具体核算如下：

A. 存货的可变现净值低于其账面价值：（按可变现净值低于账面价值的差额记账）

借：管理费用——存货跌价损失

　　贷：存货跌价准备

B. 存货的可变现净值高于其账面价值：（按可变现净值高于账面价值的差额记账）

借：存货跌价准备

　　贷：管理费用——存货跌价损失

6. 待摊费用

待摊费用，是指民间非营利组织已经支出，但应当由本期和以后各期分别负担的，分摊期在1年以内（含1年）的各项费用，如预付保险费、预付租金等。

待摊费用应按其受益期限在1年内分期平均摊销，计入有关费用。如果某项待摊费用已经不能使民间非营利组织受益，应将其摊余价值一次转入当期有关费用，不应留待以后期间摊销。

①发生待摊费用时：

借：待摊费用

　　贷：现金（或银行存款等科目）

②按受益期限分期平均摊销时：

借：管理费用

　　贷：待摊费用

（三）长期投资的内容及核算方法

长期投资，是指除短期投资以外的投资，包括长期股权投资和长期债权投资等。

1. 长期债权投资

长期债权是指民间非营利组织购入的在 1 年内（不含 1 年）不能变现或不准备

随时变现的债券和其他债权投资。

（1）长期债权投资的初始计量。

①以现金购入长期债权投资：（按实际支付的全部价款记账）

借：长期债权投资

　　贷：银行存款

②以接受捐赠方式取得的长期债权投资：（按接受捐赠时市场价值或公允价值加上相关税费记账）

借：长期债权投资

　　贷：捐赠收入

③以非货币性交易换入的长期债权投资：

按应收债权账面价值或非货币性资产账面价值加上相关税费，作为投资成本。

借：长期债权投资

　　贷：应收账款（或存货等科目）

现金（按交易所产生相关税费记账）

A. 收到补价：

借：长期债权投资（按应收债权账面价值或非货币性资产
　　账面价值减去补价，再加上相关税费记账）

　　银行存款（按实际收到的补价记账）

　　贷：应收账款（或存货等科目——按账面价值记账）

　　　　现金（按交易所产生的相关税费记账）

B. 支付补价：

借：长期债权投资（按应收债权账面价值或非货币性资产
　　账面价值加支付的补价和相关税费记账）

　　贷：应收账款（或存货等科目——按账面价值记账）

　　　　现金（按交易所产生的相关税费记账）

　　　　应付账款（或其他相关科目——按支付的实际补
　　　　价记账）

④长期债权投资实际支付的价款中包含的已到付息期但尚未
领取的债券利息：

借：长期债权投资

　　其他应收款——应收利息

　　贷：银行存款

（2）长期债权投资利息收入的核算。《民间非营利组织会
计》规定，长期债权投资应当按照票面价值与票面利率按期计
算确认利息收入。

①持有到期一次还本付息的债券：

借：长期债权投资——债券投资（应收利息）

　　贷：投资收益

②持有的为分期付息、到期还本的债券：

借：其他应收款——应收利息

　　贷：投资收益

③长期债券投资的初始投资成本与债券面值之间的差额，应当在债券存续期间，按照直线法于确认相关债券利息收入时予以摊销。如长期债券采用溢价（或折价）方式取得，则在确认长期债券利息时，应按债券面值适用的利率计算确定的利息减去（或加上）当期溢价（或折价）摊销额的金额计入当期投资收益。

A. 初始投资成本高于债券面值的长期债券投资：

借：投资收益

　　贷：长期债权投资——债券投资（溢价）

B. 初始投资成本低于债券面值的长期债券投资：

借：长期债权投资——债券投资（折价）

　　贷：投资收益

（3）长期债权投资的处置。《民间非营利组织会计制度》规定，民间非营利组织在处置长期债权投资时，应当将实际取得价款与投资账面价值的差额，确认为当期投资收益。

借：银行存款（按实际取得的价款记账）

　　长期投资减值准备——长期债权投资减值准备（按已计提的减值准备记账）

　　贷：长期债权投资（按长期债权投资的账面余额记账）

　　　　其他应收款——应收利息

　　　　（或"长期债权投资——债券投资（应收利息）"科目——按未领取的债券利息记账）

按其差额，借记或贷记"投资收益"科目。

2. 长期股权投资

长期股权投资，是指通过投资取得被投资单位的股份，持有时间准备超过 1 年（含 1 年）的各种股权性质的投资，包括长期股票投资和其他长期股权投资。

长期股权投资应当区别不同情况，分别采用成本法或者权益法核算。

如果民间非营利组织对被投资单位没有控制、共同控制和重大影响，长期股权投资应当采用成本法核算（占 20% 以下）；如果民间非营利组织对被投资单位具有控制、共同控制或重大影响，长期股权投资应当采用权益法核算（占 20% 以上）。（一般采用权益法）

所谓的控制是指有权决定被投资单位的财务和经营政策，并能据以从该单位的经济活动中获得利益；所谓的共同控制，是指按合同约定对某项经济活动所共有的控制；所谓的重大影响，是指对被投资单位的财务和经营政策有参与决策的权力，但并不决定这些政策。

（1）长期股权投资的初始计量。

①以现金购入长期股权投资：（按实际支付的全部价款记账）

　　借：长期股权投资
　　　　贷：银行存款

②以接受捐赠方式取得的长期股权投资：

（按接受捐赠时市场价值或公允价值加上相关税费记账）

　　借：长期股权投资
　　　　贷：捐赠收入

③以非货币性交易换入的长期股权投资：

按应收股权账面价值或非货币性资产账面价值加上相关税费，作为投资成本。

　　借：长期股权投资
　　　　贷：应收账款（或存货等科目）

现金

A. 收到补价：

借：长期股权投资（按应收股权账面价值或非货币性资产账面价值减去补价，再加上相关税费记账）

银行存款（按实际收到的补价记账）

贷：应收账款（或存货等科目——按账面价值记账）

现金（按交易所产生的相关税费记账）

B. 支付补价：

借：长期股权投资（按应收股权账面价值或非货币性资产账面价值加支付的补价和相关税费记账）

贷：应收账款（或存货等科目——按账面价值记账）

现金（按交易所产生的相关税费记账）

应付账款（或其他相关科目——按支付的实际补价记账）

④长期股权投资实际支付的价款中包含的已到付息期但尚未领取的债券利息：

借：长期股权投资

其他应收款

贷：银行存款

（2）长期股权宣告利润和现金股利的核算。

①成本法核算：采用成本法核算时，被投资单位经股东大会或者类似权力机构批准宣告的利润或现金股利，作为当期投资收益。

A. 投资年度宣告分派股利时：

借：其他应收款——应收股利

贷：长期股权投资

B. 投资年度以后宣告分派股利时：

年度应享有的投资收益＝投资当年被投资单位的净损益×持股比例

×当年投资持有月份÷12

应冲减初始投资成本的金额＝被投资单位分派的利润或现金股利

×持股比例－年度应享有的投资收益

借：其他应收款——应收股利（按年度应享有的投资收益记账）

　　贷：投资收益（按应确认的投资收益记账）

按应冲减初始投资成本的金额，即差额，借记或贷记"长期股权投资"。

②权益法核算：采用权益法核算时，按应当享有或应当分担的被投资单位当年实现的净利润或发生的净亏损的份额调整投资账面价值，并作为当期投资损益。按被投资单位宣告分派的利润或现金股利计算分得的部分，减少投资账面价值。

被投资单位宣告分派的股票股利不作账务处理，但应当设置辅助账进行数量登记。

A. 被投资单位当年实现净利润，确认投资收益：

借：长期股权投资

　　贷：投资收益

B. 被投资单位当年实现净亏损，确认投资损失：

借：投资收益

　　贷：长期股权投资

C. 宣告分派利润或现金股利时：

借：其他应收款——应收股利

　　贷：长期股权投资

D. 实际收到现金或利润时：

借：银行存款

　　贷：其他应收款——应收股利

3. 长期投资减值准备

《民间非营利组织会计制度》规定，期末，民间非营利组织应当对长期投资是否发生了减值进行检查。如果长期投资的可变现净值低于其账面价值，应当按照可变现净值低于账面价值的差额计提长期投资跌价准备。如果长期投资的可变现净值高于其账面价值，应当在该长期投资期初计提跌价准备的范围内转回可变现净值高于账面价值的差额。具体核算如下：

长期投资的可变现净值低于其账面价值：（按可变现净值低于账面价值的差额记账）

借：管理费用——长期投资减值损失
　　贷：长期投资减值准备

长期投资的可变现净值高于其账面价值：（按可变现净值高于账面价值的差额记账）

借：长期投资减值准备
　　贷：管理费用——长期投资减值损失

（四）固定资产的内容及核算方法

1. 固定资产的概念

《民间非营利组织会计制度》规定，固定资产是指同时具有以下特征的有形资产：

①为行政管理、提供服务、生产商品或者出租目的而持有的；

②预计使用年限超过1年；

③单位价值较高。

2. 固定资产的管理

民间非营利组织应当设置"固定资产登记簿"和"固定资产卡片"，按固定资产类别设置明细账，进行明细核算。定期进行对固定资产应进行盘点，做到账、卡、物相符。

3. 固定资产的核算

民间非营利组织应当根据固定资产的概念，结合各自的具体情况，制定适合本单位实际情况的固定资产价值标准、固定资产目录、分类方法、每类或每项固定资产的预计使用年限、预计净残值、折旧方法，作为固定资产核算的依据。

《民间非营利组织会计制度》规定，固定资产初始计量的基本原则是采用实际成本原则，即固定资产在取得时，应当按取得时的实际成本入账。

①购入不需要安装的固定资产：（按购入时实际支付的买价、包装费、运杂费、保险费、专业人员服务费和相关税费等记账）

借：固定资产
　　贷：银行存款

②购入需要安装的固定资产：购入时实际支付的买价、包装费、运杂费、保险费、专业人员服务费和相关税费等通过"在建工程"核算。

借：在建工程
　　贷：银行存款（或存货、应付工资等科目）

待安装完毕后达到可使用状态时，再转入"固定资产"科目。

借：固定资产
　　贷：在建工程

③自行建造的固定资产：自行建造的固定资产应按建造该项资产达到预定可使用状态前所发生的全部必要支出确定其成本。

借：在建工程

　　贷：存货（或应付工资、银行存款等科目）

当所建造的固定资产已达到预定可使用状态时，应将其转为"固定资产"。

借：固定资产

　　贷：在建工程

④接受捐赠的固定资产：如果捐赠方提供了有关凭证（如发票、报关单、有关协议等）的，应按凭证上标明的金额作为实际成本。如果凭证上表明的金额与受赠资产的公允价值相差较大，或者捐赠方没有提供有关凭据的，受赠资产应以其公允价值作为固定资产的入账价值。

借：固定资产

　　贷：捐赠收入

如果接受捐赠的是旧固定资产：

借：固定资产（按全新固定资产的公允价值记账）

　　贷：捐赠收入（按旧固定资产的公允价值记账）

累计折旧（按差额记账）

⑤租入固定资产：

A. 临时租赁：（按租赁费记账）

预付租金时：

借：待摊费用

　　贷：银行存款

每月摊销时：

借：管理费用

　　贷：待摊费用

B. 融资租赁：

融资租入的固定资产，按照租赁协议或者合同确定的价款、运输款、途中保险费、安装调试费以及融资租入固定资产达到预定可使用状态前发生的借款费用等入账。

借：固定资产——融资租入固定资产

　　贷：长期应付款——应付融资租赁款

⑥非货币性交易换入的固定资产：

按应收债权账面价值或非货币性资产账面价值加上相关税费，作为实际成本。

借：固定资产

　　贷：应收账款（或存货等科目）

　　　　现金

A. 收到补价：

借：固定资产（按应收债权账面价值或非货币性资产账面价值减去补价，再加上相关税费记账）

　　银行存款（按实际收到的补价记账）

　　贷：应收账款（或存货等科目——按账面价值记账）

　　　　现金（按交易所产生的相关税费记账）

B. 支付补价：

借：固定资产（按应收债权账面价值或非货币性资产账面价值加支付的补价和相关税费记账）

　　贷：应收账款（或存货等科目——按账面价值记账）

　　　　现金（按交易所产生的相关税费记账）

　　　　应付账款（或其他相关科目——按支付的实际补价记账）

4. 借款费用资本化

为购建固定资产而发生的专门借款的借款费用在规定的允许资本化的期间内，应当按照专门借款的借款费用的实际发生额予以资本化，计入在建工程成本。这里的借款费用包括因借款而发生的利息、辅助费用以及因外币借款而发生的汇兑差额。

（1）借款费用资本化条件。只有在同时具备以下三个条件时，因专门借款所发生的借款费用才允许开始资本化：资产支出已经发生；借款费用已经发生；为使资产达到预定可使用状态所必要的购建活动已经开始。

（2）借款费用停止资本化的条件。当所购建的固定资产达到预定可使用状态时，应当停止借款费用的资本化，之后所发生的借款费用应当于发生时计入当期费用。

所购建的固定资产已达到预定可使用状态时，应当自达到预定可使用状态之日起，将在建工程成本转入固定资产核算。

5. 固定资产的折旧

《民间非营利组织会计制度》规定，民间非营利组织应当对固定资产计提折旧，在固定资产的预计使用寿命内系统地分摊固定资产的成本。

民间非营利组织应当根据固定资产的性质和消耗方式，合理地确定固定资产的预计使用年限和预计净残值。

民间非营利组织应当按照固定资产所含经济利益或者服务潜力的预期实现方式选择折旧方法，可选用的折旧方法包括年限平均法、工作量法、双倍余额递减法和年数总和法。折旧方法一经确定，不得随意变更。如果由于固定资产所含经济利益或者服务潜力预期实现方式发生重大改变而确实需要变更的，应当在会计报表附注中披露相关信息。

①北京市地方税务局对固定资产计提折旧范围的相关规定：

下列固定资产应当提取折旧：房屋、建筑物；在用的机器设备、运输车辆、器具、工具；季节性停用和因修理停用的机器设备；以经营租赁方式租出的固定资产；以融资租赁方式租入的固定资产；财政部规定的其他应当计提折旧的固定资产。

下列固定资产不得提取折旧：土地、房屋、建筑物以外未使用不需用以及封存的固定资产；以经营租赁方式租入的固定资产；已提足折旧继续使用的固定资产、关停企业的固定资产；提前报废的固定资产；财政部、国家税务总局规定的租金收入不计入收入总额而纳入住房周转金的住房；接受捐赠的固定资产。

②固定资产提取折旧的依据和方法：

A. 固定资产应当从投入使用月份的次月起计提折旧；停止使用的固定资产应当从停止使用月份的次月起，停止计提折旧。

B. 固定资产在计提折旧前，应当估计残值，从固定资产原价中减除，残值比例在原价的 5% 以内，由企业自行确定；由于情况特殊，需调整残值比例的，应报主管税务机关备案。

C. 固定资产的折旧年限，除国家已有规定外，最低年限如下：房屋、建筑物为 20 年；火车、轮船、机器、机械和其他生产设备为 10 年；电子设备和火车、轮船以外的运输工具以及与生产经营有关的器具、工具、家具等为 5 年。

D. 可扣除的固定资产折旧的计算，采用直线法。

E. 以融资租赁方式从出租方取得固定资产，其租金支出不得扣除，但可按规定提取折旧。

F. 对促进科技进步、环境保护和国家鼓励投资的关键设备，以及常年处于振动、超强度使用或受酸、碱等强烈腐蚀状态的机器设备，确需缩短折旧年限或采取加速折旧方法的，由纳税人提出申请，经当地主管税务机关审核后，逐级报国家税务总局批准。

③固定资产折旧方法：

A. 年限平均法，是将固定资产的应计折旧额均衡地分摊到固定资产预计使用寿命内的一种方法。采用这种方法计算的每期折旧额均是等额的。计算公式如下：

年折旧率 =（1 − 预计残值率）÷预计使用寿命（年）

月折旧率 = 年折旧率 ÷ 12

月折旧额 = 固定资产原价 × 月折旧率

B. 工作量法，是根据实际工作量计提固定资产折旧额的一种方法。计算公式如下：

单位工作量折旧额 = 固定资产原价 ×（1 − 预计残值率）÷预计总工作量

某项固定资产月折旧额 = $\dfrac{\text{该项固定资产}}{\text{当月工作量}}$ × 单位工作量折旧额

C. 双倍余额递减法，是在不考虑固定资产预计净残值的情况下，根据每年年初固定资产净值和双倍的年限平均法折旧率计算固定资产折旧额的一种方法。应用这种方法计算折旧额时，由于每年年初固定资产净值没有扣除预计净残值，所以在计算固定资产折旧额时，应在其折旧年限到期前两年内，将固定资产净值扣除预计净残值后的余额平均摊销。计算公式如下：

年折旧率 = 2 ÷ 预计使用年限

月折旧率 = 年折旧率 ÷ 12

月折旧额 = 固定资产年初账面余额 × 月折旧率

D. 年数总和法，是将固定资产的原价减去预计净残值后的余额，乘以一个以固定资产尚可使用寿命为分子、以预计使用寿命逐年数字之和为分母的逐年递减的分数计算每年的折旧额。计算公式如下：

年折旧率 = 尚可使用寿命 ÷ 预计使用寿命的年数总和

月折旧率 = 年折旧率 ÷ 12

月折旧额 =（固定资产原价 − 预计残值）× 月折旧率

④固定资产折旧的账务处理：

借：管理费用

贷：累计折旧

6. 在建工程

在建工程，包括施工前期准备、正在施工中的建筑工程、安装工程、技术改造工程等。工程项目较多且工程支出较大的，应当按照工程项目的性质分项核算。

①自营工程：（按直接材料、直接人工、直接机械使用费等确定其成本）

借：在建工程

　　贷：存货

　　　　应付工资

　　　　银行存款

②出包工程：（按应支付的工程价款等确定其成本）

借：在建工程

　　贷：银行存款（或应付账款等科目）

③在建工程发生的工程管理费、征地费、可行性研究费等：

借：在建工程

　　贷：银行存款（或其他相关科目）

④在允许资本化的期间内，为购建固定资产而发生的专门借款的借款费用：（按专门借款的实际发生额记账）

借：在建工程

　　贷：长期借款

⑤出售在建工程，在建工程报废、损毁或者以其他方式处置在建工程时：

借：固定资产清理

　　贷：在建工程

⑥所购建的固定资产已达到预定可使用状态时：（按照在建工程的成本记账）

借：固定资产
　　贷：在建工程

7. 文物文化资产

文物文化资产，是指用于展览、教育或研究等目的的历史文物、艺术品以及其他具有文化或者历史价值并作长期或者永久保存的典藏等。文物文化资产作为固定资产核算，但不必计提折旧。

文物文化资产增加时：
借：文物文化资产
　　贷：银行存款（或其他相关科目）
文物文化资产减少时，与固定资产的处置方法相同。

8. 固定资产后续支出

固定资产投入使用后，为了维护或提高固定资产的使用效能等，需要对现有固定资产进行维护、改建、扩建或者改良，为此所发生的支出即为固定资产的后续支出。

（1）资本化的后续支出。《民间非营利组织会计制度》规定，与固定资产有关的后续支出，如果使可能流入民间非营利组织的经济利益或者服务潜力超过了原先的估计，如延长了固定资产的使用寿命，或者使服务质量实质性提高，或者使商品成本实质性降低，则应当计入固定资产账面价值，但其增计后的金额不应超过该固定资产的可收回金额。

固定资产发生的可资本化后续支出，通过"在建工程"核算。

借：在建工程
　　贷：银行存款
在固定资产的后续支出完工并达到预定可使用状态时，应在后续支出资本化后的固定资产账面价值不超过其可收回金额的范围内，转入"固定资产"科目。

　　借：固定资产
　　　　贷：在建工程

　　（2）费用化的后续支出。固定资产维护支出的发生只是确保固定资产的正常工作状况，它并不导致固定资产性能的改变或固定资产未来经济利益的增加。因此，应在发生时一次性直接计入当期费用。

　　借：管理费用
　　　　贷：银行存款

9. 固定资产的处置

　　《民间非营利会计制度》规定，民间非营利组织由于出售、报废或者毁损等原因而发生的固定资产清理尽损益，应当计入当期收入或费用。民间非营利组织应当设置"固定资产清理"科目核算。

　　①将所处置固定资产转入清理时：
　　借：固定资产清理（按所处置固定资产的账面价值记账）
　　　　贷：累计折旧（按已提取的折旧记账）
　　　　　　固定资产（按固定资产账面余额记账）
　　②清理固定资产过程中发生的费用和相关税金：（按实际发生额记账）
　　借：固定资产清理
　　　　贷：银行存款
　　③收回处置固定资产的价款、残料价值和变价收入等时：
　　借：银行存款（或现金、其他应收款等科目）
　　　　贷：固定资产清理
　　④结转固定资产清理后的净损益：

结转净收益：

借：固定资产清理

　　贷：其他收入

结转净损失：

借：其他费用

　　贷：固定资产清理

10. 固定资产盘盈盘亏

《民间非营利组织会计制度》规定，民间非营利组织对固定资产应当定期或者至少每年实地盘点一次。对盘盈、盘亏的固定资产，应当及时查明原因，并根据管理权限，报经批准后，在期末前结账处理完毕。

①固定资产盘盈：（按固定资产公允价值记账）

借：固定资产

　　贷：其他收入

②固定资产盘亏：

借：管理费用（按固定资产账面价值扣除可收回的赔偿记账）

　　其他应收款（或现金、银行存款等科目——按可以收回的保险赔偿和过失人赔偿等记账）

　　贷：固定资产（按已提取的该固定资产的累计折旧记账）

　　　　累计折旧（按该固定资产的账面余额记账）

11. 固定资产的期末计价

民间非营利组织应当在期末对固定资产是否发生了减值进行检查。如果固定资产的可变现净值低于其账面价值，应当按照可变现净值低于账面价值的差额计提固定资产跌价准备。如果固定资产的可变现净值高于其账面价值，应当在该固定资产期初计提跌价准备的范围内转回可变现净值高于账面价值的差额。具体核算如下：

①固定资产的可变现净值低于其账面价值：（按可变现净值低于账面价值的差额记账）

借：管理费用——固定资产减值损失

　　贷：固定资产减值准备

②固定资产的可变现净值高于其账面价值：（按可变现净值高于账面价值的差额记账）

借：固定资产减值准备

　　贷：管理费用——固定资产减值损失

（五）无形资产的内容及核算方法

无形资产，是指非营利组织为开展业务活动、出租给他人或为管理目的而持有的且没有实物形态的非货币性长期资产，包括专利权、非专利技术、商标权、著作权、土地使用权等。

1. 无形资产的初始计量

《民间非营利组织会计制度》规定，无形资产在取得时，应当按取得时的实际成本计量。

①购入的无形资产：（按实际支付的价款确定实际成本）

借：无形资产

　　贷：银行存款

②自行开发并按法律程序申请取得的无形资产：（按依法取得时发生的注册费、聘请律师费等费用作为实际成本）

借：无形资产

　　贷：银行存款

依法取得前，在研究与开发过程中发生的材料费用、直接参与开发人的工资及福利费、开发过程中发生的租金、借款费用等直接计入当期费用。

借：管理费用

　　贷：银行存款

③接受捐赠的无形资产：如果捐赠方提供了有关凭证（如发票、报关单、有关协议等）的，应按凭证上标明的金额作为实际成本。如果凭证上表明的金额与受赠资产的公允价值相差较大，或者捐赠方没有提供有关凭据的，受赠资产应以其公允价值作为无形资产的入账价值。

借：无形资产

　　贷：捐赠收入

④非货币性交易换入的无形资产：按应收债权账面价值或非货币性资产账面价值加上相关税费，作为实际成本。

借：无形资产

　　贷：应收账款（或存货等科目）

　　　　现金

A. 收到补价：

借：无形资产（按应收债权账面价值或非货币性资产账面价值减去补价，再加上相关税费记账）

　　银行存款（按实际收到的补价记账）

　　贷：应收账款（或存货等科目——按账面价值记账）

　　　　现金（按交易所产生的相关税费记账）

B. 支付补价：

借：无形资产（按应收债权账面价值或非货币性资产账面价值加支付的补价和相关税费记账）

　　贷：应收账款（或存货等科目——按账面价值记账）

　　　　现金（按交易所产生的相关税费记账）

　　　　应付账款（或其他相关科目——按支付的实际补

价记账）

2. 无形资产的摊销

《民间非营利组织会计制度》规定，无形资产应当自取得当月起在预计使用年限内分期平均摊销，计入当期费用，根据每期应摊销金额记账。

借：管理费用

　　贷：无形资产

如果预计使用年限超过了相关合同规定的受益年限或法律规定的有限年限，该无形资产的摊销年限按如下原则确定：

①合同规定了受益年限但法律没有规定有效年限的，摊销期不应超过合同规定的受益年限；

②合同没有规定受益年限但法律规定了有效年限的，摊销期不应超过法律规定的有效年限；

③合同规定了受益年限，法律也规定了有效年限的，摊销期不应超过受益年限和有效年限两者之中较短者。

如果合同没有规定受益年限，法律也没有规定有效年限的，摊销期不应超过 10 年。

3. 无形资产的处置

《民间非营利组织会计制度》规定，民间非营利组织处置无形资产，应当将实际取得的价款与该项无形资产的账面价值之间的差额，计入当期收入或费用。

①实际取得价款高于无形资产的账面价值：

借：银行存款（按实际取得价款记账）

　　贷：无形资产（按该项无形资产的账面余额记账）

其他收入（按差额记账）

②实际取得价款低于无形资产的账面价值：

借：银行存款（按实际取得价款记账）

其他费用（按差额记账）

贷：无形资产（按该项无形资产的账面余额记账）

4. 无形资产的期末计价

由于民间非营利组织的无形资产在一般情况下发生减值的可能性小，因此，在会计期末无形资产通常不必计提减值准备。但是，如果无形资产发生了重大减值，应当对无形资产的可收回金额进行估计，并根据该无形资产的账面价值超过可收回金额的部分，计提减值准备，确认减值损失，并将所确认的减值损失计入当期费用。账务处理如下：

①无形资产发生重大减值时：

借：管理费用——无形资产减值准备

贷：无形资产减值准备

②无形资产减值在以后期间得以恢复：

借：无形资产减值准备

贷：管理费用——无形资产减值准备

如果无形资产计提了减值准备，那么相应的无形资产的摊销也需要相应的调整。民间非营利组织应根据无形资产的账面价值（无形资产账面余额减去计提的减值准备后的余额）在剩余年限内进行摊销。

（六）受托代理资产的内容及核算方法

受托代理资产，是指民间非营利组织接受委托方委托从事受托代理业务而收到的资产。在受托代理过程中，民间非营利组织通常只是从委托方收到受托资产，并按照委托人的意愿将资产转赠给指定的其他组织或个人，或者按照有关规定将资产转交给指定的其他组织或个人。民间非营利组织只是在委托代理过程中起中介作用，无权改变受托代理资产的用途或者变更受益人。

①收到受托代理资产时：

借：受托代理资产

　　　贷：受托代理负债

②转赠或转出受托代理资产时：

借：受托代理负债

　　　贷：受托代理资产

民间非营利组织收到的受托代理资产如果为现金、银行存款或其他货币资金，可以不通过本科目核算，而在"现金"、"银行存款"、"其他货币资金"科目下设置"受托代理资产"明细科目进行核算。

二、负债的核算

（一）流动负债的内容及核算方法

流动负债，是指将在 1 年内（含 1 年）需偿还的债务。包括短期借款、应付款项、预收账款、应付工资、应交税金、预提费用和预计负债等。

1. 短期借款

《民间非营利组织会计制度》规定，短期借款是民间非营利组织向银行或其他金融机构等借入的期限在 1 年以下（含 1 年）的各种借款。具体核算如下：

①取得短期借款：

借：银行存款

　　　贷：短期借款

②短期借款计息：

A. 短期借款的利息是按季度或半年度支付的，或者利息是在借款到期时连同本金一并归还，并且利息金额较大，可以采用预提的办法，按月预提计入费用。

借：筹资费用

　　贷：预提费用

B. 短期借款的利息是按月支付的，或者利息是在借款到期时连同本金一并归还但是数额不大的，可以采用按实际支付的利息记账。

借：筹资费用

　　贷：银行存款

③偿还短期借款：

A. 按月计提利息的短期借款归还时：

借：短期借款（按归还的本金记账）

　　预提费用（按已预提的利息记账）

　　筹资费用（按当月发生的利息记账）

　　贷：银行存款（按偿付的本金和利息记账）

B. 按月支付利息的短期借款归还时：

借：短期借款（按短期借款本金记账）

　　筹资费用（按支付的利息记账）

　　贷：银行存款（按偿付的本金和利息记账）

2. 应付款项

（1）应付票据，是民间非营利组织购买材料、商品和接受服务供应等而开出、承兑的商业汇票，包括银行承兑汇票和商业承兑汇票。具体核算如下：

①民间非营利组织因购买商品和接受服务供应等而开出、承兑的商业汇票时：

借：存货（或其他相关科目）

　　贷：应付票据

②以承兑商业汇票抵付应付账款时：

借：应付账款

　　贷：应付票据

③支付银行承兑汇票的手续费时：

借：筹资费用

　　贷：银行存款

④应付票据到期，收到银行支付到期票据的付款通知时：

借：应付票据

　　贷：银行存款

如无力支付票款：（按应付票据的账面余额记账）

借：应付票据

　　贷：应付账款

⑤如为带息应付票据，应当在期末或到期时计算应付利息：

借：筹资费用

　　贷：应付票据

到期不能支付的带息应付票据，转入"应付账款"科目核算后，期末时不再计提利息。

（2）应付账款，是民间非营利组织因购买材料、商品和接受服务供应等而应付给供应单位的款项。具体核算如下：

①民间非营利组织发生应付账款时：（按照应付未付金额记账）

借：存货（或管理费用等科目）

　　贷：应付账款

②民间非营利组织支付应付账款时：

借：应付账款

　　贷：银行存款

③民间非营利组织如有确实无法支付的应付账款或是被其他

单位承担的应付款项：

　　借：应付账款

　　　　贷：其他收入

　　④开出、承兑商业汇票抵付账款时：

　　借：应付账款

　　　　贷：应付票据

　　（3）其他应付款，是民间非营利组织应付、暂收其他单位或个人的款项。具体核算如下：

　　①发生各种应付、暂收款项：

　　借：银行存款（或管理费用等科目）

　　　　贷：其他应付款

　　②支付或清算时：

　　借：其他应付款

　　　　贷：银行存款

3. 预收账款

　　预收账款，是民间非营利组织向服务和商品购买单位预收的各种款项。具体核算如下：

　　①购货单位预收款项时：（按照实际预收的金额记账）

　　借：银行存款（或其他相关科目）

　　　　贷：预收账款

　　②确认收入时：（按照本科目账面余额记账）

　　借：预收账款

　　　　贷：商品销售收入（或其他相关科目）

　　按照补付或退回的款项，借记或贷记"银行存款"等科目。

4. 应付工资

　　应付工资，是指民间非营利组织应付未付的员工工资总额。

包括在工资总额内的各种工资、奖金、津贴等，不论是否在当月支付，都应当通过本科目核算。

①民间非营利组织应当按照相关规定，根据考勤记录、工时记录、工资标准等，编制"工资单"，计算各种工资，并应当将"工资单"进行汇总，编制"工资汇总表"。

②支付工资时：

借：应付工资

　　贷：现金（或银行存款等科目）

从应付工资中扣还各种款项（如代垫的房租、家属药费、个人所得税等）：

借：应付工资

　　贷：其他应收款（或应交税金等科目）

③月末，将本期应发的工资进行分配：

A. 行政管理人员的工资：

借：管理费用

　　贷：应付工资

B. 应当记入各项业务活动成本的人员工资：

借：业务活动成本

　　贷：应付工资

C. 应当由在建工程负担的人员工资：

借：在建工程

　　贷：应付工资

5. 应交税金

应交税金，是指民间非营利组织应缴未缴的各种税费。民间非营利组织应按有关国家税法规定缴纳各种税费，如营业税、增值税、所得税、房产税、个人所得税等。在"应交税金"科目下，按税种分别设置明细科目。

（1）应交营业税. 应交营业税计算公式如下：

应交营业税 = 营业额 × 税率

①民间非营利组织因主要业务活动而发生营业税时：

借：业务活动成本——业务活动税金及附加

　　贷：应交税金——应交营业税

②民间非营利组织因非主要业务活动而发生营业税时：

借：其他费用

　　贷：应交税金——应交营业税

③实际缴纳营业税时：

借：应交税金——应交营业税

　　贷：银行存款

（2）应交增值税。民间非营利组织发生需交增值税的业务时，进行应交增值税的核算。（民间非营利组织一般属小规模纳税人）

①发生纳税义务时：

借：银行存款

　　贷：商品销售收入

　　　　应交税金——应交增值税

②实际交纳增值税时：

借：应交税金——应交增值税

　　贷：银行存款

（3）应交土地增值税。应交土地增值税是因民间非营利组织转让国有土地使用权、地上建筑物及其附着物取得收入，并取得增值额而缴纳的土地增值税。这里的增值额是指转让房地产所取得的收入减去规定扣除项目金额后的余额。

计算土地增值额的主要扣除项目有：取得土地使用权所支付的金额；开发土地的成本、费用；新建房屋及配套设施的成本、费用，或者旧房及建筑物的评估价格；与转让房地产有关的税金。

①在"固定资产"或"在建工程"科目核算的国有土地使用权与其地上建筑物及其附着物进行转让时：

借：固定资产清理

　　贷：应交税金——应交土地增值税

②在"无形资产"科目核算的国有土地使用权进行转让时：

借：其他费用

　　贷：应交税金——应交土地增值税

（4）应交城市维护建设税和教育费附加。

①应交城市维护建设税是以实际缴纳增值税、消费税、营业税（简称"三税"）的税额为计税依据。

A. 核算城市维护建设税时：（按"三税"税额的7%核算）

借：业务活动成本——业务活动税金及附加

　　贷：应交税金——应交城市维护建设税

B. 实际缴纳城市维护建设税时：

借：应交税金——应交城市维护建设税

　　贷：银行存款

②教育费附加是以实际缴纳增值税、消费税、营业税（简称"三税"）的税额为计税依据的。

A. 核算教育费附加时：（按"三税"税额的3%核算）

借：业务活动成本——业务活动税金及附加

　　贷：应交税金——应交城市维护建设税

B. 实际缴纳教育费附加时：

借：应交税金——应交城市维护建设税

　　贷：银行存款

（5）应交房产税、土地使用税、车船使用税。

①应交房产税依据房产价格征收的房产税，按房产原值依次

减除 10% ~30% 后的余额计算缴纳。没有房产原值作为依据的，由房产所在地税机关参考同类房产核定。房产出租的，以房产租金收入作为房产税的计税依据。

②应交土地使用税是以纳税人实际占用的土地面积为计税依据，按照规定的税额计算征收。

③应交车船使用税是由拥有并且使用车船的单位和个人缴纳，按使用车船的适用税额计算征收。

④应交房产税、土地使用税、车船使用税的核算：

A. 发生纳税义务时：

借：管理费用

　　贷：应交税金——应交房产税（或土地使用税、车船使用税）

B. 实际缴纳税款时：

借：应交税金——应交房产税（或土地使用税、车船使用税）

　　贷：银行存款

（6）印花税和契税。印花税是对书立、领受购销合同等凭证行为征收的税款。契税是对境内转移土地、房屋权属，向承受的单位和个人征收的一种税。印花税和契税，不通过"应交税金"科目核算。

①印花税：

购买印花税票时：

借：管理费用（或待摊费用等科目）

　　贷：银行存款

②契税：

取得土地使用权、房屋时：

借：固定资产（或无形资产等科目）

　　贷：银行存款

（7）应交所得税。

A. 发生纳税义务时：

借：其他费用——所得税

　　贷：应交税金——应交所得税

B. 实际缴纳所得税时：

借：应交税金——应交所得税

　　贷：银行存款

C. 按现行规定实行所得税先征后返时：（在实际收到时冲减当期其他费用）

借：银行存款

　　贷：其他费用——所得税

（8）应交个人所得税。

①发生纳税义务时：（按规定计算应代扣代缴的个人所得税）

借：应付工资

　　贷：应交税金——应交个人所得税

②实际缴纳时：

借：应交税金——应交个人所得税

　　贷：银行存款

6. 预提费用

预提费用，是指民间非营利组织预先提取的已经发生但尚未支付的费用，如预提的租金、保险费、借款利息等。

①民间非营利组织在日常活动中发生的某些费用不一定当时就要支付，但按照权责发生制原则，属于当期的费用应该在发生当期确认：

借：筹资费用（或管理费用等科目）

　　贷：预提费用

②实际支出时：

借：预提费用
　　　贷：银行存款

7. 预计负债

《民间非营利组织会计制度》规定，预计负债是指民间非营利组织对因或有事项所产生的现时义务而确认的负债。或有事项是因过去的交易或事项形成的一种状况，其结果须由未来不确定事件的发生或不发生加以证实。民间非营利组织比较常见的或有事项主要有对外提供担保、未决诉讼、未决仲裁等。

①预计负债的确认：

民间非营利组织在经营过程中，可能发生或有事项。如果或有事项的结果很可能导致经济利益流出民间非营利组织，同时满足负债确认条件，则民间非营利组织需要将其确认为负债。

②预计负债的核算：

A. 确认预计负债时：

借：管理费用
　　　贷：预计负债

B. 需要偿付时：

借：预计负债
　　　贷：银行存款

C. 转回预计负债时：

借：预计负债（或银行存款）
　　　贷：管理费用

（二）长期负债的内容及核算方法

1. 长期借款

长期借款是指民间非营利组织向银行或其他金融机构等借入

的期限在 1 年以上（不含 1 年）的各种借款。具体核算如下：

①取得长期借款时：

借：银行存款

　　贷：长期借款

②长期借款计息时：

长期借款的借款费用包括借款利息、辅助费用以及因外币借款而发生的汇兑差额等。

A. 为购建固定资产而专门借入的长期借款：

固定资产在允许资本化的期间内所发生的应予资本化的借款费用，计入在建工程成本：（按专门借款应予资本化的借款费用的实际发生额记账）

借：在建工程

　　贷：长期借款

固定资产达到预定可使用状态以后发生的借款费用，于发生时计入当期筹资费用：

借：筹资费用

　　贷：长期借款

B. 其他长期借款，借款费用在发生时计入当期筹资费用：

借：筹资费用

　　贷：长期借款

C. 还长期借款时：

借：长期借款

　　贷：银行存款

2. 长期应付款

长期应付款主要指民间非营利组织融资租入固定资产发生的应付租赁款。

①融资租入固定资产，应当在租赁开始日，按租赁协议或者

合同确定的价款、运输费、途中保险费、安装调试费以及融资租入固定资产达到预定可使用状态前发生的利息支出和汇兑损益等。

借：固定资产——融资租入固定资产

　　贷：银行存款（或应付账款等科目）

②长期支付融资租赁费时：

借：长期应付款

　　贷：银行存款

租赁期满，如合同规定将固定资产所有权转归承租民间非营利组织，应当进行转账，将固定资产从"融资租入固定资产"明细科目转入有关明细科目。

（三）受托代理负债的内容及核算方法

《民间非营利组织会计制度》规定，受托代理负债是指民间非营利组织因从事受托代理业务、接受受托代理资产而产生的负债。受托代理负债应当按照相对应的受托代理资产的金额予以确认和计量。

在受托代理过程中，民间非营利组织通常只是从委托方收到受托资产，并按照委托人的意愿将资产转赠给指定的其他组织或个人，或者按照有关规定将资产转交给指定的其他组织或个人。民间非营利组织只是在委托代理过程中起中介作用，无权改变受托代理资产的用途或者变更受益人。

①收到受托代理资产时：

借：受托代理资产（或银行存款、现金等科目）

　　贷：受托代理负债

②转赠或转出受托代理资产时：

借：受托代理负债

　　贷：受托代理资产（或银行存款、现金等科目）

三、净资产的核算

(一) 民间非营利组织的净资产

根据《民间非营利组织会计制度》的规定，民间非营利组织的净资产是指资产减去负债后的余额，即：净资产 = 资产 - 负债。引起净资产增减变动主要有两种情况：第一，由于含有经济利益或服务潜力的资源流入组织，使得组织的资产增加，或者负债减少，从而导致净资产增加，即民间非营利组织获得了收入而导致净资产增加；第二，由于含有经济利益或服务潜力的资源流出组织，使得组织的资产减少，或负债增加，从而导致净资产减少，即民间非营利组织发生了费用而导致净资产减少。即民间非营利组织的净资产变动主要来自于收入减去费用后的余额。

由于民间非营利组织的资源提供者既不从组织取得经济回报，也不享有组织的所有权，民间非营利组织没有与企业一样的所有者权益和对所有者的分配问题。所以，民间非营利组织的资产或来源于对外借款等负债，或来源于其自身业务活动的积累（包括设立时获得的初始活动资金或原始基金），比如社会各界的捐赠、政府补助、会员交纳的会费、销售商品或提供有偿服务的所得等。也就是说，在民间非营利组织的总资产中，扣除债权人对其享有要求权的资产（即负债）之后，剩余的就是该组织自己享有要求权的资产，即净资产。

《民间非营利组织会计制度》按净资产是否受到限制，将其分为限定性净资产和非限定性净资产。

(二) 限定性净资产的内容及核算方法

如果资产或者资产所产生的经济利益（如资产的投资收益

和利息等）的使用受到资产提供者或者国家有关法律、行政法规所设置的时间限制或（和）用途限制，则由此形成的净资产即为限定性净资产，国家有关法律、行政法规对净资产的使用直接设置限制的，该受限制的净资产亦为限定性净资产。

时间限制，是指资产提供者或者国家有关法律、行政法规要求民间非营利组织在收到资产后的特定时期之内或特定日期之后使用该项资产，或者对资产的使用设置了永久限制。

用途限制，是指资产提供者或者国家有关法律、行政法规要求民间非营利组织将收到的资产用于某一特定用途。

民间非营利组织的董事会、理事会或类似权力机构对净资产的使用所作的限定性决策、决议或拨款限额等，属于民间非营利组织内部管理上对资产使用所作的限制，不属于制度规定的限定性净资产。

①期末结转限定性收入：

借：捐赠收入——限定性收入

政府补助收入——限定性收入

贷：限定性净资产

②限定性净资产的限制已经解除：

当存在下列情况之一时，可以认为对限定性净资产或相关资产的限制已经解除：

A. 所限定净资产或相关资产的限制时间已经到期；

B. 所限定净资产或相关资产规定的用途已经实现（或者目的已经达到）；

C. 资产提供者或者国家有关法律、行政法规撤销了对限定性净资产或相关资产所设置的限制。

借：限定性净资产

贷：非限定性净资产

③资产在取得时未作限制要求，但在后来增设了限制条件：

借：非限定性净资产

　　贷：限定性净资产

（三）非限定性净资产的内容及核算方法

民间非营利组织的净资产中除了限定性净资产之外的其他净资产，即为非限定性净资产。

期末结转非限定性收入和成本费用项目：

①期末结转非限定性收入：

借：捐赠收入——非限定性收入

　　会费收入——非限定性收入

　　提供服务收入——非限定性收入

　　政府补助收入——非限定性收入

　　商品销售收入——非限定性收入

　　投资收益——非限定性收入

　　其他收入——非限定性收入

　　贷：非限定性净资产

②期末结转成本费用项目：

借：非限定性净资产

　　贷：业务活动成本

　　　　管理费用

　　　　筹资费用

　　　　其他费用

四、收入的核算

（一）民间非营利组织的收入

民间非营利组织的收入是指民间非营利组织开展业务活动取

得的、导致本期净资产增加的经济利益或者服务潜力的流入。收入只包括民间非营利组织自身的经济利益流入，不包括为第三方代收的款项或其他资产等，比如民间非营利组织因从事受托代理交易而收取的款项等。

1. 按收入的来源分类

收入按其来源分为捐赠收入、会费收入、提供服务收入、政府补贴收入、投资收益、商品销售收入等主要业务活动收入和其他收入。

（1）捐赠收入。捐赠收入是指民间非营利组织接受其他单位或个人捐赠所取得的收入。

（2）会费收入。会费收入是指民间非营利组织根据章程等的规定向会员收取的会费。

（3）提供服务收入。提供服务收入是指民间非营利组织根据章程等的规定向服务对象提供服务取得的收入，包括学费收入、医疗费收入、培训收入等。

（4）政府补助收入。政府补助收入是指民间非营利组织接受政府拨款或者政府机构给予的补助而取得的收入。

（5）投资收益。投资收益是指民间非营利组织因对外投资取得的投资净损益。

民间非营利组织如果有除上述捐赠收入、会费收入、提供服务收入、政府补贴收入、投资收益、商品销售收入之外的其他主要业务活动收入，也应当单独核算。

（6）商品销售收入。商品销售收入是指民间非营利组织销售商品（如出版物、药品等）等所形成的收入。

（7）其他收入。其他收入是指除上述主要业务活动以外的其他收入，如固定资产处置净收入、无形资产处置净收入等。

对于民间非营利组织接受的劳务捐赠，不予确认，但应当在会计报表附注中作相关披露。

2. 按交易过程是否有实物或权利的交割分类

（1）交换交易收入，是指交换交易所形成的收入。交换交易是指按照等价交易原则所从事的交易，即当某一主体取得资产、获得服务或者解除债务时，需要向交易对方支付等值或者大致等值的现金，或者提供等值或者大致等值的货物、服务等的交易。如按照等价原则销售商品、提供劳务等属于交换交易。

（2）非交换交易收入，是指非交换交易所形成的收入。非交换交易是指除交换交易之外的交易。在非交换交易中，某一主体取得资产、获得服务或者解除债务时，不必向交易对方支付等值或者大致等值的现金，或者提供等值或者大致等值的货物、服务等；或者某一主体在对外提供货物、服务等时，没有收到等值或者大致等值的现金、货物等。如捐赠、政府补助等属于非交换交易。

3. 按是否存在限定条件分类

民间非营利组织对于各项收入应当按是否存在限定区分为非限定性收入和限定性收入。

如果资产提供者对资产的使用设置了时间限制或者（和）用途限制，则所确认的相关收入为限定性收入；除此之外的其他收入，为非限定性收入。

民间非营利组织的会费收入、提供服务收入、商品销售收入和投资收益等一般为非限定性收入，除非相关资产提供者对资产的使用设置限制。民间非营利组织的捐赠收入和政府补助收入，应当视相关资产提供者对资产的使用是否设置了限制，分为限定性收入和非限定性收入进行核算。

（二）收入确认的基本原则

民间非营利组织在确认收入时，应区分交换交易收入和非交换交易收入。

1. 交换交易收入的确认

（1）因交换交易所形成的商品销售收入，在满足下列条件时予以确认：

①已将商品所有权上的主要风险和报酬转移给购货方；

②既没有保留通常与所有权相联系的继续管理权，也没有对已售出的商品实施控制；

③与交易相关的经济利益能够流入民间非营利组织；

④相关的收入和成本能够可靠的计量。

（2）因交换交易所形成的提供劳务收入，按以下规定予以确认：

①在同一会计年度内开始并完成的劳务，应当在完成劳务时确认收入；

②如果劳务的开始和完成分属不同的会计年度，可以按完工进度或完成的工作量确认收入。

（3）由于交换交易所形成的因让渡资产使用权而发生的收入，在同时满足下列条件时予以确认：

①与交易相关的经济利益能够流入民间非营利组织；

②收入的金额能够可靠地计量。

2. 非交换交易收入的确认

对于因非交换交易所形成的收入，应当在下列条件同时满足时予以确认：

（1）与交易相关的含有经济利益或者服务潜力的资源能够

流入民间非营利组织并为其所控制，或者相关的债务能够得到
解除；

（2）交易能够引起净资产的增加；

（3）收入的金额能够可靠地计量。

一般情况下，对于无条件的捐赠或政府补助，应当在捐赠或
政府补助收到时确认收入；对于附条件的捐赠或政府补助，应当
在取得捐赠资产或政府补助或资产控制权时确认收入，但当民间
非营利组织存在需要偿还全部或部分捐赠资产（或者政府补助
资产）或者相应金额的现时义务时，应当需要偿还的金额同时
确认一项负债和费用。

（三）收入的内容及核算方法

收入类科目应设置"限定性收入"和"非限定性收入"明
细科目核算。

1. 捐赠收入

民间非营利组织应当将捐赠收入区分为限定性捐赠收入与非
限定性捐赠收入。

如果捐赠人对捐赠资产的使用设置了时间限制或者（和）
用途限制，则所确认的相关捐赠收入为限定性收入；如果捐赠方
对捐赠的使用没有设置时间限制或用途限制，则所确认的相关捐
赠收入为非限定性收入。

（1）接受捐赠时：

借：银行存款（或固定资产等科目）

　　贷：捐赠收入——非限定性收入（或限定性收入）

对于接受的附条件捐赠，如果存在需要偿还全部或部分捐赠
资产或相应金额的现时义务时（比如因无法满足捐赠所附条件
而必须将部分捐赠款退还给捐赠人时）：（按照需要偿还的金额

记账）

　　借：管理费用

　　　　贷：其他应付款

　　（2）限定性捐赠收入的限制在确认收入的当期得以解除：

　　借：捐赠收入——限定性收入

　　　　贷：捐赠收入——非限定性收入

　　（3）期末，结转捐赠收入：

　　借：捐赠收入——限定性收入

　　　　贷：限定性净资产

　　借：捐赠收入——非限定性收入

　　　　贷：非限定性净资产

　2. 政府补助收入

　　民间非营利组织应当将政府补助收入区分为限定性政府补助收入与非限定性政府补助收入：如果政府（或政府机构）对政府补助资产的使用设置了时间限制或者（和）用途限制，则所确认的相关收入为限定性政府补助收入；如果政府（或政府机构）对政府补助资产的使用没有设置时间限制或用途限制，则所确认的相关收入为非限定性政府补助收入。

　　（1）接受政府补助：

　　借：银行存款（或固定资产等科目）

　　　　贷：政府补助收入——非限定性收入（或限定性收入）

　　对于接受的附条件政府补助，如果存在需要偿还全部或部分政府补助资产或相应金额的现时义务时（比如因无法满足政府补助所附条件而必须将部分政府补助款退还时）：（按照需要偿还的金额记账）

　　借：管理费用

　　　　贷：其他应付款

②限定性政府补助收入的限制在确认收入的当期得以解除：

借：政府补助收入——限定性收入

　　贷：政府补助收入——非限定性收入

③期末，结转政府补助收入：

借：政府补助收入——限定性收入

　　贷：限定性净资产

借：政府补助收入——非限定性收入

　　贷：非限定性净资产

3. 会费收入

一般而言，民间非营利组织的会费收入为非限定性收入，除非相关资产提供者对资产的使用设置了限制。

（1）向会员收取会费：

借：银行存款（或应收账款等科目）

　　贷：会费收入——非限定性收入（或限定性收入）

（2）期末，结转会费收入：

借：会费收入——限定性收入

　　贷：限定性净资产

借：会费收入——非限定性收入

　　贷：非限定性净资产

4. 商品销售收入

一般而言，民间非营利组织的商品销售收入为非限定性收入，除非相关资产提供者对资产的使用设置了限制。

（1）销售商品取得收入时：（按实际受到或应当收取的价款记账）

借：银行存款（或应收账款等科目）

　　贷：商品销售收入——非限定性收入（或限定性收入）

（2）发生销售退回时：

未确认收入的已发出商品的退回，不需要调整商品销售收入、商品销售成本。

已确认收入的销售商品退回：

借：商品销售收入（按应当冲减的商品销售收入记账）

　　贷：银行存款（或应收账款等科目）

借：存货（按退回商品成本记账）

　　贷：业务活动成本

如果该项销售发生现金折扣，应当在退回当月一并处理，将原确认的现金折扣用红字冲销。

（3）报告期间资产负债表日至财务报告批准报出日之间发生的报告期间或以前期间的销售退回：（应作为资产负债表日后事项的调整事项处理，调整报告期间会计报表的相关项目）

借：非限定性净资产（或限定性净资产——按应冲减的商品销售收入记账）

　　贷：银行存款（或应收账款等科目）

借：存货（按退回商品的成本记账）

　　贷：非限定性净资产

（4）销售方发生现金折扣时：

借：银行存款（按实际收到的金额记账）

　　筹资费用（按应给予的现金折扣记账）

　　贷：应收账款（或应收票据——按应收的账款记账）

购买方实际获得现金折扣时：

借：应付账款（或应付票据等科目——按应付的账款记账）

　　贷：筹资费用（按实际获得的现金折扣记账）

银行存款（按实际支付的价款记账）

（5）销售折让应在实际发生时直接从当期实现的销售收入中抵减。

（6）期末，结转商品销售收入：

借：商品销售收入——限定性收入

　　贷：限定性净资产

借：商品销售收入——非限定性收入

　　贷：非限定性净资产

5. 提供服务收入

一般而言，民间非营利组织的提供服务收入为非限定性收入，除非相关资产提供者对资产的使用设置了限制。

（1）提供服务取得收入时：

借：银行存款（或应收账款等科目——按实际收到或应当收取的价款记账）

　　贷：提供服务收入——非限定性收入（或限定性收入）

（2）期末，结转提供服务收入：

借：提供服务收入——限定性收入

　　贷：限定性净资产

借：提供服务收入——非限定性收入

　　贷：非限定性净资产

6. 投资收益

一般而言，民间非营利组织的投资收益为非限定性收入，除非相关资产提供者对资产的使用设置了限制。

（1）短期投资收益。出售短期投资或到期收回债券本息：

借：银行存款（按实际收到的金额记账）

　　短期投资跌价准备（按已计提的减值准备记账）

　　贷：短期投资（按所出售或收回短期投资的账面余额记账）

　　　　其他应收款（按未领取的现金股利或利息记账）

按其差额，借记或贷记"投资收益"科目。

（2）长期股权投资收益。

①采用成本法核算的，被投资单位宣告发放现金股利或利润时：（按该组织应享有的宣告发放的现金股利或利润记账）

借：其他应收款

　　贷：投资收益

②采用权益法核算的，期末调整账面价值：（按该组织应享有的被投资单位当年实现的净利润或净亏损记账）

被投资单位实现净利润：

借：长期股权投资

　　贷：投资收益

被投资单位发生净亏损：

借：投资收益

　　贷：长期股权投资

③处置长期股权投资时：

借：银行存款（或其他相关科目）

　　长期投资减值准备

　　贷：长期股权投资

　　　　其他应收款

按其差额，借记或贷记"投资收益"科目。

（3）长期债权投资收益。

①长期债权投资持有期间：

到期一次还本付息的债券投资：

借：长期债券投资——债券投资（应收利息）

　　贷：投资收益

分期付息、到期还本的债券投资：

借：其他应收款

　　贷：投资收益

　　长期债券投资的初始投资成本与债券面值之间的差额，应在债券存续期间，按直线法于确认相关债券利息收入时摊销。

初始投资成本高于债券面值：（按应当分摊的金额记账）

借：投资收益

　　贷：长期债权投资

初始投资成本低于债券面值：（按应当分摊的金额记账）

借：长期债权投资

　　贷：投资收益

②处置长期债权投资时：

借：银行存款（或其他相关科目——按实际取得的价款记账）

　　长期投资减值准备（按已计提的减值准备记账）

　　贷：长期债权投资

　　　　长期债权投资——债券投资（应收利息）

　　　　（或其他应收款——按未领取的现金股利记账）

按其差额，借记或贷记"投资收益"科目。

③期末，结转投资收益：

借：投资收益——限定性收入

　　贷：限定性净资产

借：投资收益——非限定性收入

　　贷：非限定性净资产

7. 其他收入

　　一般而言，民间非营利组织的其他收入为非限定性收入，除非相关资产提供者对资产的使用设置了限制。

　　（1）现金、存货、固定资产等盘盈的，根据管理权限报经批准后：

借：现金（或存货、固定资产、文物文化资产等科目）

　　　　贷：其他收入——非限定性收入（或限定性收入）
　（2）处置固定资产：
　　借：固定资产清理
　　　　贷：其他收入——非限定性收入（或限定性收入）
　（3）处置无形资产：
　　借：银行存款
　　　　贷：无形资产
　　按其差额，借记或贷记"其他收入"科目。
　（4）确认无法支付的应付款项：
　　借：应付账款（或其他应付款等科目）
　　　　贷：其他收入
　（5）非货币性交易中收到补价时，应确认的损益：
　　借：存货（或其他相关科目）
　　　　贷：其他收入
　（6）期末，结转其他收入：
　　借：其他收入——限定性收入
　　　　贷：限定性净资产
　　借：其他收入——非限定性收入
　　　　贷：非限定性净资产

五、费用的核算

（一）民间非营利组织的费用

　　民间非营利组织的费用是指民间非营利组织为开展业务活动所发生的、导致本期净资产减少的经济利益或者服务潜力的流出。费用按照其功能分为业务活动成本、管理费用、筹资费用和其他费用等。

1. 业务活动成本

业务活动成本是指民间非营利组织为了实现其业务活动目标、开展其项目活动或者提供服务所发生的费用。

如果民间非营利组织从事的项目、提供的服务或者开展的业务比较单一，可以将相关费用全部归集在"业务活动成本"项目下进行核算和列报；如果民间非营利组织从事的项目、提供的服务或者开发的业务种类较多，民间非营利组织应当在"业务活动成本"项目下分项目、服务或者业务大类进行核算和列报。

2. 管理费用

管理费用是指民间非营利组织为组织和管理其业务活动所发生的各项费用。

管理费用包括民间非营利组织董事会（或者理事会或者类似权力机构）经费和行政管理人员的工资、资金、福利费、住房公积金、住房补贴、社会保障费、离退休人员工资与补助，以及办公费、水电费、邮电费、物业管理费、差旅费、折旧费、修理费、租赁费、无形资产摊销费、资产盘亏损失、资产减值损失、因预计负债所产生的损失、聘请中介机构费和应偿还的受赠资产等。其中，福利费应当依法根据民间非营利组织的管理权限，按照董事会、理事会或类似权力机构等的规定据实列支。

3. 筹资费用

筹资费用是指民间非营利组织为筹集业务活动所需资金而发生的费用。

筹资费用包括民间非营利组织为了获得捐赠资产而发生的费用，以及应当计入当期的借款费用、汇兑损失（减汇兑收益）等。民间非营利组织为了获得捐赠资产而发生的费用包括举办筹款活动的费用，准备、印刷和发放募款宣传资料费以及其他与募款或者争取捐赠资产有关的费用。

4. 其他费用

其他费用是指民间非营利组织发生的、无法归属到上述业务活动成本、管理费用或者筹资费用中的费用，包括固定资产处置净损失、无形资产处置净损失等。

民间非营利组织的某些费用如果属于多项业务活动或者属于业务活动、管理活动和筹资活动等共同发生的，而且不能直接归属于某一类活动，应当将这些费用按照合理的方法在各项活动中进行分配。

（二）民间非营利组织的费用与成本的区别

成本则是指因提供劳务、销售商品、让渡资产使用权等日常活动而发生的实际成本。

费用是为组织和管理提供劳务、销售商品、让渡资产使用权等日常活动所发生的管理费用。

（三）费用的确认及计量原则

1. 与费用确认和计量有关的会计核算基础与原则

民间非营利组织在确认费用时，应当遵循《民间非营利组织会计制度》中规定的会计核算基础与基本原则，其中尤其应当注意以下三项原则：

（1）权责发生制原则：民间非营利组织的会计核算应以权责发生制为基础。根据权责发生制原则，凡是当期已经发生或应由当期负担的费用，不论款项是否收付，都应当作为当期的费用；凡是不属于当期的费用，即使款项已在当期支付，也不应当作为当期的费用。

（2）划分应计入当期费用的支出和应予以资本化的支出原则：

民间非营利组织在进行会计核算时，应当合理划分应当计入当期费用的支出和应当予以资本化的支出。根据划分应计入当期费用的支出和应予以资本化的支出原则，不能作为当期的费用；如果某项支出的效益仅及于一个会计期间，则应当确认为当期费用。

（3）配比原则：民间非营利组织在会计核算中，所发生的费用应当与其相关的收入相配比，同一会计期间内的各项收入和与其相关的费用，应当在该会计期间内确认。根据配比原则，为获得当期收入所发生的费用，应当确认为当期费用。配比原则的基本含义在于，当收入已经实现时，某些资产已被消耗（如物料用品）或已被出售（如商品），以及劳务已经提供（如专设的销售部门人员提供的劳务），对于已被耗用的这些资产和劳务的成本，应当在确认有关收入的期间确认为费用。

2. 费用的确认

民间非营利组织发生的业务活动成本、管理费用、筹资费用和其他费用，应当在实际发生时按其实际发生额计入当期费用。

3. 费用的计量原则

费用的计量，即确定费用确认时的金额。根据《民间非营利组织会计制度》的规定，民间非营利组织在业务活动中发生的各项费用，包括业务活动成本、管理费用、筹资费用和其他费用，应当在实际发生时按照其实际发生额计入当期费用。

如果民间非营利组织的某些费用是属于多项业务活动，或者属于业务活动、管理活动和筹资活动等共同发生的，而且不能直接归属于某一类活动，则应当将这些费用按照合理的方法在各项活动中进行分配。

（四）费用的内容及核算方法

1. 业务活动成本

业务活动成本，是指民间非营利组织为了实现其业务活动目标、开展其项目活动或者提供服务所发生的费用。

如果民间非营利组织从事的项目、提供的服务或者开展的业务比较单一，可以将其相关费用全部归集在"业务活动成本"项目下进行核算和列报；如果民间非营利组织从事的项目、提供的服务或者开展的业务种类较多，民间非营利组织应当在"业务活动成本"项目下分别按项目、服务或者业务大类进行核算和列示。

（1）业务活动成本的内容。业务活动成本是按照项目、服务或业务种类等进行归集的费用。如果民间非营利组织的某些费用是因业务活动、管理活动和筹资活动等共同发生的，而且不能直接归属于某一类活动，则应当将这些费用按照合理的方法在各项活动中进行分配。

①销售商品成本，核算当期所出售商品的实际成本以及与销售商品有关的直接和间接费用；

②提供服务成本，核算当期所提供服务的实际成本以及与提供服务有关的直接和间接费用；

③会员服务成本，核算当期免费提供给会员的杂志等商品的实际成本以及免费向会员提供的培训、咨询等服务或活动的实际成本等以及与会员服务有关的直接和间接费用；

④捐赠项目成本，核算对外捐赠款项、捐出商品的实际成本等以及与捐赠项目有关的直接和间接费用；

⑤业务活动税金及附加，核算业务活动应负担的税金及附加，包括营业税、城市维护建设税、教育费附加等；

⑥业务活动费，核算为业务活动发生的、无法合理分摊至某项或某类业务活动的间接费用。

（2）业务活动成本的核算。

①发生业务活动成本时：

借：业务活动成本

　　贷：银行存款（或应付账款等科目）

②期末结转业务活动成本：

借：非限定性净资产

　　贷：业务活动成本

2. 管理费用

管理费用，是指民间非营利组织为组织和管理其业务活动所发生的各项费用，包括民间非营利组织董事会（或者理事会或者类似机构）经费和行政管理人员的工资、资金、津贴、福利费、住房公积金、住房补贴、社会保障费、离退休人员工资与补助以及办公费、水电费、邮电费、物业管理费、差旅费、折旧费、修理费、无形资产摊销费、存货盘亏损失、资产净值损失、因预计负债所产生的损失、聘请中介机构费和应偿还的受赠资产等。

民间非营利组织发生的管理费用，应当在发生时按其发生额计入当期费用。

（1）管理费用的具体内容。

①管理部门职工方面的费用：

人员薪金，指在职人员工资、奖金、津贴、福利费以及其他工资性质的支出等；

工会经费，指按职工工资总额（扣除按规定标准发放的住房补贴）的2%计提并拨交给工会使用的经费；职工教育费，指用于职工培训、学习的费用，以提高职工的文化水平，学习先进技术；住房公积金、住房补贴；社会保障费，指按规定交纳的医疗保险，失业保险、养老保险、工伤保险和生育保险；离退休人员工资与补助，指支付给退休职工的退休金、医疗费、生活补助、福利费等。

②管理部门日常经费：

部门经费，指行政管理部门直接发生的办公费、物料消耗、差旅费、水电费、邮寄费、通讯费、物业管理费等；董事会经费，指单位董事会、理事会或类似权力机构及其成员为执行职权而发生的各项费用，包括成员津贴、差旅费、会议费等；咨询费，指向有关咨询机构进行经营管理等咨询所支付的费用或支付单位经济顾问、法律顾问、技术顾问的费用；聘请中介机构费用，指聘请会计师事务所进行审计、验资、资产评估等发生的费用；诉讼费，指向法院起诉或应诉而支付的费用；业务招待费，指为业务活动的合理需要而支付的费用，应据实列入管理费用。

③税费：指按规定交纳的房产税、车船使用税、土地使用税、印花税等。

④资产耗费或损失。无形资产摊销，指当期计提的无形资产摊销；固定资产折旧，指当期对行政管理所用固定资产计提的折旧；坏账准备，指当期对应收款项计提的坏账准备；存货跌价准备，指当期按存货的期末可变现净值低于其账面价值的差额计提的存货跌价准备；短期投资跌价损失，指当期按短期投资的市价低于其账面价值的差额计提的短期投资跌价准备；长期投资减值损失：指当期按长期投资的可收回金额低于其账面价值的差额计提的长期投资减值准备；资产盘亏，指资产的盈亏净额；资产损毁，指报废或其他方式处置的净损失；其他不包括在以上各项又应列入管理费用的费用，比如因确认预计负债而确认的费用等。

（2）管理费用的具体核算。

①现金、存货、固定资产等盘亏，根据管理权限报经批准后：

借：管理费用（按相关资产账面价值扣除可收回的保险赔偿和过失人的赔偿记账）

　　　现金（或银行存款、其他应收款等科目——按可收回的保险赔偿和过失人赔偿记账）

　　　累计折旧（按当月提取的折旧额记账）

　　贷：固定资产（或其他相关科目）

②因提取资产减值准备而确认的资产减值损失：

借：管理费用

　　贷：长期投资减值准备（或其他相关科目）

冲减或转回资产减值准备：

借：长期投资减值准备（或其他相关科目）

　　贷：管理费用

③提取行政管理所用固定资产折旧：

借：管理费用

　　贷：累计折旧

④无形资产摊销：

借：管理费用

　　贷：无形资产

⑤发生的应归属于管理费用的应付工资、应交税金等：

借：管理费用

　　贷：应交税金

　　　　应付工资

⑥因确认预计负债而确认的损失：

借：管理费用

　　贷：预计负债

⑦发生的其他管理费用：

借：管理费用

　　贷：现金（或银行存款等科目）

⑧期末，结转管理费用：

借：非限定性净资产

　　贷：管理费用

3. 筹资费用

筹资费用，是指民间非营利组织为筹集业务活动所需资金而发生的费用，包括民间非营利组织为了获得捐赠资产而发生的费用以及应当计入当期费用的借款费用、汇兑损失（减汇兑收益）等。

（1）筹资费用的内容。

①为了获得捐赠资产而发生的费用：包括举办募款活动费，准备、印刷和发放募款宣传资料，以及其他与募款或者争取捐赠资产有关的费用。

②借款费用，指应当计入当期费用的借款费用，主要包括：票据贴现利息等减去银行存款利息收入后的净额；债券溢价、折价摊销及相关手续费等。

③汇兑损失，指因向银行结汇或购入外汇而产生的银行买入、卖出价与记账所采用的汇率之间的差额，以及月度（季度、年度）终了，各种外币账户的外币期末余额，按照期末规定汇率折合的记账人民币金额与原账面人民币金额之间的差额等。

④其他筹资费用。

（2）筹资费用的核算，

①发生筹资费用：

借：筹资费用

　　贷：预提费用

　　　　银行存款

　　　　长期借款

发生的应冲减筹资费用的利息收入、汇兑损益：

借：银行存款（或长期借款等科目）

　　贷：筹资费用

②期末，结转筹资费用：

借：非限定性净资产

　　贷：筹资费用

4. 其他费用

　　其他费用，是指民间非营利组织发生的、无法归属到业务活动成本、管理费用或者筹资费用中的费用，包括固定资产处置净损失、无形资产处置净损失等。所得税以及不应由业务活动负担的营业税等税金及附加，也应记入"其他费用"。

　　（1）发生的固定资产处置净损失：

借：其他费用

　　贷：固定资产清理

　　（2）发生的无形资产处置净损失：

借：银行存款（按实际取得的价款记账）

　　其他费用（按差额记账）

　　　　贷：无形资产（按该无形资产的账面余额记账）

　　（3）期末，结转其他费用：

借：非限定性净资产

　　贷：其他费用

第三部分

财务会计报告

一、编制民间非营利组织财务
报告的法定要求

《中华人民共和国会计法》规定，任何单位，包括民间非营利组织都必须定期编制财务会计报告，并要求财务会计报告必须真实、完整。会计法规定，财务会计报告应当由单位负责人和主管会计工作的负责人、会计机构负责人（会计主管人员）签名并盖章；设置总会计师的单位，还须由总会计师签名并盖章。单位负责人应当保证财务会计报告的真实、完整。

《基金会管理条例》《民办教育促进法》及其实施细则、《社会团体登记管理条例》《民办非企业单位登记管理条例》等也对民间非营利组织提出了类似的要求。依法定期编制财务会计报告，成为每个单位，包括民间非营利组织的法定职责，否则将承担相应的法律责任。

二、编制民间非营利组织
财务报告的重要意义

由于民间非营利组织的资金来源主要来自捐赠、会员缴的会费、向服务对象收取的服务费等，对象较广，涉及公众较多，而且这些资金提供者在提供资金以后不再享有所有权（如资产处置权、受益权、分配权等），所以，民间非营利组织的捐赠人、会员以及管理部门等都迫切需要了解民间非营利组织控制的资源状况、负债水平、资金的使用情况及其效果、现金流量等信息，而这些要求在很大程度上必须通过编制能够反映这些信息的财务会计报告来实现。财务会计报告成为沟通民间非营利组织与资金提供者和社会公众的桥梁，有助于民间非营利组织的健康、规范发展。具体而言，民间非营利组织编制财务会计报告具有几个方面的重要意义：

（一）可以如实反映单位的经济资源、债务情况、收入、成本费用和现金流量情况

一般而言，会计具有反映和监督两个职能，其中尤其是反映情况职能是会计最本质的职能。民间非营利组织通过编制财务会计报告，可以真实、完整地反映其所控制的经济资源、所承担的债务状况、所取得的收入、成本费用情况以及现金流量情况等，从而可以反映出民间非营利组织的经济实力、偿债能力、运营绩效和现金周转情况等广泛的信息。

（二）可以解脱单位管理层的受托责任

由于民间非营利组织的资金主要来自于捐赠人、会员、提供服务对象等，这些外部资金提供者与民间非营利组织管理层之间形成了委托与受托之间的关系，即民间非营利组织管理层主要是受外部资金提供者之托来从事日常业务活动，民间非营利组织管理层为了解脱其受托责任，必须向委托人披露相关的财务和绩效信息，而定期编制并对外提供财务会计报告即可达到这一目的，有效解脱民间非营利组织管理层的受托责任。

（三）可以为会计信息使用者提供对决策有用的信息

民间非营利组织定期编制财务会计报告不仅可以满足捐赠人、会员等的信息需要，还可以满足债权人、政府监管部门甚至单位自身的信息需要，为这些会计信息使用者提供对其决策有用的信息。

（四）可以提高民间非营利组织的透明度，增强其社会公信力

由于民间非营利组织的资源提供者不享有组织的所有权，也不能取得经济回报，其业务活动的宗旨和目的是为了非营利事业，所以，民间非营利组织这一行业实际上是建立在信任或者诚信基础上的一个行业，信息的透明对于这个行业的发展至关重要。为此，民间非营利组织通过编制财务会计报告，可以有效提高其透明度，增强其社会公信力，从而有利于民间非营利组织在社会公众中树立良好、可信的形象，促进其长远发展。

三、民间非营利组织财务会计报告的构成

《中华人民共和国会计法》规定，财务会计报告由会计报表、会计报表附注和财务情况说明书三个部分构成。

（一）会计报表

会计报表是财务会计报告的重要组成部分，是主体和核心。它反映单位基本的财务状况、运营绩效和现金流量。它是根据会计账簿记录有关资料，按照规定的报表格式，反映一定时间的经济活动和财务收支情况及其结果的一种报告文件。

会计报表主要包括资产负债表、业务活动表、现金流量表等

三种主表及各种附表。这些会计报表是相互联系的，它们从不同的角度说明民间非营利组织的财务状况、业务活动成果和现金流量情况。资产负债表主要反映民间非营利组织在特定日期的财务状况；业务活动表主要反映民间非营利组织在某一会计期间的收入和支出情况；现金流量表主要反映民间非营利组织在某一会计期间的现金和现金等价物的流入和流出的情况。资产负债表、业务活动表、现金流量表是民间非营利组织的基本报表，其所反映的是财务会计报告使用者所共同关心的一些信息。

1. 资产负债表

资产负债表是反映民间非营利组织某一会计期末全部资产、负债和净资产情况的会计报表，或者说它反映的是民间非营利组织在某一特定日期的财务状况。因此，它有时也被称为财务状况表，具体而言资产负债表反映民间非营利组织在某一特定日期所拥有或控制的经济资源、所承担的现时义务和净资产的构成情况。

《民间非营利组织会计制度》规定，民间非营利组织的资产负债表采用账户式结构，报表分为左右两方，左方列示资产项目，反映全部资产的分布及存在形态；右方列示负债和净资产各项目，反映全负债和净资产的内容及构成情况。资产各项目按其流动性由强到弱顺序排列，具体包括流动资产、长期投资、固定资产、无形资产和受托代理资产；负债各项目按其到期日的远近或者偿付的紧迫程度顺序排列，具体包括流动负债、长期负债和受托代理负债，净资产按照相关资产是否受到限制分为非限定性资产和限定性净资产。资产负债左右双方平衡，即资产总计等于负债和净资产总计。

2. 业务活动表

业务活动表是反映民间非营利组织在一定会计期间运营绩效

的报表，它反映的是民间非营利组织在某一会计期间内开展业务活动的实际情况，又被称为绩效报表。该表是按照各项收入、费用及其构成分项编制而成的。

按照《民间非营利组织会计制度》的规定，民间非营利组织不存在像企业那样核算利润的问题，因此，业务活动表的核心是核算民间非营利组织净资产的变动额及其具体构成。业务活动表主要包括四个部分：

一是民间非营利组织在一定会计期间所获得的收入情况，包括各收入来源及其构成、各项收入的使用的限定情况等。为了达到这一目的，《民间非营利组织会计制度》将业务活动表设计成矩阵式，分别列示各项收入来源，包括捐赠收入、会费收入、提供服务收入、商品销售收入、政府补助收入、投资收益和其他收入；同时又列示各项收入受到限制的情况，包括限定性收入和非限定性收入等。

二是民间非营利组织在一定会计期间所发生的费用情况，包括业务活动成本和管理费用、筹资费用以及其他费用等期间费用。所有费用的性质均属于非限定性的，因此，上述费用的发生意味着非限定性净资产的减少。

三是民间非营利组织在一定会计期间内由限定性净资产转为非限定性净资产的金额情况，从而反映民间非营利组织净资产中"限定性"解除的情况，也反映出民间非营利组织限定性项目的进展情况。

四是民间非营利组织在一定会计期间净资产的变动额，包括非限定性净资产的变动额和限定性净资产的变动额情况。

3. 现金流量表

现金流量表是反映民间非营利组织在某一会计期间内现金和现金等价物流入和流出信息的报表。民间非营利组织应当根据实际情况确定现金等价物的范围，并且一贯性地保持其划分标准，如果改变划分标准，应当视为会计政策变更。民间非营利组织确定现金等价物的原则及其变更，应当在会计报表附注中披露。

《民间非营利组织会计制度》规定，现金流量表应当按照业务活动产生的现金流量、投资活动产生的现金流量和筹资活动产生的现金流量分别反映。其中，现金流量，是指现金的流入和流出。

（1）业务活动产生的现金流量。业务活动是指民间非营利组织投资活动和筹资活动以外的所有交易和事项，包括接受捐赠、收取会费、销售商品、提供服务、获得政府补助、捐赠支出、支付工资、支付购货款以及支付接受服务款等。通过业务活动产生的现金流量，可以说明民间非营利组织的业务活动对现金流入和流出的影响程度，判断民间非营利组织在不动用对外筹得资金的情况下，是否足以维持日常业务周转、偿还债务等。

（2）投资活动产生的现金流量。投资活动是指民间非营利组织长期资产的购建和不包括在现金等价物范围内的投资及其处置活动。现金流量表中的"投资"既包括对外投资，又包括长期资产的购建与处置。投资活动包括取得和收回投资、购建和处置固定资产、购买和处置无形资产等。通过投资活动产生的现金流量，可以判断投资活动对民间非营利组织现金流量净额的影响程度。

（3）筹资活动产生的现金流量。筹资活动是指导致民间非营利组织债务规模和构成发生变化的活动。筹资活动包括取得和偿还借款、偿还利息等。通过筹资活动产生的现金流量，可以分析民间非营利组织通过筹资活动获取现金的能力，判断筹资活动对民间非营利组织现金流量净额的影响程度。

民间非营利组织在进行现金流量分类时，对于现金流量表中未特别指明的现金流量，应按照现金流量表的分类方法和重要性原则，判断某项交易或事项所产生的现金流量应当归属的类别或项目，对于重要的现金流入或流出项目应当单独反映。

（二）会计报表附注

会计附注是为了方便会计报表使用者理解会计报表的内容而对会计报表的编制基础、编制依据、编制原则和方法及主要项目等所作的解释。

《民间非营利组织会计制度》规定，民间非营利组织的会计报表附注应当包括以下主要内容：

①重要会计政策及其变更情况的说明；

②董事会（或者理事会或者类似权力机构）成员和员工的数量、变动情况以及获得的薪金等报酬情况的说明；

③会计报表重要项目及其增减变动情况的说明；

④资产提供者设置了时间或用途限制的相关资产情况的说明；

⑤受托代理业务情况的说明，包括受托代理资产的构成、计价基础和依据、用途等；

⑥重大资产减值情况的说明；

⑦公允价值无法可靠取得的受赠资产和其他资产的名称、数量、来源和用途等情况的说明；

⑧对外承诺和或有事项情况的说明；

⑨接受劳务捐赠情况的说明；

⑩资产负债表日后非调整事项的说明；

⑪有助于理解和分析会计报表需要说明的其他事项。

（三）财务情况说明书

财务情况说明是对民间非营利组织一定会计期间内业务活动、资金周转和净资产变动情况等的综合性说明，是财务会计报告的组成部分。它全面扼要地提供民间非营利组织财务、营动活动等的全貌，分析总结其业绩和不足，是财务会计报告使用者了解和考核有关单位业务活动开展情况的重要资料。

《民间非营利组织会计制度》规定，财务情况说明书至少应当对下列情况做出说明：

①民间非营利组织的宗旨、组织结构以及人员配备等情况；

②民间非营利组织业务活动基本情况，年度计划和预算完成情况，产生差异的原因分析，下一会计期间业务活动计划和预算等；

③对民间非营利组织业务活动有重大影响的其他事项。

第四部分

实 务 举 例

一、某民间非营利组织1月份账务处理

（一）1月份经济业务及会计分录

1. 1月1日，收到银行账户存款利息收入2,000元。

借：银行存款　　　　　　　　　　　　2,000
　　贷：其他收入——非限定性收入（利息收入）

　　　　　　　　　　　　　　　　　　　　2,000

2. 1月3日BW公司以其持有的短期股票向该组织捐赠，该批股票面值248,000元，按照规定确认的投资成本为280,000元。

借：短期投资　　　　　　　　　　280,000
　　贷：捐赠收入——非限定性收入　　280,000

3. 1月6日提取现金（备用金），职工张某因出差预借差旅费3,000元。

（1）提取现金：

借：现金　　　　　　　　　　　　5,000
　　贷：银行存款　　　　　　　　　　5,000

（2）预借差旅费：

借：其他应收款——张某　　　　　　3,000
　　贷：现金　　　　　　　　　　　　3,000

4. BV 公司 1 月 8 日向该组织捐款 200,000 元用作奖励基金发放。

借：银行存款　　　　　　　　　　　　200,000

　　贷：捐赠收入——限定性收入　　　　　200,000

5. 1 月 10 日，张某出差回来报销差旅费 2,200 元，退回现金 800 元。

借：现金　　　　　　　　　　　　　　800

管理费用——差旅费　　　　　　　　2,200

　　贷：其他应收款——张某　　　　　　　3,000

6. 1 月 13 日，该组织销售宣传材料 20,000 元，收入存入银行账户。

借：银行存款　　　　　　　　　　　　20,000

　　贷：商品销售收入——非限定性收入　　20,000

借：业务活动成本——销售商品成本　　20,000

　　贷：存货——产成品　　　　　　　　　20,000

7. 1 月 16 日，收到政府支付给该组织 500,000 元，并转入该组织的银行账户，用于资助其进行某项研究，研究成果归该组织所有。

借：银行存款　　　　　　　　　　　　500,000

　　贷：政府补助收入——限定性收入（专项补助收入）

　　　　　　　　　　　　　　　　　　500,000

8. 该组织 1 月 17 日接受 RD 公司委托资产 20,000 元，从事受托代理业务。

借：受托代理资产　　　　　　　　　　20,000

　　贷：受托代理负债　　　　　　　　　　20,000

9. 1 月 18 日，该组织接受 EZ 公司委托对其企业职工进行培训，培训期为 3 个月，收到全部培训费 150,000 元。

借：银行存款　　　　　　　　　　　　150,000

　　　贷：预收账款——EZ公司　　　　　　　　150,000

　　10. 1月19日购买办公用品800元，以现金支付。

　　借：管理费用——办公费　　　　　　　　800

　　　贷：现金　　　　　　　　　　　　　　　　　800

　　11. 该组织于1月20日找到BV公司捐款基金的发放对象，但款项尚未下发。

　　借：捐赠收入——限定性收入　　　　　200,000

　　　贷：捐赠收入——非限定性收入　　　　200,000

　　12. 1月22日，该组织临时租入业务活动用房一间，租赁期限为6个月，预付租金12,000元。

　　（1）预付租金：

　　借：待摊费用——租金　　　　　　　　12,000

　　　贷：银行存款　　　　　　　　　　　　12,000

　　（2）每月摊销：

　　借：管理费用——租金　　　　　　　　2,000

　　　贷：待摊费用——租金　　　　　　　　2,000

　　13. 以银行存款缴纳上月税金。

　　借：应交税金　　　　　　　　　　　120,000

　　　贷：银行存款　　　　　　　　　　　120,000

　　14. 该组织向银行短期借款300,000元、长期借款300,000元，年利率6%，按月支付利息。

　　当月利息 = 600,000 × 6% ÷ 12 = 3,000（元）

　　借：筹资费用　　　　　　　　　　　　3,000

　　　贷：银行存款　　　　　　　　　　　　3,000

　　15. 1月30日提取现金，发放工资。

　　（1）提取现金：

　　借：现金　　　　　　　　　　　　　130,000

　　　贷：银行存款　　　　　　　　　　　130,000

（2）发放工资：

借：应付工资　　　　　　　　　　　　115,000

　　贷：现金　　　　　　　　　　　　　　　115,000

（3）计提个人所得税：

借：应付工资　　　　　　　　　　　　15,000

　　贷：应交税金——应交个人所得税　　　15,000

16. 1 月 29 日编制工资费用分配汇总表，将本月工资总额130,000 元进行分配。其中，行政管理部门的人员工资 50,000元、从事业务活动人员工资 80,000 元。

借：管理费用——工资　　　　　　　　50,000

　　业务活动成本——工资　　　　　　80,000

　　贷：应付工资　　　　　　　　　　　　130,000

17. 该组织于 2005 年 1 月计提的折旧为：电子设备、运输设备折旧额 22,949.16 元。

（见固定资产折旧计算表）

计提固定资产折旧计算表
2005 年 1 月

名　称	固定资产原值	本月计提折旧	累计折旧额	本月固定资产净值
电视机	3,300	52.25	1,515.25	1,784.75
摄像机	16,000	253.33	7,346.57	1,346.67
打印机	11,000	174.17	4,876.76	6,123.24
打印机	7,600	120.33	3,128.58	4,471.42
电脑	45,000	712.50	15,675.00	29,325.00
扫描仪	6,600	104.50	2,090.00	4,510.00
扫描仪	1,350	21.38	384.84	965.16
计算机教学网	45,000	712.50	11,400.00	33,600.00
投影设备	200,000	3,166.67	44,333.38	155,666.62

名　称	固定资产原值	本月计提折旧	累计折旧额	本月固定资产净值
多媒体教室	615,000	9,737.50	155,800.00	459,200.00
空调	52,500	831.25	26,600.00	25,900.00
空调	16,800	266.00	8,512.00	8,288.00
复印机	42,000	665.00	18,620.00	23,380.00
空调	46,200	731.50	23,408.00	22,792.00
饮水机	56,320	891.73	15,159.41	41,160.59
小轿车	178,000	1,409.17	45,093.44	132,906.56
小型客车	118,000	934.17	19,617.57	98,382.43
依维柯车	226,750	1,795.10	21,541.20	205,208.80
笔记本电脑	16,000	316.67	316.67	15,683.33
打印机	2,700	53.44	53.44	2,646.56
合计	1,706,120	22,949.16	425,472	1,280,648

制表人：

借：管理费用——折旧费　　　　　22,949.16

　　贷：累计折旧　　　　　　　　　　22,949.16

18. 该组织 2005 年初盘盈无形资产 1,000,000 元，分 10 年摊销。

（无形资产按 10 年摊销，每年摊销费用 = 1,000,000 ÷ 10 = 100,000，每月摊销费用 = 100,000 ÷ 12 = 8,333.33 元）

借：管理费用——无形资产摊销　　　8,333.33

　　贷：无形资产　　　　　　　　　　8,333.33

19. 计算税金。

应交营业税 =（培训收入）150,000 × 3%

　　　　　 = 4,500（元）

应交增值税 =（商品销售收入）20,000×6%

　　　　　　=1,200（元）

应交城市维护建设税 =（营业税与增值税总额）5,700×7%

　　　　　　　　　=399（元）

应交教育费附加 =（营业税与增值税总额）5,700×3%

　　　　　　　=171（元）

借：业务活动成本——业务活动税金及附加　6,270

　　贷：应交税金——应交营业税　　　　　　　4,500

　　　　　　　——应交增值税　　　　　　　1,200

　　　　　　　——应交城市维护建设税　　　　399

　　　　　　　——应交教育费附加　　　　　　171

20. 结转损益类账户。

借：政府补助收入——限定性收入　　　500,000

　　贷：限定性净资产　　　　　　　　　　500,000

借：捐赠收入——非限定性收入　　　　　480,000

　　商品销售收入——非限定性收入　　　　20,000

　　其他收入——非限定性收入　　　　　　2,000

　　贷：非限定性净资产　　　　　　　　　502,000

借：非限定性净资产　　　　　　　195,552.49

　　贷：业务活动成本　　　　　　　　　106,270

　　　　筹资费用　　　　　　　　　　　3,000

　　　　管理费用　　　　　　　　　86,282.49

（二）月末编制会计报表

（2～11月账务处理略）

2～11月提供服务收入800,000元。

资产负债表

2005 年 1 月 31 日

编制单位：　　　　　　　　　　　　　　　　　　　　　　　　　　会民非 01 表
　　　　　　　　　　　　　　　　　　　　　　　　　　　　　　　单位:元

资　产	行次	期初数	期末数	负债和净资产	行次	期初数	期末数
流动资产：				流动负债：			
货币资金	1	1,322,600.00	1,941,600.00	短期借款	61	300,000.00	300,000.00
短期投资	2	200,000.00	480,000.00	应付款项	62	970,000.00	970,000.00
应收款项	3	1,160,000.00	1,160,000.00	应付工资	63		
预付账款	4	34,000.00	34,000.00	应交税金	65	120,000.00	21,270.00
存货	8	419,513.93	399,513.93	预收账款	66		150,000.00
待摊费用	9		10,000.00	预提费用	71		
一年内到期的长期债权投资	15			预计负债	72	50,000.00	50,000.00
其他流动资产	18			一年内到期的长期负债	74		
流动资产合计	20	3,136,113.93	4,025,113.93	其他流动负债	78		
				流动负债合计	80	1,440,000.00	1,491,270.00
长期股权投资	21	1,500,000.00	1,500,000.00	长期负债：			
长期债权投资	24			长期借款	81	300,000.00	300,000.00
长期投资合计	30	1,500,000.00	1,500,000.00	长期应付款	84	200,000.00	200,000.00

续表

资　产	行次	期初数	期末数	负债和净资产	行次	期初数	期末数
固定资产：				其他长期负债	88		
固定资产原价	31	1,706,120.00	1,706,120.00	长期负债合计	90	500,000.00	500,000.00
减：累计折旧	32	402,522.84	425,472.00	受托代理负债：	91	100,000.00	120,000.00
固定资产净值	33	1,303,597.16	1,280,648.00	负债合计	100	2,040,000.00	2,111,270.00
在建工程	34						
文物文化资产	35	3,000,000.00	3,000,000.00	净资产			
固定资产清理	38			非限定性净资产	101	7,999,711.09	8,306,158.60
固定资产合计	40	4,303,597.16	4,280,648.00	限定性净资产	105		500,000.00
				净资产合计	110	7,999,711.09	8,806,158.60
无形资产：							
无形资产	41	1,000,000.00	991,666.67				
受托代理资产：							
受托代理资产	51	100,000.00	120,000.00				
资产合计	60	10,039,711.09	10,917,428.60	负债和净资产总计	120	10,039,711.09	10,917,428.60

会民非02表
单位:元

业务活动表

2005 年 1 月

编制单位:

项 目	行次	本月数 非限定性	本月数 限定性	本月数 合计	本年累计数 非限定性	本年累计数 限定性	本年累计数 合计
一、收入							
其中:捐赠收入	1	480,000.00		480,000.00	480,000.00		480,000.00
会费收入	2						
提供服务收入	3						
商品销售收入	4	20,000.00		20,000.00	20,000.00		20,000.00
政府补助收入	5		500,000.00	500,000.00		500,000.00	500,000.00
投资收益	6						
其他收入	9	2,000.00		2,000.00	2,000.00		2,000.00
收入合计	11	502,000.00	500,000.00	1,002,000.00	502,000.00	500,000.00	1,002,000.00
二、费用							
(一)业务活动成本	12	106,270.00		106,270.00	106,270.00		106,270.00
其中:工资费用	13						
折旧	14						
其他	15						
	16						
(二)管理费用	21	86,282.49		86,282.49	86,282.49		86,282.49
(三)筹资费用	24	3,000.00		3,000.00	3,000.00		3,000.00
(四)其他费用							
费用合计	35	195,552.49		195,552.49	195,552.49		195,552.49
三、限定性净资产转为非限定性净资产	40		500,000.00			500,000.00	
四、净资产变动额(若为净资产减少额,以"-"号填列)	45	306,447.51	500,000.00	806,447.51	306,447.51	500,000.00	806,447.51

二、某民间非营利组织 12 月份账务处理

（一）12 月份经济业务及会计分录

1. 该组织 12 月 10 日出售全部 A 股票，所得收入（扣除相关税费）80,000 元。

借：银行存款　　　　　　　　　　80,000
　　贷：短期投资——A 股票　　　　　　75,000
　　　　投资收益　　　　　　　　　　　5,000

2. 该组织 12 月 1 日发出培训通知，将于 12 月 25 日举办为期 1 天的业务培训班，培训费为每人 200 元，款项在培训当日现场交纳。2005 年 12 月 25 日实际共有 300 人参加了培训班，并现场交纳了培训费（现金）；当日该组织为该期培训支付了单位场地和设备使用费 2 万元（以银行存款支付）以及授课老师劳务费 8,000 元（以现金支付）。

借：现金　　　　　　　　　　　　60,000
　　贷：提供服务收入——非限定性收入　60,000
借：业务活动成本——场租费　　　　20,000
　　　　　　　　　　——劳务费　　　8,000
　　贷：银行存款　　　　　　　　　　20,000
　　　　现金　　　　　　　　　　　　8,000

3. 该组织将政府资助研究的款项用于研究该项目，花费 240,000 元。

借：业务活动成本——专项补助成本　240,000
　　贷：银行存款　　　　　　　　　　240,000
借：限定性净资产　　　　　　　　240,000
　　贷：非限定性净资产　　　　　　　240,000

4. 以银行存款缴纳上月税金。

借：应交税金 21,270

贷：银行存款 21,270

5. 12 月 20 日，法院二审判定该组织赔款 50,000 元。

借：预计负债 50,000

贷：银行存款 50,000

6. 该组织向银行长期借款 300,000 元，年利率为 6%，按月支付利息。

（当月利息 = 300,000 × 6% ÷ 12 = 1,500 元）

借：筹资费用 1,500

贷：银行存款 1,500

7. 提取现金，发放 12 月份工资。

（1）提取现金：

借：现金 100,000

贷：银行存款 100,000

（2）发放工资：

借：应付工资 92,000

贷：现金 92,000

（3）计提个人所得税：

借：应付工资 8,000

贷：应交税金——应交个人所得税 8,000

8. 12 月 29 日编制工资费用分配汇总表，将本月工资总额 100,000 元进行分配。其中，行政管理部门的人员工资 35,000 元、从事业务活动人员工资 65,000 元。

借：管理费用——工资 35,000

业务活动成本——工资 65,000

贷：应付工资 100,000

9. 该组织于 2005 年 12 月计提的折旧为：电子设备、运输设备折旧额 22, 949. 16 元。

（见固定资产折旧计算表）

计提固定资产折旧计算表
2005 年 12 月

名　　称	固定资产原值	本月计提折旧	累计折旧额	本月固定资产净值
电视机	3, 300	52. 25	2, 090. 00	1, 210. 00
摄像机	16, 000	253. 33	10, 133. 29	5, 866. 71
打印机	11, 000	174. 17	6, 792. 54	4, 207. 46
打印机	7, 600	120. 33	4, 452. 29	3, 147. 71
电脑	45, 000	712. 50	23, 512. 50	21, 487. 50
扫描仪	6, 600	104. 50	3, 239. 50	3, 360. 50
扫描仪	1, 350	21. 38	619. 94	730. 07
计算机教学网	45, 000	712. 50	19, 237. 50	25, 762. 50
投影设备	200, 000	3, 166. 67	79, 166. 71	120, 833. 29
多媒体教室	615, 000	9, 737. 50	262, 912. 50	352, 087. 50
空调	52, 500	831. 25	35, 743. 75	16, 756. 25
空调	16, 800	266. 00	11, 438. 00	5, 362. 00
复印机	42, 000	665. 00	25, 935. 00	16, 065. 00
空调	46, 200	731. 50	31, 454. 50	14, 745. 50
饮水机	56, 320	891. 73	24, 968. 49	31, 351. 51
小轿车	178, 000	1, 409. 17	60, 594. 21	117, 405. 79
小型客车	118, 000	934. 17	29, 893. 37	88, 106. 63
依维柯车	226, 750	1, 795. 10	41, 287. 35	185, 462. 65
笔记本电脑	16, 000	316. 67	3, 800. 04	12, 199. 90
打印机	2, 700	53. 44	641. 28	2, 058. 72
合计	1, 706, 120	22, 949. 16	677, 912. 76	1, 028, 207. 24

制表人：

借：管理费用——折旧费　　　　　22,949.16

　　贷：累计折旧　　　　　　　　　　　　22,949.16

10. 该组织租入业务活动用房预付 7 ~ 12 月租金 12,000 元，月末进行摊销。

借：管理费用——租金　　　　　　2,000

　　贷：待摊费用——租金　　　　　　　　2,000

11. 月末摊销 CW 公司支付的培训费 150,000 元。

（培训费 150,000 元分三个月进行摊销，确认收入不再缴纳税金，每月应摊销金额 = 150,000 ÷ 3 = 50,000 元）

借：预收账款——CW 公司　　　　50,000

　　贷：提供服务收入　　　　　　　　　　50,000

12. 该组织持有甲、乙、丙三种短期投资的股票，其账面余额分别为 5,000 元、9,000 元、6,700 元；当日的市价分别为 8,000 元、8,500 元、6,000 元，以前各期未提取过跌价准备。

该组织持有的乙和丙公司股票市价均已低于其账面价值，由此，对于这两部分短期股票投资应当计提跌价准备，应提取的跌价准备为 1,200 元 ［（9,000 – 8,500）+（6,700 – 6,000）］。

借：管理费用——短期投资跌价损失　　　1,200

　　贷：短期投资跌价准备　　　　　　　　　　1,200

13. 该组织按照 "成本与可变现净值孰低" 对存货进行计价，截至 2005 年 1 月末存货的账面成本为 419,513.93 元，可变现净值为 418,500 元，应计提存货跌价准备为 1,013.93 元。

借：管理费用——存货跌价损失　　　1,013.93

　　贷：存货跌价准备　　　　　　　　　　1,013.93

14. 该组织 2005 年初盘盈无形资产 1,000,000 元，分 10 年摊销。

（无形资产按 10 年摊销，每年摊销费用 = 1,000,000 ÷ 10 = 10,000 元，每月摊销费用 = 10,000 ÷ 12 = 8,333.33 元）

借：管理费用——无形资产摊销　　　　8,333.33

　　贷：无形资产　　　　　　　　　　　8,333.33

15. 计算税金。

应交营业税 =［(投资收益)5,000 +(培训收入)60,000］×3%
　　　　　 = 1,950 (元)

应交城市维护建设税 = (营业税总额) 1,950 ×7%
　　　　　　　　　　 = 136.50 (元)

应交教育费附加 = (营业税总额) 1,950 ×3%
　　　　　　　　 = 58.50 (元)

借：业务活动成本——业务活动税金及附加　2,145

　　贷：应交税金——应交营业税　　　　　1,950

　　　　　　　——应交城市维护建设税　136.50

　　　　　　　——应交教育费附加　　　　58.50

16. 结转损益类账户。

借：提供服务收入——非限定性收入　　　110,000

　　投资收益——非限定性收入　　　　　5,000

　　贷：非限定性净资产　　　　　　　　115,000

借：非限定性净资产　　　　　　　　407,141.42

　　贷：业务活动成本　　　　　　　　335,145

　　　　筹资费用　　　　　　　　　　1,500

　　　　管理费用　　　　　　　　　70,496.42

（二）月末编制会计报表

资产负债表

2013 年 12 月 31 日

编制单位：

资产	行次	期初数	期末数	负债和净资产	行次	期初数	期末数
流动资产：				流动负债：			
货币资金	1	1,501,100.00	1,208,330.00	短期借款	61		
短期投资	2	480,000.00	403,800.00	应付款项	62	970,000.00	970,000.00
应收款项	3	1,160,000.00	1,160,000.00	应付工资	63		
预付账款	4	34,000.00	34,000.00	应交税金	65	21,270.00	10,145.00
存货	8	399,513.93	398,500.00	预收账款	66	150,000.00	100,000.00
待摊费用	9	2,000.00		预提费用	71		
一年内到期的长期债权投资	15			预计负债	72	50,000.00	
其他流动资产	18			一年内到期的长期负债	74		
				其他流动负债	78		
流动资产合计	20	3,576,613.93	3,204,630.00	流动负债合计	80	1,191,270.00	1,080,145.00
长期股权投资	21	1,500,000.00	1,500,000.00	长期负债：			
长期债权投资	24			长期借款	81	300,000.00	300,000.00
长期投资合计	30	1,500,000.00	1,500,000.00	长期应付款	84	200,000.00	200,000.00

续表

资　　　产	行次	期初数	期末数	负债和净资产	行次	期初数	期末数
固定资产：				其他长期负债：	88		
固定资产原价	31	1,706,120.00	1,706,120.00	长期负债合计	90	500,000.00	500,000.00
减：累计折旧	32	654,963.60	677,912.76	受托代理负债：	91	120,000.00	120,000.00
固定资产净值	33	1,051,156.40	1,028,207.24	负债合计	100	1,811,270.00	1,700,145.00
在建工程	34						
文物文化资产	35	3,000,000.00	3,000,000.00				
固定资产清理	38			净资产：			
固定资产合计	40	4,051,156.40	4,028,207.24	非限定性净资产	101	8,084,833.66	7,792,692.24
无形资产：				其中：开办资金			
无形资产	41	908,333.33	900,000.00	历年结余			
				限定性净资产	105	260,000.00	260,000.00
长期待摊费用		100,000.00	120,000.00	净资产合计	110	8,344,833.66	8,052,692.24
受托代理资产：							
受托代理资产	51	120,000.00	120,000.00				
资产合计	60	10,156,103.66	9,752,837.24	负债和净资产总计	120	10,156,103.66	9,752,837.24

业务活动表

2005 年度

会民非02表
单位:元

编制单位:

项目	行次	12月合计数			本年累计数		
		非限定性	限定性	合计	非限定性	限定性	合计
一、收入							
其中:捐赠收入	1				480,000.00		480,000.00
会费收入	2						
提供服务收入	3	110,000.00		110,000.00	910,000.00		910,000.00
商品销售收入	4				20,000.00		20,000.00
政府补助收入	5					500,000.00	500,000.00
投资收益	6	5,000.00		5,000.00	5,000.00		5,000.00
其他收入	9			—	2,000.00		2,000.00
收入合计	11	115,000.00		115,000.00	1,417,000.00	500,000.00	1,917,000.00
二、费用							
(一)业务活动成本	12	335,145.00		335,145.00	1,061,415.00		1,061,415.00
	13						
	14						
	15						
	16						
(二)管理费用	21	70,496.42		70,496.42	771,817.78		771,817.78
(三)筹资费用	24	1,500.00		1,500.00	33,000.00		33,000.00
(四)其他费用							
费用合计	35	407,141.42		407,141.42	1,866,232.78		1,866,232.78
三、限定性净资产转为非限定性净资产	40				240,000.00	-240,000.00	—
四、净资产变动额(若为净资产减少额,以"-"号填列)	45	-292,141.42		-292,141.42	-209,232.78	260,000.00	50,767.22

现 金 流 量 表

会民非 03 表

编制单位：　　　　　2005 年度　　　　　　单位：元

项　目	行次	金额
一、业务活动产生的现金流量：		
接受捐赠收到的现金	1	200,000.00
收取会费收到的现金	2	
提供服务收到的现金	3	910,000.00
销售商品收到的现金	4	20,000.00
政府补助收到的现金	5	500,000.00
收到的其他与业务活动有关的现金	8	2,000.00
现金流入小计	13	1,632,000.00
提供捐赠或者资助支付的现金	14	
支付给员工以及为员工支付的现金	15	1,007,000.00
购买商品、接受服务支付的现金	16	
支付的税金	17	
支付其他与业务活动有关的现金	19	486,270.00
现金流出小计	23	1,493,270.00
业务活动产生的现金流量净额	24	138,730.00
二、投资活动产生的现金流量：		
收回投资所收到的现金	25	75,000.00
取得投资收益所收到的现金	26	5,000.00
处置固定资产和无形资产所收回的现金	27	
收到的其他与投资活动有关的现金	30	
现金流入小计	34	80,000.00
购建固定资产和无形资产所支付的现金	35	
对外投资所支付的现金	36	

续表

项　目	行次	金额
支付的其他与投资活动有关的现金	39	
现金流出小计	43	
投资活动产生的现金流量净额	44	80,000.00
三、筹资活动产生的现金流量:		
借款所收到的现金	45	
收到的其他与筹资活动有关的现金	48	
现金流入小计	50	
偿还借款所支付的现金	51	300,000.00
偿付利息所支付的现金	52	33,000.00
支付的其他与筹资活动有关的现金	55	
现金流出小计	58	333,000.00
筹资活动产生的现金流量净额	59	−333,000.00
四、汇率变动对现金的影响额	60	
五、现金及现金等价物净增加额	61	−114,270.00

第五部分

关于民间非营利组织
税收政策的问题

一、民间非营利组织缴纳的主要税种

民间非营利组织包括：民办非企业单位、社会团体、基金会。

民间非营利组织为独立法人单位，目前缴纳的主要税种有：营业税、城市维护建设税、教育费附加、土地增值税、城镇土地使用税、房产税、印花税、车船使用税、企业所得税、增值税。

个人所得税由个人缴纳，单位代扣代缴。

二、民间非营利组织如何计算缴纳营业税

1. 纳税义务人

根据《中华人民共和国营业税暂行条例规定》：在中华人民共和国境内提供劳务、转让无形资产或者销售不动产的单位和个人，为营业税的纳税义务人，应当依法缴纳营业税。单位，是指国有企业、集体企业、私有企业、股份制企业、其他企业和行政单位、事业单位、军事单位、社会团体及其他单位。所以，民间

非营利组织只要在我国境内发生提供劳务、转让无形资产或者销售不动产等行为，就须依法缴纳营业税。

2. 税率

营业税共分九个税目，实行3%～20%的比例税率，其各行业具体税目、税率和征收范围如下：

营业税税目税率表

税 目	征 收 范 围	税 率
一、交通运输业	陆路运输、水路运输、航空运输、管道运输、装卸搬运	3%
二、建筑业	建筑、安装、修缮、装饰及其他工程作业	3%
三、金融保险业		5%
四、邮电通信业		3%
五、文化体育业		3%
六、娱乐业	歌厅、舞厅、卡拉 OK 歌舞厅、音乐茶座、台球、高尔夫球、保龄球、游艺	5%～20%
七、服务业	代理业、旅店业、饮食业、旅游业、仓储业、租赁业、广告业及其他服务业	5%
八、转让无形资产	转让土地使用权、专利权、非专利技术、商标权、著作权、商誉	5%
九、销售不动产	销售建筑物及其他土地附着物	5%

3. 应纳税额计算

应纳税额计算公式为：应纳税额＝营业额×税率

民间非营利组织的营业额为提供劳务向对方收取的全部价款和价外费用。民间非营利组织兼有不同税目应税行为的，应当分别核算不同税目的营业额、转让额、销售额（以下简称营业额），未分别核算或不能准确核算营业额的，从高适用税率。民间非营利组织兼营免税、减税项目的，应当单独核算免税、减税项目的营业额；未单独核算免税、减税项目营业额的，不得免税、减税。

4. 纳税期限

营业税的纳税期限，分别为五日、十日、十五日或者一个月。不能按照固定期限纳税的，可以按次纳税。

北京市的民间非营利组织以一个月为一期纳税的，自期满之日起十日内申报纳税。

5. 纳税地点

北京市固定业户的民间非营利组织在本市范围内提供的应税劳务，一律在核算地向主管税务机关申报纳税；在北京市行政区域以外提供应税劳务，一律向应税劳务发生地主管税务机关申报纳税。

6. 民间非营利组织的特殊规定

（1）根据《财政部、国家税务总局关于对社会团体收取的会费收入不征收营业税的通知》（财税字〔1997〕63号）规定：社会团体按财政部门或民政部门规定标准收取的会费，是非应税收入，不属于营业税的征收范围，不征收营业税。社会团体会费，是指社会团体在国家法规、政策许可的范围内，依照社团章程的规定，收取的个人会员和团体会员的款额。社会团体是指在中华人民共和国境内经国家社团主管部门批准成立的非营利性的协会、学会、联合会、研究会、基金会、联谊会、促进会、商会等民间群众社会组织。各党派、共青团、工会、妇联、中科协、青联、台联、侨联收取的党费、会费，比照上述规定执行。

（2）2005年6月北京市地方税务局以京地税营〔2005〕280

号转发国家税务总局国税函〔2005〕370号文件明确："对在京外国商会按财政部门或民政部门规定标准收取的会费，不征收营业税。对其会费以外各种名目的收入，凡属于营业税应税范围的，一律照章征收营业税。"

三、民间非营利组织如何计算
缴纳城市维护建设税

1. 纳税义务人

凡缴纳产品税、增值税、营业税的民间非营利组织，都是城市维护建设税的纳税义务人，都应依照规定缴纳城市维护建设税。

2. 税率

（1）民间非营利组织所在地在东城区、西城区、崇文区、宣武区范围内的；在朝阳、海淀、丰台、石景山、门头沟、燕山六个区所属的街道办事处管辖范围内的，税率为百分之七；

（2）民间非营利组织所在地在郊区各县城、镇范围内的，税率为百分之五；

（3）民间非营利组织所在地不在上述范围内的，税率为百分之一；

街道办事处和城、镇的范围，均以北京市人民政府确定的行政区划为依据。

（4）代扣代缴、代收代缴城市维护建设税的，按照代扣代缴、代收代缴的单位所在地的适用税率扣（收）缴。

3. 税款计算

$$\text{城市维护建设税应纳税额} = \text{实际缴纳的营业税、增值税、消费税税额} \times \text{城市维护建设税适用税率}$$

4. 纳税期限

城市维护建设税分别与增值税、消费税、营业税同时缴纳。

5. 纳税地点

民间非营利组织缴纳增值税、消费税、营业税的地点即是城市维护建设税的纳税地点。

四、民间非营利组织如何
计算缴纳教育费附加

1. 征收范围

凡缴纳产品税、增值税、营业税的民间非营利组织，除按照《国务院关于筹措农村学校办学经费的通知》（国发〔1984〕174号文）的规定，缴纳农村教育事业费附加的单位外，都应当依照规定缴纳教育费附加。

2. 费率

教育费附加费率为3%。

3. 教育费附加计算

$$\text{应纳教育费附加} = \text{实际缴纳的营业税、增值税、消费税税额} \times \text{征收比率}$$

4. 纳税期限

教育费附加分别与增值税、消费税、营业税同时缴纳。

5. 纳税地点

纳税人缴纳增值税、消费税、营业税的地点即是教育费附加的纳税地点。

五、民间非营利组织如何计算缴纳企业所得税

1. 纳税义务人

经国家有关部门批准，依法注册、登记，实行独立经济核算的企业或者组织，为企业所得税的纳税义务人。主要包括国有企业、集体企业、私营企业、联营企业、股份制企业、有生产经营所得和其他所得的其他组织。

有生产经营所得和其他所得的其他组织，是指经国家有关部门批准，依法注册、登记的事业单位、社会团体等组织。所以，有生产经营所得和其他所得的民间非营利组织须依法缴纳企业所得税。

2. 税率

企业所得税适用税率为33%。

纳税人年应纳税所得额在 3 万元（含 3 万元）以下的，减按 18% 的税率征收企业所得税；年应纳税所得额在 3 万元至 10 万元（含 10 万元），减按 27% 的税率征收企业所得税；年应纳税所得额在 10 万元以上的，按 33% 的税率征收企业所得税。

3. 计税依据

企业所得税的计税依据为应纳税所得额。

应纳税所得额 = 收入总额 – 准予扣除项目金额

公式中的收入总额，即纳税人从事物质生产、交通运输、商品流通、劳务服务以及其他营利事业取得的收入。

公式中的准予扣除项金额，包括两大方面内容：一是纳税人按照国家有关规定核算成本、费用、税金和损失金额，是指既符合国家关于企业会计、财务处理的规定，又不与税法规定相抵触的扣除项目的金额。二是税收调整项目金额，其一是纳税人的会计、财务处理和税收规定不一致予以调整的金额；其二是纳税人按税收规定准予抵免的税收金额。

4. 应纳所得税额的计算公式

应纳所得税额 = 应纳税所得额 × 适用税率

5. 纳税期限

企业所得税实行按年计算、分季度预缴。季度终了后十五日内预缴，年度终了后四个月内汇算清缴。

6. 纳税地点

民间非营利组织就地纳税。"就地"指纳税人的实际经营地。民间非营利组织注册登记地与实际经营管理地不一致的，在实际经营管理所在地纳税。

7. 纳税申报

民间非营利组织在纳税年度内无论是否有应纳税所得额，均应当按规定期限和要求向当地主管税务机关报送有关申报表和年度会计报表。

8. 企业所得税对民间非营利组织的特殊规定

由于民间非营利组织取得的收入总额中，有一部分是代行政府职能，纳入省级或省级以上财政管理的收入。税收政策规定这部分收入不征收企业所得税，即非应税收入，从收入总额中扣除非应税收入所余的是应税收入。

（1）应税收入的计算。

应税收入＝收入总额－非应税收入。

①收入总额的确定。根据《民间非营利组织会计制度》有关规定：收入是指民间非营利组织开展业务及活动取得的、导致本期净资产增加的经济利益或者服务潜力的流入。收入按照其来源分为捐赠收放、会费收入、提供服务收入、政府补助收入、投资收益、商品销售收入等主要业务收入和其他收入。

②非应税收入的确定。

《关于对北京市地方事业单位、社会团体征收企业所得税的实施办法》规定：事业单位、社会团体取得的非应税收入包括以下几个方面：

事业单位、社会团体取得的财政补助收入和财政拨款的专项经费收入。

事业单位、社会团体取得的从同级财政部门核拨的行政事业性收费、政府性基金、资金、附加收入等收入。这部分收入是指事业单位、社会团体代行政府职能，收取行政事业性收费、政府性基金、资金、附加收入等收入后，由同级财政部门按照一定比例（额度）拨付或者核定的收入。按照国务院国发（1996）29号文件规定，行政事业性收费、政府性基金、资金、附加收入等，应纳入财政预算或财政专户管理，是财政收入或财政资金的重要组成部分。

经财政部核准不上缴财政专户管理的预算外资金。

事业单位、社会团体取得的各级政府资助。

社会团体按市级民政、财政部门批准收取的会费收入和取得的社会各界的捐赠收入。

事业单位、社会团体从主管部门和上级单位取得的用于事业发展的专项补助收入。

事业单位、社会团体从其所属独立核算经营单位的税后利润中取得的收入。

经国务院明确批准的其他项目的收入。

以上几项收入，纳税人计入收入总额，但不计入应税收入总额，为非应税收入。

（2）准予扣除项目金额的确定。

①纳税人能够正确划分与取得应税收入有关的成本、费用、损失和与取得非应税收入有关的成本、费用、损失的，其准予扣除项目金额的确定严格按照《中华人民共和国企业所得税暂行条例》及其《实施细则》的规定计算。

②纳税人不能正确划分与取得应税收入有关的成本、费用、损失和与取得非应税收入有关的成本、费用、损失，但是能够按照《民间非营利组织会计制度》有关规定正确计算纳税年度的全部支出的，根据《中华人民共和国税收征收管理法》的有关规定，纳税人经主管税务机关批准，可以采取分摊比例法确定其准予扣除项目金额。

采用分摊比例法确定准予扣除项目金额分为以下几步进行：

1. 确定分摊比例	分摊比例＝应税收入净额÷收入总额
2. 确定支出总额	根据《民间非营利组织会计制度》有关规定正确计算纳税年度的全部支出
3. 准予扣除项目的计算	准予扣除项目＝支出总额×分摊比例

六、民间非营利组织如何 代扣代缴个人所得税

1. 纳税人

个人所得税以个人（自然人）取得的应税所得为征税对象所征收的一种税。它以所得人为纳税义务人（或称纳税人），所以，民间非营利组织只是替本单位的个人代扣代缴个人所得税。

2. 征税对象

个人所得税的征税对象是个人取得的应税所得。目前我国对个人所得税实行分类（项）税制，个人所得税规定了应纳个人所得税的征税对象为 11 项。当个人取得下列所得时、应缴纳个人所得税。

（1）工资、薪金所得。

（2）个体工商户的生产、经营所得。

（3）对企事业单位的承包经营、承租经营所得。

（4）劳务报酬所得。

（5）稿酬所得。

（6）特许权使用费所得。

（7）利息、股息、红利所得。

（8）财产租赁所得。

（9）财产转让所得。

（10）偶然所得。

（11）经国务院财政部门确定征税的其他所得。

一般情况下，民间非营利组织只代扣个人所得中的工资、薪金所得、劳务报酬所得和利息、股息、红利所得的个人所得税。

3. 代扣税款的计算

（1）工资薪金所得。工资、薪金所得，以每月收入额减除费用800元（北京市目前执行综合费用扣除额为1,200元）后的余额，为应纳税所得额。

应纳税额＝应纳税所得额×适用税率－速算扣除数

工资薪金所得项目税率表

级数	应纳税所得额	税率	速算扣除数
1	不超过500元	5%	0
2	超过500元至2,000元	10%	25
3	超过2,000元至5,000元	15%	125
4	超过5,000元至20,000元	20%	375
5	超过20,000元至40,000元	25%	1,375
6	超过40,000元至60,000元	30%	3,375
7	超过60,000元至80,000元	35%	6,375
8	超过80,000元至100,000元	40%	10,375
9	超过100,000元	45%	15,375

计算公式为：

应纳税所得额＝月工资薪金所得－800元（北京目前减除1,200元）

应纳税额＝应纳税所得额×税率－速算扣除数

（2）劳务报酬所得。劳务报酬所得每次收入不超过 4,000 元的，减除费用 800 元；4,000 元以上的，减除 20% 的费用，其余额为应纳税所得额。

如果纳税人的应纳税所得额超过 20,000 元至 50,000 元的部分，再按照应纳税额加征五成，超过 50,000 元的部分，加征十成。因此，劳务报酬所得实际上适用 20%、30%、40% 的三级超额累进税率。计算公式为：

应纳税额 = 应纳税所得额 × 适用税率 - 速算扣除数

劳务报酬所得项目税率表

应纳税所得额	税率	速算扣除数
不超过 20,000 元	20%	0
超过 20,000 元至 50,000 元	30%	2,000
超过 50,000 元	40%	7,000

计算公式为：

应纳税所得额 = （每次收入额 ≤ 4,000 元）- 800 元

或：应纳税所得额 = （每次收入额 > 4,000 元）×（1 - 20%）

应纳税额 = 应纳税所得额 × 税率 - 速算扣除数

劳务报酬所得与工资薪金所得的主要区别是：

①工资薪金是发给与本单位有任职或雇用关系的个人，而劳务报酬是发给与本单位没有任职或雇用关系的个人。

②工资薪金所得按时发放；而劳务报酬所得是按次发放。

（3）利息、股息、红利所得、偶然所得。以每次收入额为应纳税所得额，适用 20% 的比例税率。利息、股息、红利所得以支付利息、股息、红利时取得的收入为一次。

计算公式为：

应纳税额 = 应纳税所得额 × 20%

4. 代扣税款的申报缴纳

民间非营利组织作为扣缴义务人每月所扣的税款，都应当在次月 7 日内缴入国库，并向主管税务机关报送纳税申报表。

七、民间非营利组织如何
计算缴纳土地增值税

1. 纳税义务人

土地增值税的纳税义务人是转让国有土地使用权、地上的建筑物及其附着物并取得收入的单位和个人。包括各类企业单位、事业单位、国家机关、社会团体、个体经营者及其他组织和个人。转让国有土地使用权、地上的建筑物及其附着物并取得收入，是指以出售或者其他方式有偿转让房地产的行为。不包括以继承、赠与方式无偿转让房地产的行为。

民间非营利组织发生转让国有土地使用权、地上的建筑物及其附着物并取得收入的行为须缴纳土地增值税。

2. 计税依据

土地增值税的依据是民间非营利组织转让房地产所取得的增值额。增值额是指转让房地产的收入减除税法规定的扣除项目后的余额。

（1）收入额的确定。民间非营利组织转让房地产所取得的收入，是指包括货币收入、实物收入和其他收入在内的转让房地产的全部价款及有关的经济收益。

（2）扣除项目及其金额。

①取得土地使用权所支付的金额。是指纳税人为取得土地使用权所支付的地价款和按国家统一规定交纳的有关费用。具体为：

以出让方式取得的土地使用权的，为支付的土地出让金；

以行政划拨方式取得土地使用权的，为转让土地使用权时按规定补交的出让金；

以转让方式取得土地使用权的，为支付的地价款。

②开发土地和新建房及配套设施的成本（房地产开发成本）。是指纳税人房地产开发项目实际发生的成本。主要包括：土地征用及拆迁补偿费用、前期工程费、建筑安装工程费、基础设施费、公共配套设施费、开发间接费用。这些成本允许按发生额扣除。

③开发土地和新建房及配套设施的费用（房地产开发费用）。是指与房地产开发项目有关的销售费用、管理费用、财务费用。

凡能够按转让房地产项目计算分摊并提供金融机构证明，可将不高于商业银行同类同期贷款利率所支付的利息据实扣除外，其他房地产开发费用，按取得土地使用权所支付的金额与房地产成本之和的5%的比例计算扣除金额。凡不能按转让房地产项目计算分摊利息支出并提供金融机构证明的，房地产开发费用按取得土地使用权所支付的金额与房地产成本之和的10%的比例计算扣除金额。

④旧房及建筑物的评估价格。是指转让已使用在一年以上的房屋及建筑物时，由市政府批准的房地产评估机构评定重置成本价乘以成新度折扣率，并经地方主管税务机关确认的价格。民间非营利组织转让旧房及建筑物时因计算纳税的需要而对房地产进

行评估，其支付的评估费用允许在计算增值额时予以扣除。

⑤与转让房地产有关税金，这是指在转让房地产时交纳的营业税、城市维护建设税、印花税、教育费附加。

3. 税率

土地增值税实行四级超率累进税率：

土地增值税四级超率累进税率

级数	增值额与扣除项目金额的比率	税率（%）	速算扣除系数（%）
1	不超过50%的部分	30	0
2	超过50%～100%的部分	40	5
3	超过100%～200%的部分	50	15
4	超过200%的部分	60	35

土地增值税税额＝增值额×税率－扣除项目金额×速算扣除系数

4. 税款计算公式

（1）增值额＝收入额－扣除项目金额

（2）增值率＝增值额÷扣除项目金额×100%

（3）依据计算的增值率，按照土地增值税四级超率累进税率表确定适用税率

（4）应纳税额＝增值额×税率－扣除项目金额×速算扣除系数

5. 纳税期限

土地增值税的纳税义务发生时间为民间非营利组织取得房地产转让收入和取得预售房地产价款的当天。

土地增值税的纳税期限为民间非营利组织办理纳税申报手续后3日内。

6. 纳税地点

民间非营利组织在税务注册登记地的地方主管税务机关申报纳税。

7. 土地增值税的特殊规定

（1）因国家建设需要依法征用、收回的房地产免征土地增值税。

（2）对于以房地产进行投资、联营的，投资、联营的一方以土地（房地产）作价入股进行投资或作为联营条件，将房地产转让到所投资、联营的企业中，暂免征收土地增值税。

（3）房产所有人、土地使用权所有人通过中国境内非营利性社会团体、国家机关将房屋产权、土地使用权赠与教育、民政和其他社会福利、公益事业的，不征收土地增值税。

八、民间非营利组织如何计算
缴纳城镇土地使用税

1. 纳税义务人

拥有土地使用权的民间非营利组织为城镇土地使用税的纳税人。

如果土地使用权未确定或权属纠纷未解决的，由实际使用人纳税；拥有土地使用权的民间非营利组织，不在土地所在地的，由代管人或实际使用人纳税，土地使用权共有的，由共有各方分别缴纳。

2. 征税范围

北京市城镇土地使用税的征税范围为城区、近郊区行政区划内，县城、建制镇（包括所辖的行政村）。

3. 税率

北京市城镇土地使用税纳税等级划分为六级，各级土地税额标准为：

一级土地每平方米年税额 10 元；

二级土地每平方米年税额 8 元；

三级土地每平方米年税额 6 元；

四级土地每平方米年税额 4 元；

五级土地每平方米年税额 1 元；

六级土地每平方米年税额 0.5 元。

4. 计税依据

以民间非营利组织实际占用的土地面积为计税依据。对民间非营利组织缴纳城镇土地使用税的计税依据按以下办法确定：

（1）凡持有城市规划管理机关或土地管理机关核发的用地许可证件的，以许可证确定的土地占用面积为计税依据；

（2）无城市规划管理机关或土地管理机关核发的用地许可证件的，暂以纳税人据实申报并经税务机关审查的土地占用面积为计税依据。待土地测量后，再根据土地管理机关提供的测量结果复查核定土地占用面积，调整应纳税额。

5. 税款计算公式

应纳税额＝应税面积×单位税额标准

6. 纳税期限

城镇土地使用税是按年计算，分期缴纳。纳税期限为每年 4 月、10 月的前 15 日内；为简化征管程序，在纳税人自愿的原则下，对城镇土地使用税年应纳税额在 30 万元以下的纳税人，经核定，地方税务机关可在每年 4 月份的征期中一次征收其全年应纳税款。

7. 纳税地点

纳税人在独立核算单位的所在地向税务机关缴纳土地使用税。

8. 城镇土地使用税的特殊规定

（1）由国家财政部门拨付事业经费的民间非营利组织自用（指这些单位本身的业务用地）的土地，免征城镇土地使用税；

（2）对免税单位无偿使用纳税单位的土地，免征城镇土地使用税；对纳税单位无偿使用免税单位的土地，纳税单位应照章缴纳城镇土地使用税。

（3）对政府部门和企事业单位、社会团体以及个人等社会力量投资兴办的福利性、非营利性的老年服务机构自用土地，暂免征收城镇土地使用税。

九、民间非营利组织如何计算缴纳房产税

1. 纳税义务人

民间非营利组织拥有房屋产权的为房产税的纳税人。
民间非营利组织将房屋产权出典的，由承典人缴纳。

2. 征税范围

北京市房产税的征税范围为城区、近郊区行政区划内，县城、建制镇（包括所辖的行政村）。

3. 征税对象

房产税以房产为征税对象。"房产"是以房屋形态表现的财产。独立于房屋之外的建筑物，不属于房产。

4. 税率

房产税采用比例税率。依据房产原值或税务机关估值计税的，税率为1.2%；依据租金收入计税的，税率为12%。

5. 计税依据

民间非营利组织的房产不论自用还是出租均以征收月份前一个月的月末账面房产原值一次减除30%后的余值为计税依据计算缴纳房产税。对房产原值明显不合理的或无房产原值作为依据的，由税务机关重新予以评估后，按税务机关估值为计税依据计算缴纳房产税。

如有财政拨付事业费的民间非营利组织为免税单位，其出租房产以租金收入为计税依据。

6. 纳税计算

（1）以房产原值为计税依据的，年应纳税额＝房产原值×（1－30%）×1.2%

（2）以税务机关估值为计税依据的，年应纳税额＝税务机关估值×1.2%

（3）以租金收入为计税依据的，年应纳税额＝年租金收入

×12%

7. 纳税义务发生时间

（1）民间非营利组织自建的房屋，自建成之次月起征收房产税。

（2）民间非营利组织委托施工企业建设的房屋，从办理验收手续之次月起征收房产税。

（3）对于民间非营利组织未竣工先使用的房产，应自其使用之次月起，就其实际使用部分计算征收房产税。

（4）民间非营利组织在办理验收手续前已使用或出租、出借的新建房屋，应按规定征收房产税。自交付出租、出借房产之次月起计征房产税。

（5）购置新建商品房，自房屋交付使用之次月起计征房产税。

8. 纳税地点

民间非营利组织在房产所在地纳税。

9. 纳税期限

房产税全年税额分两次缴纳，纳税期限为4月1日至4月15日和10月1日至10月15日。为简化征管程序，在纳税人自愿的原则下，对房产税年应纳税额在50万元以下的纳税人，经核定，地方税务机关可在每年4月份的征期中一次征收其全年应纳税款。

10. 房产税特殊规定

（1）房产原值应包括与房屋不可分割的各种附属设备或一般不单独计算价值的配套设施。

（2）纳税单位无租使用房产管理部门、免税单位及纳税单位的房产，应由使用人代缴纳房产税。

（3）纳税单位与免税单位共同使用的房屋，按各自使用的部分划分，分别征收或免征房产税。

（4）对政府部门和企事业单位、社会团体以及个人等社会力量投资兴办的福利性、非营利性的老年服务机构自用房产，暂免征收房产税。

（5）经有关部门鉴定，对毁损不堪居住房屋和危险房屋，在停止使用后，可免征房产税。

十、民间非营利组织如何计算缴纳印花税

1. 纳税义务人

民间非营利组织在中华人民共和国境内书立、领受《中华人民共和国印花税暂行条例》所列举凭证，是印花税的纳税义务人，须按照规定缴纳印花税。

2. 应纳税凭证及计税金额

（1）购销合同按合同购销金额计税。

（2）加工承揽合同按加工或承揽收入计税。

（3）建设工程勘察设计合同按收取的费用计税。

（4）建筑安装工程承包合同按承包金额计税。

（5）财产租赁合同按租赁金额计税，税额不足一元的按一元贴花。

（6）货物运输合同按运输费用计税。

（7）仓储保管合同按仓储保管费用计税。

（8）借款合同按借款金额计税。

（9）财产保险合同按保险费收入计税。

（10）技术合同按合同所载金额计税。

（11）产权转移书据按所载金额计税。

（12）营业账簿、其他账簿是按件计税。

（13）权利、许可证照按件计税。

3. 税率

印花税采用比例和定额两种税率定额征收。

适用千分之一税率的是：财产租赁合同、仓储保管合同、财产保险合同。

适用万分之五税率的是：加工承揽合同、建设工程勘察设计合同、货物运输合同、产权转移书据、资金账簿。

适用万分之三税率的是：购销合同、建筑安装工程承包合同、技术合同。

适用万分之零点五税率的是借款合同。

定额征收是每件五元，适用的有其他账簿、权利、许可证照。

4. 税款的计算公式

（1）按比例税率计算应纳税额的方法：应纳税额＝计税金额×适用税率

（2）按定额税率计算应纳税额的方法：应纳税额＝凭证数量×单位税额

5. 纳税义务发生时间

应纳税凭证应当于书立或领受时贴花，即在合同的签订时、书据的立据时、账簿的启用时、证照的领受时，在国外签订的合同在国内使用时贴花。

6. 缴纳方法

印花税的缴纳方法有三种，分别是：

（1）"三自"缴纳就是纳税人在书立领受应税凭证发生纳税义务时，要按照应税凭证的性质和适用税目税率自行计算应纳税额，自行购买印花税票，自行将印花税票粘贴在应税凭证上，并在应税凭证与印花税票以及印花税票与印花税票之间的交接处盖戳注销或用钢笔、圆珠笔画销。

（2）印花税的大额缴款是指一份凭证应纳税额超过500元的，应向当地税务机关申请填写缴款书或者完税证，将其中一联粘贴在凭证上或者由税务机关在凭证上加注完税标记代替贴花。

（3）汇总缴纳是指同一种类应纳税凭证需频繁贴花的，纳税人可以根据实际情况自行决定是否采用按期汇总缴纳印花税的方式，汇总缴纳的期限为一个月。采取按期汇总缴纳印花税方式的纳税人应提前十五日告知主管税务机关，并确定汇总缴纳应税凭证类型。缴纳方式一经选定，在一个完整的会计核算年度内不得改变。

7. 印花税的特殊规定

（1）已缴纳印花税的凭证的副本或者抄本，免纳印花税。

（2）财产所有人将财产赠给政府、社会福利单位、学校所书立的书据，免纳印花税。社会福利单位是指扶养孤老伤残的社会福利单位。

（3）无息、贴息贷款合同免贴印花税。

（4）应纳税额不足一角的，免征印花税。

（5）各类发行单位之间，以及发行单位与订阅单位或个人之间书立的征订凭证，暂免征印花税。

（6）对办理借款延期业务使用借款展期合同或其他凭证，

按规定仅载明延期还款事项的，可暂不贴印花。

（7）对非金融组织与借款人签订的借款合同不贴印花。

（8）土地使用权出让、转让书立的凭证（合同）暂不征收印花税。

十一、民间非营利组织如何
计算缴纳车船使用税

1. 纳税义务人

凡在本市拥有并且使用车船的民间非营利组织，均应在本市缴纳车船使用税。

2. 税率

类别	项目		计税单位	年税额	备注
机动车	乘人汽车	10 座以下	每辆	200 元	
		11 座至 30 座	每辆	250 元	
		31 座以上	每辆	300 元	
	摩托车	二轮	每辆	60 元	包括轻便摩托车
		三轮	每辆	80 元	
	机动三轮车		每辆	80 元	
	载货汽车		每吨	60 元	

其中：

（1）挂车根据乘人数或载重吨数，分别按乘人或载货汽车税额的 70% 计算。

（2）拖拉机（包括手扶拖拉机）的挂车按载货汽车税额的 50% 计算。

3. 税款计算

（1）机动车（载货汽车除外）。

应纳税额 = 应税车辆数量 × 单位税额

（2）载货汽车。

应纳税额 = 车辆净吨位数 × 单位税额

4. 纳税期限

民间非营利组织应税的机动车，全年税额分两次缴纳，纳税期限为 1 月 1 日 ~ 1 月 15 日和 7 月 1 日 ~ 7 月 15 日。

5. 纳税地点

民间非营利组织有营业机构的，在其独立核算营业机构所在地纳税；无营业机构的，在其居住地纳税。

6. 车船使用税的特殊规定

（1）由国家财政部门拨付事业经费的民间非营利组织自用的车船免税；

（2）各种消防车船、洒水车、囚车、警车、防疫车、救护车船、垃圾车船、港作车船、工程船免税；

（3）民间非营利组织内部使用，不行驶于公共道路的车辆免税；

（4）大型拖板汽车吨位较大，但使用率较低，按全额计税负担偏重。为了照顾其实际情况凡经公安交通管理部门核定、单车吨位在 20 吨以下（含 20 吨）的，按实际吨位征收；超过 20 吨的，对超过部分，减按百分之五十计算征税。

（5）载货汽车的净吨位，不满半吨（含半吨）的按半吨计算，超过半吨不满 1 吨的，按 1 吨计算。

（6）载货汽车改装成乘人汽车或载货、乘人兼用车辆的，均按公安交通管理部门核定的车辆种类计算征收。

（7）各种工程车、起重车等特种车辆，按其原来规定载重量计算征收，无载重量的，可比照同类型载货汽车计算征收。

十二、民间非营利组织具体涉税特殊问题

1. 民间非营利组织对外捐赠的税收政策

（1）民间非营利组织对外捐赠现金或其他货币性资产，除在企业所得税前按税法规定比例扣除外，其他不涉及其他税种。

（2）民间非营利组织对外捐赠非货币性资产，除在企业所得税前按税法规定比例扣除外，如捐赠的为增值税应税产品，作为视同销售，须按规定缴纳增值税；如捐赠的为营业税应税产品和劳务，作为视同销售，须按规定缴纳营业税。

2. 民间非营利组织固定资产报废的税收政策

民间非营利组织固定资产中如果不动产报废，形成的财产损失经税务机关审批后可在企业所得税税前扣除；民间非营利组织固定资产中如果机器、设备报废，形成的财产损失经税务机关审批后可在企业所得税税前扣除，同时报废的机器、设备对外销售，如为增值税应税产品，还须按规定缴纳增值税和城建税、教育费附加。

3. 民间非营利组织无形资产、固定资产、存货等进行转让是否交税

民间非营利组织无形资产、固定资产中的不动产进行转让，

按规定须缴纳营业税和城建税、教育费附加，并按规定计算确认资产转让所得或损失，并入当年损益缴纳企业所得税；民间非营利组织固定资产中的非不动产、存货进行转让，按规定须缴纳增值税和城建税、教育费附加，并按规定计算确认资产转让所得或损失，并入当年损益缴纳企业所得税。

4. 民间非营利组织以货币资金及实物资产对外投资是否交税

（1）民间非营利组织以货币资金对外投资不需要缴纳税金。

（2）民间非营利组织以非货币资产对外投资，在企业所得税处理方面，应在投资交易发生时，将其分解为按公允价值销售有关非货币性资产和投资两项经济业务进行所得税处理，并按规定计算确认资产转让所得或损失，并入当年损益缴纳企业所得税。同时如为增值税应税产品，则作为视同销售缴纳增值税。

5. 民间非营利组织出租房屋应交税种

民间非营利组织出租房屋取得的租金收入，须按规定缴纳营业税和城建税、教育费附加、房产税以及土地使用税，同时租金收入并入当年应纳税所得额计算缴纳企业所得税。

6. 营业税改为增值税

2013年经国务院批准，部分民间非营利组织将原来缴纳的营业税改为增值税，为小规模纳税人，税率3%，计税方法及纳税时间与营业税相同。

附 录 一

民间非营利组织会计制度

财政部文件

财会〔2004〕7号

财政部关于印发
《民间非营利组织会计制度》的通知

国务院有关部委、有关直属机构，各省、自治区、直辖市、计划单列市财政厅（局），新疆生产建设兵团财务局：

为了规范民间非营利组织的会计核算，提高会计信息质量，根据《中华人民共和国会计法》以及国家有关法律、行政法规，我部制定了《民间非营利组织会计制度》，现印发你们，与2005年1月1日起执行。执行中有何问题，请及时反馈我部。

附件：1. 民间非营利组织会计制度
2. 民间非营利组织会计制度——会计科目和会计报表

二〇〇四年八月十八日

第一章　总　　则

第一条　为了规范民间非营利组织的会计核算，保证会计信息的真实、完整，根据《中华人民共和国会计法》及国家其他有关法律、行政法规的规定，制定本制度。

第二条　本制度适用于在中华人民共和国境内依法设立的符合本制度规定特征的民间非营利组织。民间非营利组织包括依照国家法律、行政法规登记的社会团体、基金会、民办非企业单位和寺院、宫观、清真寺、教堂等。

适用于制度的民间非营利组织应当同时具备以下特征：

（一）该组织不以营利为宗旨和目的。

（二）资源提供者向该组织投入资源不得取得经济回报。

（三）资源提供者不享有该组织的所有权。

第三条　会计核算应当以民间非营利组织的交易或者事项为对象，记录和反映该组织本身的各项业务活动。

第四条　会计核算应当以民间非营利组织的持续经营为前提。

第五条　会计核算应当划分会计期间，分期结算账目和编制财务报告。

第六条　会计核算应当以人民币作为记账位币。业务收支以人民币以外的货币为主的民间非营利组织，可以选定其中一种作为记账位币，但是编制的财务会计报告应当折算为人民币。

民间非营利组织在核算外币业务时，应当设置相应的外币账户。外币账户包括外币现金、外币银行存款、以外币结算的债权和债务账户等，这些账户应当与非外币的各该相同账户分别设置，并分别核算。

民间非营利组织发生外币业务时，应当将有关外币金额折算为记账本位币金额记账。除另有规定外，所有与外币业务有关的账户，应当采用业务发生时的汇率。当汇率波动较小时，也可以采用业务发生当期期初的汇率进行折算。

各种外币账户的外币余额，期末时应当按照期末汇率折合为记账本位币。按照期末汇率折合的记账本位币金额与账面记账本位币金额之间的差额，作为汇兑损益计入当期费用。但是，属于在借款费用应予资本化的期间内发生的与购建固定资产有关的外币专门借款本金及其利息所产生的汇兑差额，应当予以资本化，计入固定资产成本。借款费用应予资本化的期间依照本制度第三十五条加以确定。

本制度所称外币业务是指以记账本位币以外的货币进行的款项收付、往来结算等业务。

本制度所称的专门借款是指为购建固定资产而专门借入的款项。

第七条　会计核算应当以权责发生制为基础。

第八条　民间非营利组织在会计核算时，应当遵循以下基本原则：

（一）会计核算应当以实际发生的交易或者事项为依据，如实反映民间非营利组织的财务状况、业务活动情况和现金流量等信息。

（二）会计核算所提供的信息应当能够满足会计信息使用者（如捐赠人、会员、监管者）等的需要。

（三）计核算应当按照交易或者事项的实质进行，而不应当仅仅按照它们的法律形式作为依据。

（四）会计政策前后各期应当保持一致，不得随意变更。如有必要变更，应当在会计报表附注中披露变更的内容和理由、变更的累积影响数，以及累积影响数不能合理确定的理由等。

（五）会计核算应当按照规定的会计处理方法进行，会计信息应当口径一致、相互可比。

（六）会计核算应当及时进行，不得提前或延后。

（七）会计核算和编制的财务会计报告应当清晰明了，便于理解和使用。

（八）在会计核算中，所发生的费用应当与其相关的收入相配比，同一会计期间内的各项收入和与其相关的费用，应当在该会计期间内确认。

（九）资产在取得时应当按照实际成本计量，但本制度有特别规定的，按照特别规定的计量基础进行计量。其后，资产账面价值的调整，应当按照本制度的规定执行。除法律、行政法规和国家统一的会计制度另有规定的外，民间非营利组织一律不得自行调整资产账面价值。

（十）会计核算应当遵循谨慎性原则。

（十一）会计核算应当合理划分应当计入当期费用的支出和应当予以资本化的支出。

（十二）会计核算应当遵循重要性原则，对资产、负债、净资产、收入、费用等有较大影响，并进而影响财务会计报告使用者据以做出合理判断的重要会计事项，必须按照规定的会计方法和程序进行处理，并在财务会计报告中予以充分披露；对于非重要的会计事项，在不影响会计信息真实性和不至于误导会计信息使用者做出正确判断的前提下，可适当简化处理。

第九条　会计记账应当采用借贷记账法。

第十条　会计记录的文字应当使用中文。在民族自治地区，会计记录可以同时使用当地通用的一种民族文字。境外民间非营利组织在中华人民共和国境内依法设立的代表处、办事处等机构也可以同时使用一种外国文字记账。

第十一条　民间非营利组织应当根据有关会计法律、行政法规和本制度的规定，在不违反本制度的前提下，结合其具体情况，制定会计核算办法。

第十二条 民间非营利组织填制会计凭证、登记会计账簿、管理会计档案等，按照《中华人民共和国会计法》、《会计基础工作规范》和《会计档案管理办法》等规定执行。

第十三条 民间非营利组织应当根据国家有关法律、行政法规和内部会计控制规范，结合本单位的业务活动特点，制定相适应的内部会计控制制度，以加强内部会计监督，提高会计信息质量和管理水平。

第二章 资 产

第十四条 资产是指过去的交易或者事项形成并由民间非营利组织拥有或者控制的资源，该资源预期会给民间非营利组织带来经济利益或者服务潜力。资产应当按其流动性分为流动资产、长期投资、固定资产、无形资产和受托代理资产等。

第十五条 民间非营利组织应当定期或者至少于每年年度终了，对短期投资、应收款项、存货、长投技资等资产是否发生了减值进行检查，如果这些资产发生了减值，应当计提减值准备，确认减值损失，并计入当期费用。对于固定资产、无形资产等其他资产，如果发生了重大减值，也应当计提减值准备，确认减值损失，并计入当期费用。如果已计提减值准备的资产价值在以后会计期间得以恢复，则应当在该资产已计提减值准备的范围内部分或全部转回已确认的减值损失，冲减当期费用。

第十六条 对于民间非营利组织接受捐赠的现金资产，应当按照实际收到的金额入账。对于民间非营利组织接受捐赠的非现金资产，如接受捐赠的短期投资、存货、长期投资、固定资产和无形资产等，应当按照以下方法确定其入账价值：

（一）如果捐赠方提供了有关凭据（如发票、报关单、有关协议等）的，应当按照凭据上标明的金额，作为入账价值。如果凭据上表明的金额与受赠资产公允价值相差较大的，受赠资产应当以其公允价值作为入账价值。

（二）如果捐赠方没有提供有关凭据的，受赠资产应当以其公允价值作为入账价值。

对于民间非营利组织接受的劳务捐赠，不予确认，但应当在会计报表附注中作相关披露。

第十七条　本制度中所称的公允价值是指在公平交易中，熟悉情况的交易双方自愿进行资产交换或者债务清偿的金额。公允价值的确定顺序如下：

（一）如果同类或者类似资产存在活跃市场的，应当按照同类或者类似资产的市场价格确定公允价值；

（二）如果同类或类似资产不存在活跃市场，或者无法找到同类或者类似资产的，应当采用合理的计价方法确定资产的公允价值。

在本制度规定应当采用公允价值的情况下，如果有确凿的证据表明资产的公允价值确实无法可靠计量，则民间非营利组织应当设置辅助账，单独登记所取得资产的名称、数量、来源、用途等情况，并在会计报表附注中作相关披露。在以后会计期间，如果该资产的公允价值能够可靠计量，民间非营利组织应当在其能够可靠计量的会计期间予以确认，并以公允价值计量。

第十八条　民间非营利组织如发生非货币性交易，应当按照以下原则处理：

（一）以换出资产的账面价值，加上应支付的相关税费，作为换入资产的入账价值。

（二）非货币性交易中如果发生补价，应区别不同情况处理：

1. 支付补价的民间非营利组织，应以换出资产的账面价值加上补价和应支付的相关税费，作为换入资产入账价值。

2. 收到补价的民间非营利组织，应按以下公式确定换入资产的入账价值和应确认的收入或费用：

$$\begin{aligned}\frac{\text{换入资产}}{\text{入账价值}} &= \frac{\text{换出资产}}{\text{账面价值}} - \frac{\text{补价}}{\text{换出资产公允价值}} \times \frac{\text{换出资产}}{\text{账面价值}} \\ &\quad - \frac{\text{补价}}{\text{换出资产公允价值}} \times \frac{\text{应交}}{\text{税金}} + \frac{\text{应支付的}}{\text{相关税费}}\end{aligned}$$

$$\frac{\text{应确认的}}{\text{收入或费用}} = \text{补价} \times \left[1 - \left(\frac{\text{换出资产}}{\text{账面价值}} + \frac{\text{应交}}{\text{税金}}\right) \div \frac{\text{换出资产}}{\text{公允价值}}\right]$$

（三）在非货币性交易中，如果同时换入多项资产，应按换入各项资产的公允价值占换入资产公允价值总额的比例，对换出资产的账面价值总额和应支付的相关税费进行分配，以确定各项换入资产的入账价值。

本制度所称非货币性交易是指交易双方以非货币性资产进行的交换，这种交换不涉及或只涉及少量的货币性资产（即补价）。其中，货币性资产是指持有的现金及将以固定或可确定金额的货币收取的资产；非货币性资产是指货币性资产以外的资产。

第一节　流动资产

第十九条　流动资产是指预期可在1年内（含1年）变现或者耗用的资产，主要包括现金、银行存款、短期投资、应收款项、预付账款、存货、待摊费用等。

第二十条　民间非营利组织应当设置现金和银行存款日记账。按照业务发生顺序逐日逐笔登记。有外币现金和存款的民间非营利组织，还应当分别按人民币和外币进行明细核算。

现金的核算应当做到日清月结，其账面余额必须与库存数相符；银行存款的账面余额应当与银行对账单定期核对，并与按月编制的银行存款余额调节表调节相符。

本制度所称的账面余额是指会计科目的账面实际余额，不扣除作为该科目备抵的项目（如累计折旧、资产减值准备等）。

第二十一条　短期投资是指能够随时变现并且持有时间不准备超过 1 年（含 1 年）的投资，包括股票、债券投资等。

（一）短期投资在取得时应当按照投资成本计量。短期投资取得时的投资成本按以下方法确定：

1. 以现金购入的短期投资，按照实际支付的全部价款，包括税金、手续费等相关税费作为其投资成本。实际支付的价款中包含的已宣告但尚未领取的现金股利或已到付息期但尚未领取的债券利息，应当作为应收款项单独核算，不构成短期投资成本。

2. 接受捐赠的短期投资，按照本制度第十六条的规定确定其投资成本。

3. 通过非货币性交易换入的短期投资，按照本制度第十八条的规定确定其投资成本。

（二）短期投资的利息或现金股利应当于实际收到时冲减投资的账面价值，但在购买时已计入应收款项的现金股利或者利息除外。

（三）在期末，民间非营利组织应当按照本制度第十五条的规定对短期投资是否发生了减值进行检查。如果短期投资的市价低于其账面价值，应当按照市价低于账面价值的差额计提短期投资跌价准备，确认短期投资跌价损失并计入当期费用。如果短期投资的市价高于其账面价值，应当在该短期投资期初已计提跌价准备的范围内转回市价高于账面价值的差额，冲减当期费用。

（四）处置短期投资时应当将实际取得价款与短期投资账面价值的差额确认当期投资损益。本制度所称的账面价值是指某会计科目的账面余额减去相关的备抵项目后的净额。

民间非营利组织的委托贷款和委托投资（包括委托理财）

应当区分期限长短，分别作为短期投资和长期投资核算和列报。

第二十二条 应收款项是指民间非营利组织在日常业务活动过程中发生的各项应收未收债权，包括应收票据、应收账款和其他应收款等。

（一）应收款项应当按照实际发生额入账，并按照往来单位或个人等设置明细账，进行明细核算。

（二）期末，应当分析应收款项的可收回性，对预计可能产生的坏账损失计提坏账准备，确认坏账损失并计入当期费用。

第二十三条 预付账款是指民间非营利组织预付给商品供应单位或者服务提供单位的款项。

预付账款应当按照实际发生额入账，并按照往来单位或个人等设置明细账，进行明细核算

第二十四条 存货是指民间非营利组织在日常业务活动过程中持有以备出售或捐赠的，或者为了出售或捐赠仍处在生产过程中的，或者将在生产、提供服务或日常管理过程中耗用的材料、物资、商品等。

（一）存货在取得时，应当以其实际成本入账。存货成本包括采购成本、加工成本和其他成本。其中，采购成本一般包括实际支付的采购价款、相关税费、运输费、装卸费、保险费及其他可直接归属于存货采购的费用。加工成本包括直接人工以及按照合理方法分配的与存货加工有关的间接费用。其他成本是指除采购成本、加工成本以外的，使存货达到目前场所和状态所发生的其他支出。接受捐赠的存货，按照本制度第十六条的规定期定其成本。通过非货币性交易换入的存货，按照本制度第十八条的规定确定其成本。

（二）存货在发出时，应当根据实际情况采用个别计价法、先进先出法或者加权平均法，确定发出存货的实际成本。

（三）存货应当定期进行清查盘点，每年至少盘点一次。对

于发生的盘盈、盘亏以及变质、毁损等存货，应当及时查明原因，并根据民间非营利组织的管理权限，经理事会、董事会或类似权力机构批准后，在期末结账前处理完毕。对于盘盈的存货，应当按照其公允价值入账，并确认为当期收入；对于盘亏或者毁损的存货，应先扣除残料价值、可以收回的保险赔偿和过失人的赔偿等，将净损失确认为当期费用。

（四）期末，民间非营利组织应当按照本制度第十五条的规定对存货是否发生了减值进行检查。如果存货的可变现净值低于其账面价值，应当按照可变现净值低于账面价值的差额计提存货跌价准备，确认存货跌价损失并计入当期费用。如果存货的可变现净值高于其账面价值，应当在该存货期初已计提跌价准备的范围内转回可变现净值高于账面价值的差额，冲减当期费用。

本制度所称的可变现净值是指在正常业务活动中，以存货的估计售价减去至完工将要发生的成本以及销售所必需的费用后的金额。

第二十五条　待摊费用是指民间非营利组织已经支出，但应当由本期和以后各期分别负担的、分摊期在 1 年以内（含 1 年）的各项费用，如预付保险费、预付租金等。

待摊费用应当按其受益期限在 1 年内分期平均摊销，计入有关费用。

第二节　长期投资

第二十六条　长期投资是指除短期投资以外的投资，包括长期股权投资和长期债权投等。

第二十七条　长期股权投资应当按照以下原则核算：

（一）长期股权投资在取得时，应当按取得时的实际成本作为初始投资成本。初始投资成本按以下方法确定：

1. 以现金购入的长期股权投资，按照实际支付的全部价款，包括税金、手续费等相关费用，作为初始投资成本。实际支付的价款中包含的已宣告但尚未领取的现金股利，应当作为应收款项单独核算，不构成初始投资成本。

2. 接受捐赠的长期股权投资，按照本制度第十六条的规定，确定其初始投资成本。

3. 通过非货币性交易换入的长期股权投资，按照本制度第十八条的规定确定其初始投资本。

（二）长期股权投资应当区别不同情况，分别采用成本法或者权益法核算。如果民间非营利组织对被投资单位无控制、无共同控制且重大影响，长期股权投资应当采用成本法进行核算；如果民间非营利组织对被投资单位具有控制、共同控制或重大影响，长期股权投资应当采用权益法进行核算。

采用成本法核算时，被投资单位经股东大会或者类似权利机构批准宣告发放的利润或现金股利，作为当期投资收益。

采用权益法核算时，按应当享有或应当分担的被投资单位当年实现的净利润或发生的净亏损的份额调整投资账面价值，并作为当期投资损益。按被投资单位宣告分派的利润或现金股利计算分得的部分，减少投资账面价值。

被投资单位宣告分派的股票股利不作账务处理，但应当设置辅助账进行数量登记。

本制度所称的控制是指有权决定被投资单位的财务和经营政策，并能据以从该单位的经济活动中获得利益；本制度所称的共同控制，是指按合同约定对某项经济活动所共有的控制；本制度所称的重大影响，是指对被投资单位的财务和经营政策有参与决策的权力，但并不决定这些政策。

（三）处置长期股权投资时，应当将实际取得价款与投资账面价值的差额确认为当期投资损益。

第二十八条 长期债权投资应当按照以下原则核算：

（一）长期债权投资在取得时，应当按取得时的实际成本作为初始投资成本。初始投资成本按以下方法确定：

1. 以现金购入的长期债权投资，按照实际支付的全部价款，包括税金、手续费等相关费用，作为初始投资成本。实际支付的价款中包含的已到付息期但尚未领取的债券利息，应当作为应收款项单独核算，不构成初始投资成本。

2. 接受捐赠取得的长期债权投资，按照本制度第十六条的规定确定其初始投资成本。

3. 通过非货币性交易换入的长期债权投资，按照本制度第十八条的规定确定其初始投资成本。

（二）长期债权投资应当按照票面价值与票面利率按期计算确认利息收入。长期债券投资的初始投资成本与债券面值之间的差额，应当在债券存续期间，按照直线法于确认相关债券利息收入时予以摊销。

（三）持有可转换公司债券的民间非营利组织，可转换公司债券在购买以及转换为股份之前，应当按一般债券投资进行处理。当民间非营利组织行使转换权利，将其持有的债券投资转换为股份时，应当按其账面价值减去收到的现金后的余额，作为股权投资的初始投资成本。

（四）处置长期债权投资时，应当将实际取得价款与投资账面价值的差额，确认为当期投资损益。

第二十九条　民间非营利组织改变投资目的，将短期投资划转为长期投资，应当按短期投资的成本与市价孰低结转。

第三十条　期末民间非营利组织应当按照本制度第十五条的规定对长期投资是否发生了减值进行检查。如果长期投资的可收回金额低于其账面价值，应当按照可收回金额低于账面价值的差额计提长期投资减值准备，确认长期投资减值损失并计入当期费用。如果长期投资的可收回金额高于其账面价值，应当在该长期投资期初已计提减值准备的范围内转回可收回金额高于账面价值的差额，冲减当期费用。

本制度所称可收回金额是指资产的销售净价与预期从该资产的持续使用和使用寿命结束时的处置中形成的预计未来现金流量的现值两者之中的较高者，其中销售净价指销售价值减资产处置费用后的余额。

第三节　固定资产

第三十一条　固定资产是指同时具有以下特征的有形资产：

（一）为行政管理、提供服务、生产商品或者出租目的而持有的；

（二）预计使用年限超过 1 年；

（三）单位价值较高。

第三十二条　固定资产在取得时，应当按取得时的实际成本入账。取得时的实际成本包括买价、包装费、运输费、交纳的有关税金等相关费用，以及为使固定资产达到预定可使用状态前所必要的支出。固定资产取得时的实际成本应当根据以下具体情况分别确定：

（一）外购的固定资产，按照实际支付的买价、相关税费以及为使固定资产达到预定可使用状态前所发生的可直接归属于该固定资产的其他支出（如运输费、安装费、装卸费等）确定其成本。

如果以一笔款项购入多项没有单独标价的固定资产，按各项固定资产公允价值的比例对总成本进行分配，分别确定各项固定资产的成本。

（二）自行建造的固定资产，按照建造该项资产达到预定可使用状态前所发生的全部必要支出确定其成本。

（三）接受捐赠的固定资产，按照本制度第十六条的规定确定其成本。

（四）通过非货币性交易换入的固定资产，按照本制度第十八条的规定确定其成本。

（五）融资租入的固定资产，按照租赁协议或者合同确定的价款、运输费、途中保险费、安装调试费以及融资租入固定资产达到预定可使用的状态前发生的借款费用等确定其成本。

第三十三条 在建工程，包括施工前期准备、正在施工中的建筑工程、安装工程、技术改

造工程等。工程项目较多且工程支出较大的，应当按照工程项目的性质分项核算。

第三十四条 在建工程应当按照所建造工程达到预定可使用状态前实际发生的全部必要支出确定其工程成本，并单独核算。在建工程的工程成本应当根据具体情况分别确定：

（一）对于自营工程，按照直接材料、直接人工、直接机械使用费等确定其成本。

（二）对于出包工程，按照应支付的工程价款等确定其成本。

第三十五条 为购建固定资产而发生的专门借款的借款费用在规定的允许资本化的期间内，应当按照专门借款的借款费用的实际发生额予以资本化，计入在建工程成本。这里的借款费用包括因借款而发生的利息、辅助费用以及因外币借款而发生的汇兑差额。

只有在以下三个条件同时具备时，因专门借款所发生的借款费用才允许开始资本化：

（一）资产支出已经发生；

（二）借款费用已经发生；

（三）为使资产达到预定可使用状态所必要的购建活动已经开始。

如果固定资产的购建活动发生非正常中断，并且中断时间连续超过3个月（含3个月），应当暂停借款费用的资本化，将中断期间内所发生的借款费用确认为当期费用，直至资产的购建活动重新开始。但是，如果中断是使购建的固定资产达到预定可使用状态所必要的程序，则借款费用的资本化应当继续进行。

当所购建的固定资产达到预定可使用状态时，应当停止借款费用的资本化。之后所发生的借款费用应当于发生时计入当期费用。通常所购建的固定资产达到以下状态时，应当视为所购建的固定资产已经达到预定可使用状态：

（一）固定资产的实体建造（包括安装）工作已经全部完成或者实质上已经完成：

（二）所购建的固定资产与设计要求或者合同要求相符或者基本相符，即使有极个别与设计或者合同要求不相符的地方，也不影响其正常使用。

（三）继续发生在所购建固定资产上的支出金额很少或者几乎不再发生。

第三十六条 所购建的固定资产已达到预定可使用状态时，应当自达到预定可使用状态之日起，将在建工程成本转入固定资产核算。

第三十七条 民间非营利组织应当对固定资产计提折旧，在固定资产的预计使用寿命内系统地分摊固定资产的成本。

民间非营利组织应当根据固定资产的性质和消耗方式，合理地确定固定资产的预计使用年限和预计净残值。

民间非营利组织应当按照固定资产所含经济利益或者服务潜力的预期实现方式选择折旧方法，可选用的折旧方法包括年限平均法、工作量法、双倍余额递减法和年数总和法。折旧方法一经确定，不得随意变更。如果由于固定资产所含经济利益或者服务潜力预期实现方式发生重大改变而确实需要变更的，应当在会计报表附注中披露相关信息。

　　第三十八条　民间非营利组织应当按月提取折旧，当月增加的固定资产，当月不提折旧，从下月起计提折旧：当月减少的固定资产，当月照提折旧，从下月起不提折旧。

　　第三十九条　与固定资产有关的后续支出，如果使可能流入民间非营利组织的经济利益或者服务潜力超过了原先的估计，如延长了固定资产的使用寿命，或者使服务质量实质性提高，或者使商品成本实质性降低，则应当计入固定资产账面价值，但其增计后的金额不应当超过该固定资产的可收回金额。其他后续支出，应当计入当期费用。

　　第四十条　民间非营利组织由于出售、报废或者毁损等原因而发生的固定资产清理净损益，应当计入当期收入或者费用。

　　第四十一条　用于展览、教育或研究等目的的历史文物、艺术品以及其他具有文化或者历史价值并作长期或者永久保存的典藏等，作为固定资产核算，但不必计提折旧。在资产负债表中，应当单列"文物文化资产"项目予以反映。

　　第四十二条　民间非营利组织对固定资产应当定期或者至少每年实地盘点一次。对盘盈、盘亏的固定资产，应当及时查明原因，写出书面报告，并根据管理权限经董事会、理事会或类似权力机构批准后，在期末结账前处理完毕。盘盈的固定资产应当按照其公允价值入账，并计入当期收入：盘亏的固定资产在减去过失人或者保险公司等赔款和残料价值之后计入当期费用。

　　第四十三条　民间非营利组织对固定资产的购建、出售、清理、报废和内部转移等都应当办理会计手续，并应当设置固定资产明细账（或者固定资产卡片）进行明细核算。

第四节　无形资产

　　第四十四条　无形资产是指民间非营利组织为开展业务活

动、出租给他人、或为管理目的而持有的且没有实物形态的非货币性长期资产，包括专利权、非专利技术、商标权、著作权、土地使用权等。

第四十五条 无形资产在取得时，应当按照取得时的实际成本入账。

（一）购入的无形资产，按照实际支付的价款确定其实际成本。

（二）自行开发并按法律程序申请取得的无形资产，按依法取得时发生的注册费、聘请律师费等费用，作为无形资产的实际成本。依法取得前，在研究与开发过程中发生的材料费用、直接参与开发人员的工资及福利费、开发过程中发生的租金、借款费用等直接计入当期费用。

（三）接受捐赠的无形资产，按照本制度第十六条的规定确定其实际成本。

（四）通过非货币性交易换入的无形资产，按照本制度第十八条的规定确定其实际成本。

第四十六条 无形资产应当自取得当月起在预计使用年限内分期平均摊销，计入当期费用。如预计使用年限超过了相关合同规定的受益年限或法律规定的有效年限，该无形资产的摊销年限按如下原则确定：

（一）合同规定了受益年限但法律没有规定有效年限的，摊销期不应超过合同规定的受益年限。

（二）合同没有规定受益年限但法律规定了有效年限的，摊销期不应超过法律规定的有效年限：

（三）合同规定了受益年限，法律也规定了有效年限的，摊销期不应超过受益年限和有效年限两者之中较短者。

如果合同没有规定受益年限，法律也没有规定有效年限的，摊销期不应超过10年。

第四十七条 民间非营利组织处置无形资产，应当将实际取得的价款与该项无形资产的账面价值之间的差额，计入当期收入或者费用。

第五节 受托代理资产

第四十八条 受托代理资产是指民间非营利组织接受委托方委托从事受托代理业务而收到的资产。在受托代理过程中，民间非营利组织通常只是从委托方收到受托资产，并按照委托人的意愿将资产转赠给指定的其他组织或者个人，或者按照有关规定将资产转交给指定的其他组织或者个人，民间非营利组织本身只是在委托代理过程中起中介作用。无权改变受托代理资产的用途或者变更受益人。

民间非营利组织应当对受托代资产比照接受捐赠资产的原则进行确认和计量，但在确认一项受托代理资产时，应当同时确认一项受托代理负债。

第三章 负 债

第四十九条 负债是指过去的交易或者事项形成的现时义务，履行该义务预期会导致含有经济利益或者服务潜力的资源流出民间非营利组织。负债应当按其流动性分为流动负债、长期负债和受托代理负债等。

第五十条 或有事项是指过去的交易或者事项形成的一种状况，其结果须通过未来不确定事项的发生或不发生予以证实。

如果与或有事项相关的义务同时符合以下条件，应当将其确认为负债，以清偿该负债所需支出的最佳估计数予以计量，并在资产负债表中单列项目予以反映：

（一）该义务是民间非营利组织承担的现时义务；

（二）该义务的履行很可能导致含有经济利益或者服务潜力的资源流出民间非营利组织；

（三）该义务的金额能够可靠地计量。

第五十一条 流动负债是指将在1年内（含1年）偿还的负债，包括短期借款、应付款项、

应付工资、应交税金、预收账款、预提费用和预计负债等。

（一）短期借款是指民间非营利组织向银行或其他金融机构等借入的期限在1年以下（含1年）的各种借款。

（二）应付款项是指民间非营利组织在日常业务活动过程中发生的各项应付票据、应付账款和其他应付款等应付未付款项。

（三）应付工资是指民间非营利组织应付未付的员工工资。

（四）应交税金是指民间非营利组织应交未交的各种税费。

（五）预收账款是指民间非营利组织向服务和商品购买单位预收的各种款项。

（六）预提费用是指民间非营利组织预先提取的已经发生但尚未支付的费用，如预提的租金、保险费、借款利息等。

（七）预计负债是指民间非营利组织对因或有事项所产生的现时义务而确认的负债。

第五十二条 各项流动负债应当按实际发生额入账。

短期借款应当按照借款本金和确定的利率按期计提利息，计入当期费用。

第五十三条 长期负债是指偿还期限在1年以上（不含1年）的负债，包括长期借款、长期应付款和其他长期负债。

（一）长期借款是指民间非营利组织向银行或其他金融机构等借入的期限在1年以上（不含1年）的各种借款。

（二）长期应付款主要是指民间非营利组织融资租人固定资产发生的应付租赁款。

（三）其他长期负债是指除长期借款和长期应付款外的长期

负债。

第五十四条　各项长期负债应当按实际发生额入账。

第五十五条　受托代理负债是指民间非营利组织因从事受托代理业务、接受受托代理资产而产生的负债。受托代理负债应当按照相对应的受托代理资产的金额予以确认和计量。

第四章　净 资 产

第五十六条　民间非营利组织的净资产是指资产减去负债后的余额。净资产应当按照其是否受到限制，分为限定性净资产和非限定性净资产等。

如果资产或者资产所产生的经济利益（如资产的投资收益和利息等）的使用受到资产提供者或国家有关法律、行政法规所设置的时间限制或（和）用途限制，则由此形成的净资产即为限定性净资产：国家有关法律、行政法规对净资产的使用直接设置限制的，该受限制的净资产亦为限定性净资产：除此之外的其他净资产，即为非限定性净资产。

本制度所称的时间限制，是指资产提供者或者国家有关法律、行政法规要求民间非营利组织在收到资产后的特定时期之内或特定日期之后使用该项资产，或者对资产的使用设置了永久限制。

本制度所称的用途限制，是指资产提供者或者国家有关法律、行政法规要求民间非营利组织将收到的资产用于某一特定的用途。

民间非营利组织的董事会、理事会或类似机构对净资产的使用所作的限定性决策、决议或拨款限额等，属于民间非营利组织内部管理上对资产使用所作的限制，不属于本制度所界定的限定性净资产。

第五十七条 如果限定性净资产的限制已经解除，应当对净资产进行重新分类，将限定性净资产转为非限定性净资产。

当存在下列情况之一时，可以认为限定性净资产的限制已经解除：

（一）所限定净资产的限制时间已经到期；

（二）所限定净资产规定的用途已经实现（或者目的已经达到）；

（三）资产提供者或者国家有关法律、行政法规撤销了所设置的限制。

如果限定性净资产受到两项或两项以上的限制，应当在最后一项限制解除时，才能认为该项限定性净资产的限制已经解除。

第五章 收 入

第五十八条 收入是指民间非营利组织开展业务活动取得的、导致本期净资产增加的经济利益或者服务潜力的流入，收入应当按照其来源分为捐赠收入、会费收入、提供服务收入、政府补助收入、投资收益、商品销售收入等主要业务活动收入和其他收入等。

（一）捐赠收入是指民间非营利组织接受其他单位或者个人捐赠所取得的收入。

（二）会费收入是指民间非营利组织根据章程等的规定向会员收取的会费。

（三）提供服务收入是指民间非营利组织根据章程等的规定向其服务对象提供服务取得的收入，包括学费收入、医疗费收入、培训收入等。

（四）政府补助收入是指民间非营利组织接受政府拨款或者政府机构给予的补助而取得的收入。

（五）商品销售收入是指民间非营利组织销售商品（如出版物、药品等）等所形成的收入。

（六）投资收益是指民间非营利组织因对外投资取得的投资净损益。

民间非营利组织如果有除上述捐赠收入、会费收入、提供服务收入、政府补助收入、商品销售收入、投资收益之外的其他主要业务活动收入，也应当单独核算。

（七）其他收入是指除上述主要业务活动收入以外的其他收入，如固定资产处置净收入、无形资产处置净收入等。

对于民间非营利组织接受的劳务捐赠，不予确认，但应当在会计报表附注中作相关披露。

第五十九条　民间非营利组织在确认收入时，应当区分交换交易所形成的收入和非交换交易所形成的收入。

（一）交换交易是指按照等价交换原则所从事的交易，即当某一主体取得资产、获得服务或者解除债务时，需要向交易对方支付等值或者大致等值的现金，或者提供等值或者大致等值的货物、服务等的交易。如按照等价交换原则销售商品、提供劳务等均属于交换交易。

对于因交换交易所形成的商品销售收入，应当在下列条件同时满足时予以确认：

1. 已将商品所有权上的主要风险和报酬转移给购货方；

2. 既没有保留通常与所有权相联系的继续管理权，也没有对已售出的商品实施控制；

3. 与交易相关的经济利益能够流入民间非营利组织；

4. 相关的收入和成本能够可靠地计量。

对于因交换交易所形成的提供劳务收入，应当按以下规定予以确认：

1. 在同一会计年度内开始并完成的劳务，应当在完成劳务时确认收入；

2. 如果劳务的开始和完成分属不同的会计年度，可以按完工进度或完成的工作量确认收人。

对于因交换交易所形成的因让渡资产使用权而发生的收入应当在下列条件同时满足时予以确认：

1. 与交易相关的经济利益能够流入民间非营利组织；

2. 收入的金额能够可靠地计量。

（二）非交换交易是指除交换交易之外的交易。在非交换交易中，某一主体取得资产、获得服务或者解除债务时，不必向交易对方支付等值或者大致等值的现金，或者提供等值或者大致等值的货物、服务等；或者某一主体在对外提供货物、服务等时，没有收到等值或者大致等值的现金、货物等。如捐赠、政府补助等属于非交换交易。

对于因非交换交易所形成的收入，应当在同时满足下列条件时予以确认：

1. 与交易相关的经济利益或者服务潜力的资源能够流入民间非营利组织并为其所控制，或者相关的债务能够得到解除；

2. 交易能够引起净资产的增加；

3. 收入的金额能够可靠地计量。

一般情况下，对于无条件的捐赠或政府补助，应当在捐赠或政府补助收到时确认收入；对于附条件的捐赠或政府补助，应当在取得捐赠资产或政府补助资产控制权时确认收入，但当民间非营利组织存在需要偿还全部或部分捐赠资产（或者政府补助资产）或者相应金额的现时义务时，应当根据需要偿还的金额同时确认一项负债和费用。

第六十条 民间非营利组织对于各项收入应当按是否存在限定区分为非限定性收入和限定性收入进行核算。

如果资产提供者对资产的使用设置了时间限制或者（和）

用途限制，则所确认的相关收入为限定性收入；除此之外的其他所有收入，为非限定性收入。

民间非营利组织的会费收入、提供服务收入、商品销售收入和投资收益等一般为非限定性收入，除非相关资产提供者对资产的使用设置了限制；民间非营利组织的捐赠收入和政府补助收入，应当视相关资产提供者对资产的使用是否设置了限制，分别限定性收入和非限定性收入进行核算。

第六十一条　期末，民间非营利组织应当将本期限定性收入和非限定性收入分别结转至净资产项下的限定性净资产和非限定性净资产。

第六章　费　　用

第六十二条　费用是指民间非营利组织为开展业务活动所发生的、导致本期净资产减少的经济利益或者服务潜力的流出。费用应当按照其功能分为业务活动成本、管理费用、筹资费用和其他费用等。

（一）业务活动成本，是指民间非营利组织为了实现其业务活动目标、开展其项目活动或者提供服务所发生的费用。如果民间非营利组织从事的项目、提供的服务或者开展的业务比较单一，可以将相关费用全部归集在"业务活动成本"项目下进行核算和列报；如果民间非营利组织从事的项目、提供的服务或者开展的业务种类较多，民间非营利组织应当在"业务活动成本"项目下分别项目、服务或者业务大类进行核算和列报。

（二）管理费用，是指民间非营利组织为组织和管理其业务活动所发生的各项费用。包括民间非营利组织董事会（或者理事会或者类似权利机构）经费和行政管理人员的工资、奖金、福利费、住房公积金、住房补贴、社会保障费、离退休人员工资与补助，以及办公费、水电费、邮电费、物业管理费、差旅费、折旧费、修理费、租赁费、无形资产摊销费、资产盘亏损失、资产减值损失、因预计负债所产生的损失、聘请中介机构费和应偿还的受赠资产等。其中，福利费应当依法根据民间非营组织的管理权限，按照董事会、理事会或类似权力机构等的规定据实列支。

（三）筹资费用，是指民间非营利组织为筹集业务活动所需资金而发生的费用，它包括民间非营利组织为了获得捐赠资产而发生的费用以及应当计入当期费用的借款费用、汇兑损失（减汇兑收益）等。民间非营利组织为了获得捐赠资产而发生的费用包括举办募款活动费，准备、印刷和发放募款宣传资料费以及其他与募款或者争取捐赠资产有关的费用。

（四）其他费用，是指民间非营利组织发生的、无法归属到上述业务活动成本、管理费用或者筹资费用中的费用，包括固定资产处置净损失、无形资产处置净损失等。

民间非营利组织的某些费用如果属于多项业务活动或者属于业务活动、管理活动和筹资活动等共同发生的，而且不能直接归属于某一类活动，应当将这些费用按照合理的方法在各项活动中进行分配。

第六十三条 民间非营利组织发生的业务活动成本、管理费用、筹资费用和其他费用，应当在实际发生时按其发生额计入当期费用。

第六十四条 期末，民间非营利组织应当将本期发生的各项费用结转至净资产项下的非限定性净资产，作为非限定性净资产的减项。

第七章 财务会计报告

第六十五条 财务会计报告是反映民间非营利组织财务状

况、业务活动情况和现金流量等的书面文件。

第六十六条　财务会计报告分为年度财务会计报告和中期财务会计报告。以短于一个完整的会计年度的期间（如半年度、季度和月度）编制的财务会计报告称为中期财务会计报告。年度财务会计报告则是以整个会计年度为基础编制的财务会计报告。

第六十七条　财务会计报告由会计报表、会计报表附注和财务情况说明书组成。民间非营利组织对外提供的财务会计报告的内容、会计报表的种类和格式、会计报表附注应予披露的主要内容等，由本制度规定；民间非营利组织内部管理需要的会计报表由单位自行规定。

民间非营利组织在编制中期财务会计报告时，应当采用与年度会计报表相一致的确认与计量原则。中期财务会计报告的内容相对于年度财务会计报告而言可以适当简化，但仍应保证包括与理解中期期末财务状况和中期业务活动情况及其现金流量相关的重要财务信息。

第六十八条　民间非营利组织采用的会计政策前后各期应当保持一致，不得随意变更，除非符合下列条件之一：

（一）法律或会计制度等行政法规、规章的要求；

（二）这种变更能够提供有关民间非营利组织财务状况、业务活动情况和现金流量等更可靠、更相关的会计信息。

民间非营利组织应当采用追溯调整法核算会计政策的变更，如果追溯调整法不可行，则应当采用未来适用法核算；如果相关法律或会计制度等另有规定，则应当按照相关规定进行核算。

本制度中所称追溯调整法，是指对某项交易或者事项变更会计政策时，如同该交易或者事项初次发生时就开始采用新的会计政策，并以此对相关项目进行调整的方法；本制度所称未来适用法，是指对某项交易或者事项变更会计政策时，新的会计政策适用于变更当期及未来期间发生的交易或者事项的方法。

第六十九条 资产负债表日至财务会计报告批准报出日之间发生的需要调整或说明的有利或不利事项，属于资产负债表日后事项。对于资产负债表日后事项，应当区分调整事项和非调整事项进行处理。

调整事项，是指资产负债表日后至财务会计报告批准报出日之间发生的，为资产负债表日已经存在的情况提供了新的或进一步证据，有助于对资产负债表日存在情况有关的金额作出重新估计的事项。民间非营利组织应当就调整事项，对资产负债表日所确认的相关资产、负债和净资产以及资产负债表日所属期间的相关收入、费用等进行调整。

非调整事项，是指资产负债表日后至财务会计报告批准报出日之间才发生的，不影响资产负债表日的存在情况，但不加以说明将会影响财务会计报告使用者作出正确估计和决策的事项。民间非营利组织应当在会计报表附注中披露非调整事项的性质、内容以及对财务状况和业务活动情况的影响。如无法估计其影响，应当说明理由。

第七十条 财务会计报告中的会计报表至少应当包括以三张报表：

（一）资产负债表；

（二）业务活动表；

（三）现金流量表。

第七十一条 会计报表附注至少应当包括下列内容：

（一）重要会计政策及其变更情况的说明；

（二）董事会（或者理事会或者类似权利机构）成员和员工的数量、变动情况以及获得的薪金等报酬情况的说明；

（三）会计报表重要项目及其增减变动情况的说明；

（四）资产提供者设置了时间或用途限制的相关资产情况的

说明；

（五）受托代理业务交易情况的说明，包括受托代理资产的构成、计价基础和依据、用途等；

（六）重大资产减值情况的说明；

（七）公允价值无法可靠取得的受赠资产和其他资产的名称、数量、来源和用途等情况的说明；

（八）对外承诺和或有事项情况的说明；

（九）接受劳务捐赠情况的说明；

（十）资产负债表日后非调整事项的说明；

（十一）有助于理解和分析会计报表需要说明的其他事项。

第七十二条 财务情况说明书至少应当对下列情况作出说明：

（一）民间非营利组织的宗旨、组织结构以及人员配备等情况；

（二）民间非营利组织业务活动基本情况，年度计划和预算完成情况，产生差异的原因分析，下一会计期间业务活动计划和预算等；

（三）对民间非营利组织业务活动有重大影响的其他事项。

第七十三条 民间非营利组织对外投资，而且占对被投资单位资本总额50%以上（不含50%），或者虽然占该单位资本总额不足50%但具有实质上的控制权的，或者对被投资单位具有控制权的，应当编制合并会计报表。

第七十四条 民间非营利组织的年度财务会计报告至少应当于年度终了后4个月内对外提供。如果民间非营利组织被要求对外提供中期财务会计报告的，应当在规定的时间内对外提供。

会计报表的填列，以人民币"元"为金额单位，"元"以下填至"分"。

第七十五条 民间非营利组织对外提供的财务会计报告应当

依次编定页数，加具封面，装订成册，加盖公章。封面上应当注明：组织名称、组织登记证号、组织形式、地址、报表所属年度或者中期、报出日期，并由单位负责人和主管会计工作的负责人、会计机构负责人（会计主管人员）签名并盖章；设置总会计师的单位，还应当由总会计师签名并盖章。

第八章　附　　则

第七十六条　本制度自 2005 年 1 月 1 日起施行。

附录二

民间非营利组织会计制度
——会计科目和会计报表

第一部分 总说明

一、本制度统一规定会计科目的编号，以便于编制会计凭证，登记账簿，查阅账目，实行会计电算化。民间非营利组织不得随意打乱重编。某些会计科目之间留有空号，供增设会计科目之用。

二、民间非营利组织应当按照本制度的规定，设置和使用会计科目。在不影响会计核算要求和会计报表指标汇总以及对外提供统一的财务会计报告的前提下，可以根据实际情况自行增设、减少或合并某些会计科目。

明细科目的设置，除本制度已有规定者外，在不违反统一会计核算要求的前提下，民间非营利组织可以根据需要自行确定。

三、对于会计科目名称，民间非营利组织可以根据本组织的具体情况，在不违背会计科目使用原则的基础上，确定适合于本组织的会计科目名称。

四、民间非营利组织在填制会计凭证、登记会计账簿时，应当填列会计科目的名称，或者同时填列会计科目的名称和编号，不得只填科目编号，不填列科目名称。

　　五、民间非营利组织应当根据本制度有关财务会计报告的编制基础、编制依据、编制原则和方法的要求，对外提供真实、完整的财务会计报告。民间非营利组织不得违反规定，随意改变财务会计报告的编制基础、编制依据、编制原则和方法，不得随意改变本制度规定的财务会计报告有关数据的会计口径。

　　六、民间非营利组织的年度和中期财务会计报告，至少应当反映两个年度或两个相关会计期间的比较数据。

第二部分　会计科目名称和编号

顺序号	编　号	名　称
	一、资产类	
1	1001	现金
2	1002	银行存款
3	1009	其他货币资金
4	1101	短期投资
5	1102	短期投资跌价准备
6	1111	应收票据
7	1121	应收账款
8	1122	其他应收款
9	1131	坏账准备
10	1141	预付账款
11	1201	存货

12	1202	存货跌价准备
13	1301	待摊费用
14	1401	长期股权投资
15	1402	长期债权投资
16	1421	长期投资减值准备
17	1501	固定资产
18	1502	累计折旧
19	1505	在建工程
20	1506	文物文化资产
21	1509	固定资产清理
22	1601	无形资产
23	1701	受托代理资产

二、负债类

24	2101	短期借款
25	2201	应付票据
26	2202	应付账款
27	2203	预收账款
28	2204	应付工资
29	2206	应交税金
30	2209	其他应付款
31	2301	预提费用
32	2401	预计负债
33	2501	长期借款
34	2502	长期应付款
35	2601	受托代理负债

三、净资产类

| 36 | 3101 | 非限定性净资产 |
| 37 | 3102 | 限定性净资产 |

四、收入费用类

38	4101	捐赠收入
39	4201	会费收入
40	4301	提供服务收入
41	4401	政府补助收入
42	4501	商品销售收入
43	4601	投资收益
44	4901	其他收入
45	5101	业务活动成本
46	5201	管理费用
47	5301	筹资费用
48	5401	其他费用

第三部分　会计科目使用说明

一、资产类

1001　现金

一、本科目核算民间非营利组织的库存现金。

二、民间非营利组织应当严格按照国家有关现金管理的规定收支现金，并严格按照本制度规定核算现金的各项收支业务。

三、现金收支的主要账务处理如下：

（一）从银行提取现金，按照支票存根所记载的提取金额，借记本科目，贷记"银行存款"科目；将现金存入银行，根据银行退回的进账单第一联，借记"银行存款"科目，贷记本科目。

（二）因支付内部职工出差等原因所需的现金，按照支出凭证所记载的金额，借记"其他应收款"等科目，贷记本科目；收到出差人员交回的差旅费剩余款并结算时，按实际收回的现金，借记本科目，按应报销的金额，借记有关科目，按实际借出的现金，贷记"其他应收款"科目。

（三）因其他原因收到现金，借记本科目，贷记有关科目；支出现金，借记有关科目，贷记本科目。

四、民间非营利组织应当设置"现金日记账"，由出纳人员根据收付款凭证，按照业务发生顺序逐笔登记。每日终了，应当计算当日的现金收入合计数、现金支出合计数和结余数，并将结余数与实际库存数核对，做到账款相符。

五、每日终了结算现金收支、财产清查等发现的现金短缺或溢余，应当及时查明原因，并根据管理权限，报经批准后，在期末结账前处理完毕：

（一）如为现金短缺，属于应由责任人或保险公司赔偿的部分，借记"其他应收款"科目，贷记"现金"科目；属于无法查明的其他原因的部分，借记"管理费用"科目，贷记"现金"科目。

（二）如为现金溢余，属于应支付给有关人员或单位的部分，借记"现金"科目，贷记"其他应付款"科目；属于无法查明的其他原因的部分，借记"现金"科目，贷记"其他收入"

科目。

六、本科目期末借方余额，反映民间非营利组织实际持有的库存现金。

1002 银行存款

一、本科目核算民间非营利组织存入银行或其他金融机构的存款。

民间非营利组织的外埠存款、银行本票存款、银行汇票存款、信用卡存款等在"其他货币资金"科目核算，不在本科目核算。

二、民间非营利组织应当严格按照国家有关支付结算办法，正确地进行银行存款收支业务的结算，并按照本制度规定核算银行存款的各项收支业务。

三、银行存款收支的主要账务处理如下：

（一）将款项存入银行和其他金融机构，借记本科目，贷记"现金"、"应收账款"、"捐赠收入"、"会费收入"等有关科目。

（二）提取和支出存款时，借记"现金"、"应付账款"、"业务活动成本"、"管理费用"等有关科目，贷记本科目。

（三）收到的存款利息，借记本科目，贷记"其他应收款"、"筹资费用"等科目。但是，收到的属于在借款费用应予资本化的期间内发生的与购建固定资产专门借款有关的存款利息，借记本科目，贷记"其他应收款"、"在建工程"科目。

四、民间非营利组织发生外币业务时的账务处理：

（一）以外币购入商品、设备、服务等，按照购入当日（或当期期初）的市场汇率将支付的外币或应支付的外币折算为人民币金额，借记"固定资产"、"存货"等科目，贷记"现金"、"银行存款"、"应付账款"等科目的外币账户。

（二）以外币销售商品、提供服务或者获得外币捐赠等，按照收入确认当日（或当期期初）的市场汇率将收取的外币或应收取的外币折算为人民币金额，借记"银行存款"、"应收账款"等科目的外币账户，贷记"捐赠收入"、"提供服务收入"、"商品销售收入"等科目。

（三）借入外币借款时，按照借入当日（或当期期初）的市场汇率将借入款项折算为人民币金额，借记"银行存款"科目的外币账户，贷记"短期借款"、"长期借款"等科目的外币账户；偿还外币借款时，按照偿还当日（或当期期初）的市场汇率将偿还款项折算为人民币金额，借记"短期借款"、"长期借款"等科目的外币账户，贷记"银行存款"科目的外币账户。

（四）发生外币兑换业务时，如为购入外币，按照购入当日（或当期期初）的市场汇率将购入的外币折算为人民币金额，借记"银行存款"科目的外币账户，按照实际支付的人民币金额，贷记"银行存款"科目的人民币账户，两者之间的差额，借记或贷记"筹资费用"等科目；如为卖出外币，按照实际收到的人民币金额，借记"银行存款"科目的人民币账户，按照卖出当日（或当期期初）的市场汇率将卖出的外币折算为人民币金额，贷记"银行存款"科目的外币账户，两者之间的差额，借记或贷记"筹资费用"等科目。

各种外币账户的外币余额，期末时应当按照期末汇率折合为人民币。按照期末汇率折合的人民币金额与账面人民币金额之间的差额，作为汇兑损益计入当期费用。但是，属于在借款费用应予资本化的期间内发生的与购建固定资产有关的外币专门借款本金及其利息所产生的汇兑差额，应当予以资本化，记入"在建工程"科目。

五、银行存款的收款凭证和付款凭证的填制日期和依据分别如下：

（一）采用支票方式。收款单位对于收到的支票，应填制进账单，并连同支票送交银行，根据银行盖章退给收款单位的收款凭证联和有关的原始凭证编制收款凭证，或根据银行转来由签发人送交银行的支票后，经银行审查盖章的收款凭证联和有关的原始凭证编制收款凭证；付款单位对于付出的支票，应根据支票存根和有关原始凭证编制付款凭证。

（二）采用汇兑结算方式。收款单位对于汇入的款项，应在收到银行的收账通知时，据以编制收款凭证；付款单位对于汇出的款项，应在向银行办理汇款后，根据汇款回单编制付款凭证。

（三）采用银行汇票方式。收款单位应当将汇票、解讫通知和进账单送交银行，根据银行退回的进账单和有关的原始凭证编制收款凭证；付款单位应在收到银行签发的银行汇票后，根据"银行汇票申请书（存根联）"编制付款凭证。如有多余款项或因汇票超过付款期等原因而退款时，应根据银行的多余款收账通知编制收款凭证。

（四）采用商业汇票方式，应当分别商业承兑汇票和银行承兑汇票方式：

1. 采用商业承兑汇票方式的，收款单位将要到期的商业承兑汇票连同填制的邮划或电划委托收款凭证，一并送交银行办理转账，根据银行的盖章退回的收账通知，据以编制收款凭证；付款单位在收到银行的付款通知时，据以编制付款凭证。

2. 采用银行承兑汇票方式的，收款单位将要到期的银行承兑汇票连同填制的邮划或电划委托收款凭证，一并送交银行办理转账，根据银行的收账通知，据以编制收款凭证；付款单位在收到银行的付款通知时，据以编制付款凭证。

收款单位将未到期的商业汇票向银行申请贴现时，应按规定填制贴现凭证，连同汇票一并送交银行，根据银行的收账通知，据以编制收款凭证。

（五）采用银行本票方式。收款单位按规定受理银行本票后，应将本票连同进账单送交银行办理转账，根据银行盖章退回给收款单位的收款凭证联和有关原始凭证编制收款凭证；付款单位在填送"银行本票申请书"并将款项交存银行，收到银行签发的银行本票后，根据申请书存根联编制付款凭证。收款单位因银行本票超过付款期限或其他原因要求退款时，在交回本票和填制的进账单经银行审核盖章后，根据银行退回给收款单位的收款凭证联编制收款凭证。

（六）采用委托收款结算方式。收款单位对于托收款项，根据银行的收账通知，据以编制收款凭证；付款单位在收到银行转来的委托收款凭证后，根据委托收款凭证的付款通知和有关的原始凭证，编制付款凭证。

（七）采用托收承付结算方式。收款单位对于托收款项，根据银行的收账通知和有关的原始凭证，据以编制收款凭证；付款单位对于承付的款项，应于承付时根据托收承付结算凭证的承付支款通知和有关发票账单等原始凭证，据以编制付款凭证。如拒绝付款，属于全部拒付的，不作账务处理；属于部分拒付的，付款部分按上述规定处理，拒付部分不作账务处理。

（八）以现金存入银行，应根据银行盖章退回的交款回单及时编制现金付款凭证，据以登记"现金日记账"和"银行存款日记账"。向银行提取现金，根据支票存根编制银行存款付款凭证，据以登记"银行存款日记账"和"现金日记账"。

（九）收到的存款利息，根据银行通知及时编制收款凭证。

六、民间非营利组织应按开户银行和其他金融机构、存款种类等，分别设置"银行存款日记账"，由出纳人员根据收付款凭证，按照业务的发生顺序逐笔登记，每日终了应结出余额。"银行存款日记账"应定期与"银行对账单"核对，至少每月核对一次。月度终了，民间非营利组织账面余额与银行对账单余额之间如有差额，必须逐笔查明原因进行处理，并按月编制"银行存款余额调节表"调节相符。

七、民间非营利组织应加强对银行存款的管理，并定期对银行存款进行检查，如果有确凿证据表明存在银行或其他金融机构的款项已经部分或者全部不能收回的，应当将不能收回的金额确认为当期损失，冲减银行存款，借记"管理费用"科目，贷记本科目。

八、本科目期末借方余额，反映民间非营利组织实际存在银行或其他金融机构的款项。

1009　其他货币资金

一、本科目核算民间非营利组织的外埠存款、银行汇票存款、银行本票存款、信用卡存款、信用证保证金存款、存出投资款（或者存入其他金融机构）等各种其他货币资金。

二、外埠存款，是指民间非营利组织到外地进行临时或零星采购时，汇往采购地银行开立采购专户的款项。民间非营利组织将款项委托当地银行汇往采购地开立专户时，借记本科目，贷记"银行存款"科目。收到采购员交来供应单位发票账单等报销凭证时，借记"存货"等科目，贷记本科目。将多余的外埠存款转回当地银行时，根据银行的收账通知，借记"银行存款"科目，贷记本科目。

三、银行汇票存款，是指民间非营利组织为取得银行汇票按规定存入银行的款项。民间非营利组织在填送"银行汇票申请书"并将款项交存银行，取得银行汇票后，根据银行盖章退回的申请书存根联，借记本科目，贷记"银行存款"科目。民间非营利组织使用银行汇票后，根据发票账单等有关凭证，借记"存货"等科目，贷记本科目；如有多余款或因汇票超过付款期等原因而退回款项，根据开户行转来的银行汇票第四联（多余款收账通知），借记"银行存款"科目，贷记本科目。

四、银行本票存款，是指民间非营利组织为取得银行本票按规定存入银行的款项。民间非营利组织向银行提交"银行本票申请书"并将款项交存银行，取得银行本票后，根据银行盖章退回的申请书存根联，借记本科目，贷记"银行存款"科目。民间非营利组织使用银行本票后，根据发票账单等有关凭证，借记"存货"等科目，贷记本科目。因本票超过付款期等原因而要求退款时，应当填制进账单一式两联，连同本票一并送交银行，根据银行盖章退回的进账单第一联，借记"银行存款"科目，贷记本科目。

五、信用卡存款，是指民间非营利组织为取得信用卡按照规定存入银行的款项。民间非营利组织应按规定填制申请表，连同支票和有关资料一并送交发卡银行，根据银行盖章退回的进账单第一联，借记本科目，贷记"银行存款"科目。民间非营利组织用信用卡购物或支付有关费用，借记有关科目，贷记本科目。民间非营利组织信用卡在使用过程中，需向其账户续存资金的，借记本科目，贷记"银行存款"科目。

六、信用证保证金存款，是指民间非营利组织为取得信用证按规定存入银行的保证金。民间非营利组织向银行交纳保证金，根据银行退回的进账单第一联，借记本科目，贷记"银行存款"科目。根据开证行交来的信用证来单通知书及有关单据列明的金额，借记"存货"等科目，贷记本科目和"银行存款"科目。

七、存出投资款，是指民间非营利组织存入证券公司但尚未进行投资的现金。民间非营利组织向证券公司划出资金时，应按实际划出的金额，借记本科目，贷记"银行存款"科目；购买股票、债券等时，按实际发生的金额，借记"短期投资"等科目，贷记本科目。

八、本科目应设置"外埠存款"、"银行汇票"、"银行本票"、"信用卡存款"、"信用证保证金存款"、"存出投资款"等明细科目，并按外埠存款的开户银行、银行汇票或本票的收款单位等设置明细账。

九、民间非营利组织应加强对其他货币资金的管理，及时办理结算，对于逾期尚未办理结算的银行汇票、银行本票等，应按规定及时转回，借记"银行存款"科目，贷记本科目。

十、本科目期末借方余额，反映民间非营利组织实际持有的其他货币资金。

1101 短期投资

一、本科目核算民间非营利组织持有的能够随时变现并且持有时间不准备超过 1 年（含 1 年）的投资，包括股票、债券投资等。

本科目应当按照短期投资种类设置明细账，进行明细核算。

民间非营利组织如果有委托贷款或者委托投资（包括委托理财）且作为短期投资核算的，应当在本科目下单设明细科目核算。

二、短期投资的主要账务处理如下：

（一）短期投资在取得时应当按照投资成本计量，具体如下：

1. 以现金购入的短期投资，按照实际支付的全部价款，包括税金、手续费等相关费用作为其投资成本，借记本科目，贷记"银行存款"等科目。

如果实际支付的价款中包含已宣告但尚未领取的现金股利或已到付息期但尚未领取的债券利息，则按照实际支付的全部价款减去其中已宣告但尚未领取的现金股利或已到付息期但尚未领取的债券利息后的金额作为短期投资成本，借记本科目，按照应领取的现金股利或债券利息，借记"其他应收款"科目，按照实际支付的全部价款，贷记"银行存款"等科目。

2. 接受捐赠的短期投资，按照所确定的投资成本，借记本科目，贷记"捐赠收入"科目。

（二）收到被投资单位发放的利息或现金股利，按照实际收到的金额借记"银行存款"等科目，贷记本科目。但是，实际收到在购买时已记入"其他应收款"科目的利息或现金股利时，借记"银行存款"等科目，贷记"其他应收款"科目。

持有股票期间所获得的股票股利，不作账务处理，但应在辅助账簿中登记所增加的股份。

（三）出售短期投资或到期收回债券本息，按照实际收到的金额，借记"银行存款"科目，按照已计提的减值准备，借记"短期投资跌价准备"科目，按照所出售或收回短期投资的账面余额，贷记本科目，按照未领取的现金股利或利息，贷记"其他应收款"科目，按照其差额，借记或贷记"投资收益"科目。

三、期末，民间非营利组织应当对短期投资是否发生了减值进行检查。如果短期投资的市价低于其账面价值，应当按照市价低于账面价值的差额计提短期投资跌价准备。如果短期投资的市价高于其账面价值，应当在该短期投资期初已计提跌价准备的范围内转回市价高于账面价值的差额。

四、本科目期末借方余额，反映民间非营利组织持有的各种股票、债券等短期投资的成本。

1102　短期投资跌价准备

一、本科目核算民间非营利组织提取的短期投资跌价准备。

二、民间非营利组织应当定期或者至少于每年年度终了，对短期投资是否发生了减值进行检查，如果发生了减值，应当计提短期投资跌价准备。

如果已计提跌价准备的短期投资价值在以后期间得以恢复，则应当在已计提跌价准备的范围内部分或全部转回已确认的跌价损失，冲减当期费用。

三、短期投资跌价准备的主要账务处理如下：

（一）如果短期投资的期末市价低于账面价值，按照市价低于账面价值的差额，借记"管理费用——短期投资跌价损失"科目，贷记本科目。

（二）如果以前期间已计提跌价准备的短期投资的价值在当期得以恢复，即短期投资的期末市价高于账面价值，按照市价高于账面价值的差额，在原已计提跌价准备的范围内，借记本科目，贷记"管理费用——短期投资跌价损失"科目。

四、民间非营利组织出售或收回短期投资，或者以其他方式处置短期投资时，应当同时结转已计提的跌价准备。

五、本科目期末贷方余额，反映民间非营利组织已计提的短期投资跌价准备。

1111　应收票据

一、本科目核算民间非营利组织因销售商品、提供服务等而收到的商业汇票，包括银行承兑汇票和商业承兑汇票。

二、应收票据的主要账务处理如下：

（一）因销售商品、提供服务等收到开出、承兑的商业汇票，按照应收票据的面值，借记本科目，贷记"商品销售收入"、"提供服务收入"等科目。

（二）收到应收票据以抵偿应收账款时，按照应收票据的面值，借记本科目，贷记"应收账款"科目。

（三）持未到期的应收票据向银行贴现，应当根据银行盖章退回的贴现凭证第四联收账通知，按实际收到的金额（即减去贴现息后的净额），借记"银行存款"科目，按照应收票据的账面余额，贷记本科目，按照差额，借记"筹资费用"科目。

贴现的商业承兑汇票到期，因承兑人的银行账户不足支付，申请贴现的民间非营利组织收到银行退回的应收票据、支款通知和拒绝付款理由书或付款人未付票款通知书时，按照所付本息，借记"应收账款"科目，贷记"银行存款"科目；如果申请贴现的民间非营利组织的银行存款账户余额不足，银行作逾期贷款处理时，按照转作贷款的本息，借记"应收账款"科目，贷记"短期借款"科目。

（四）将持有的应收票据背书转让，已取得所需物资时，按照所取得物资应确认的成本，借记"存货"等科目，按照应收票据的账面余额，贷记本科目，按照实际收到或支付的银行存款等，借记或贷记"银行存款"等科目。

（五）应收票据到期时，应当分别情况处理：

1. 收回应收票据，按照实际收到的金额，借记"银行存款"科目，按照应收票据的账面余额，贷记本科目。

2. 因付款人无力支付票款，收到银行退回的商业承兑汇票、委托收款凭证、未付票款通知书或拒绝付款证明等，按照应收票据的账面余额，借记"应收账款"科目，贷记本科目。

（六）如果有确凿证据表明所持有的未到期应收票据不能够收回或收回的可能性不大时，按照应收票据账面余额，借记"应收账款"科目，贷记"应收票据"科目。

（七）如果应收票据为带息票据，应当在持有期间的期末、贴现、背书转让或票据到期时，按照带息应收票据的票面价值和确定的利率计提利息，计提的利息增加带息应收票据的账面余额，借记本科目，贷记"筹资费用"科目。

到期不能收回的带息应收票据，转入"应收账款"科目核算后，期末不再计提利息，其所包含的利息，在有关备查簿中进行登记，待实际收到时再冲减收到当期的筹资费用，借记"银行存款"等科目，贷记"筹资费用"科目。

三、民间非营利组织应当设置"应收票据备查簿"，逐笔登记每一应收票据的种类、号数和出票日期、票面金额、票面利率、交易合同号和付款人、承兑人、背书人的姓名或单位名称、到期日、背书转让日、贴现日期、贴现率和贴现净额、计提的利息，以及收款日期和收回金额、退票情况等资料，应收票据到期结清票款或退票后，应当在备查簿内逐笔注销。

四、本科目期末借方余额，反映民间非营利组织持有的商业汇票的票面价值和应计利息。

1121　应收账款

一、本科目核算民间非营利组织因销售商品、提供服务等主要业务活动，应当向会员、购买单位或接受服务单位等收取的、但尚未实际收到的款项。

二、应收账款的主要账务处理如下：

（一）发生应收账款时，按照应收未收金额，借记本科目，贷记"会费收入"、"提供服务收入"、"商品销售收入"等科目。

（二）收回应收账款时，按照实际收到的款项金额，借记"银行存款"等科目，贷记本科目。

（三）如果应收账款改用商业汇票结算，在收到承兑的商业汇票时，按照票面价值，借记"应收票据"科目，贷记本科目。

三、民间非营利组织应当定期或者至少于每年年度终了，对应收账款进行全面检查，计提坏账准备。对于确实无法收回的应收账款应当及时查明原因，并根据管理权限，报经批准后，按照无法收回的应收账款金额，借记"坏账准备"科目，贷记本科目。

如果已转销的应收账款在以后期间又收回，按照实际收回的金额，借记本科目，贷记"坏账准备"科目；同时，借记"银行存款"科目，贷记本科目。

四、本科目应当按照债务人设置明细账，进行明细核算。

五、本科目期末借方余额，反映民间非营利组织尚未收回的应收账款。

1122　其他应收款

一、本科目核算民间非营利组织除应收票据、应收账款以外的其他各项应收、暂付款项，包括应收股利、应收利息、应向职工收取的各种垫付款项、职工借款、应收保险公司赔款等。

二、其他应收款的主要账务处理如下：

（一）对外进行短期或长期股权投资应收取的现金股利：

1. 购入股票时，如果实际支付的价款中包含已宣告但尚未领取的现金股利，按照实际支付的全部价款减去其中已宣告但尚未领取的现金股利后的金额，借记"短期投资"、"长期股权投资"科目，按照应当领取的现金股利，借记本科目，按照实际支付的价款，贷记"银行存款"等科目。

2. 对外长期股权投资应分得的现金股利或利润，应当于被投资单位宣告发放现金股利或分派利润时，借记本科目，贷记"投资收益"或"长期股权投资"等科目。

3. 实际收到的现金股利或利润，按照实际收到的金额，借记"银行存款"科目，贷记本科目。

（二）对外进行短期或长期债权投资应收取的利息（到期一次还本付息的长期债券投资应收取的利息，在"长期债权投资"科目核算，不在本科目核算）：

1. 购入债券，如果实际支付的价款中包含已到付息期但尚未领取的债券利息，按照实际支付的全部价款减去其中已到付息期但尚未领取的利息后的金额，借记"短期投资"、"长期债权投资"科目，按照应当领取的利息，借记本科目，按照实际支付的价款，贷记"银行存款"等科目。

2. 分期付息、到期还本的债券以及分期付息的其他长期债权投资持有期间，已到付息期而应收未收的利息，应于确认投资收益时，按照应获得的利息，借记本科目，贷记"投资收益"科目。

3. 实际收到的利息，按照实际收到的利息金额，借记"银行存款"科目，贷记本科目。

（三）发生的其他各项应收、暂付款项等，借记本科目，贷记"现金"、"银行存款"等科目；收回上述各项款项时，借记"现金"、"银行存款"等科目，贷记本科目。

三、民间非营利组织应当定期或者至少于每年年度终了，对其他应收款进行全面检查，计提坏账准备。对于确实无法收回的其他应收款应当及时查明原因，并根据管理权限，报经批准后，按照无法收回的其他应收款金额，借记"坏账准备"科目，贷记本科目。

如果已转销的其他应收款在以后期间又收回，按照实际收回的金额，借记本科目，贷记"坏账准备"科目；同时，借记"银行存款"科目，贷记本科目。

四、本科目应按其他应收款的项目进行分类，并按不同的债务人设置明细账，进行明细核算。

五、本科目期末借方余额，反映尚未收回的其他应收款。

1131　坏账准备

一、本科目核算民间非营利组织提取的坏账准备。

二、民间非营利组织应当定期或者至少于每年年度终了，对应收款项进行全面检查，分析其可收回性，对预计可能产生的坏账损失计提坏账准备，确认坏账损失并计入当期费用。当期应补提或冲减的坏账准备按照以下公式计算：

$$\begin{array}{l}\text{当期应补提或}\\\text{冲减的坏账准备}\end{array} = \begin{array}{l}\text{当期按应收款项计算}\\\text{应计提的坏账准备金额}\end{array} - \begin{array}{l}\text{本科目}\\\text{贷方余额}\end{array}\left(\text{或} + \begin{array}{l}\text{本科目}\\\text{借方余额}\end{array}\right)$$

三、坏账准备的主要账务处理：

（一）提取坏账准备时，借记"管理费用——坏账损失"科目，贷记本科目；冲减坏账准备时，借记本科目，贷记"管理费用——坏账损失"科目。

（二）对于确实无法收回的应收款项，应当及时查明原因，并根据管理权限，报经批准后，按照无法收回的应收账款金额，借记本科目，贷记"应收账款"、"其他应收款"等科目。

如果已确认并转销的应收款项在以后期间又收回，按照实际收回的金额，借记"应收账款"、"其他应收款"科目，贷记本科目；同时，借记"银行存款"科目，贷记"应收账款"、"其他应收款"科目。

四、本科目期末贷方余额，反映民间非营利组织已提取的坏账准备。

1141 预付账款

一、本科目核算民间非营利组织预付给商品供应单位或者服务提供单位的款项。

二、预付账款的主要账务处理如下：

（一）因购货而预付款项时，按照实际预付的金额，借记本科目，贷记"银行存款"等科目。

（二）收到所购货物时，按照应确认所购货物成本的金额，借记"存货"等科目，按照本科目账面余额，贷记本科目，按照退回或补付的款项，借记或贷记"银行存款"等科目。

（三）如果有确凿证据表明预付账款并不符合预付款项性质，或者因供货单位破产、撤销等原因已无望再收到所购货物的，按照预付账款账面余额，借记"其他应收款"科目，贷记本科目。

三、民间非营利组织对其预付账款，一般不计提坏账准备。如果有确凿证据表明预付账款并不符合预付款项性质，或者因供货单位破产、撤销等原因已无望再收到所购货物的，应当先将其转入其他应收款，然后再按规定计提坏账准备。

四、本科目应按供应单位设置明细账，进行明细核算。

五、本科目期末借方余额，反映民间非营利组织实际预付的款项。

1201　存货

一、本科目核算民间非营利组织在日常业务活动中持有以备出售或捐赠的，或者为了出售或捐赠仍处在生产过程中的，或者将在生产、提供服务或日常管理过程中耗用的材料、物资、商品等，包括材料、库存商品、委托加工材料，以及达不到固定资产标准的工具、器具等。

本科目应当按照存货的种类和存在形式设置明细账进行明细核算。

二、存货的主要账务处理如下：

（一）存货在取得时，应当以其成本入账，具体如下：

1. 外购的存货，按照采购成本（一般包括实际支付的采购价格、相关税费、运输费、装卸费、保险费以及其他可直接归属于存货采购的费用），借记本科目，贷记"银行存款"、"应付账款"等科目。民间非营利组织可以根据需要在本科目下设置"材料"、"库存商品"等明细科目。

2. 自行加工或委托加工完成的存货，按照采购成本、加工成本（包括直接人工以及按照合理方法分配的与存货加工有关的间接费用）和其他成本（指除采购成本、加工成本以外的，使存货达到目前场所和状态所发生的其他支出），借记本科目，贷记"银行存款"、"应付账款"、"应付工资"等科目。民间非营利组织可以根据实际情况,在本科目下设置"生产成本"等明细科目,归集相关成本。

3. 接受捐赠的存货,按照所确定的成本,借记本科目,贷记"捐赠收入"科目。

(二)存货在发出时,应当根据实际情况采用个别计价法、先进先出法或者加权平均法,确定发出存货的实际成本,具体如下:

1. 业务活动过程中领用存货,按照确定的成本,借记"管理费用"等科目,贷记本科目。

2. 对外出售或捐赠存货,按照确定的出售存货成本,借记"业务活动成本"等科目,贷记本科目。

三、民间非营利组织的各种存货,应当定期进行清查盘点,每年至少盘点一次。对于发生的盘盈、盘亏以及变质、毁损等存货,应当及时查明原因,并根据管理权限,报经批准后,在期末结账前处理完毕:

(一)如为存货盘盈,按照其公允价值,借记本科目,贷记"其他收入"科目。

(二)如为存货盘亏或者毁损,按照存货账面价值扣除残料价值、可以收回的保险赔偿和过失人的赔偿等后的金额,借记"管理费用"科目,按照可以收回的保险赔偿和过失人赔偿等,借记"现金"、"银行存款"、"其他应收款"等科目,按照存货的账面余额,贷记本科目。

四、期末,民间非营利组织应当对存货是否发生了减值进行检查。如果存货的可变现净值低于其账面价值,应当按照可变现净值低于账面价值的差额计提存货跌价准备。如果存货的可变现净值高于其账面价值,应当在该存货期初已计提跌价准备的范围内转回可变现净值高于账面价值的差额。

五、本科目期末借方余额，反映存货实际库存价值。

1202　存货跌价准备

一、本科目核算民间非营利组织提取的存货跌价准备。

二、民间非营利组织应当定期或者至少于每年年度终了，对存货是否发生了减值进行检查，如果发生了减值，应当计提存货跌价准备。

如果已计提跌价准备的存货价值在以后期间得以恢复，则应当在已计提跌价准备的范围内部分或全部转回已确认的跌价损失，冲减当期费用。

三、存货跌价准备的主要账务处理如下：

（一）如果存货的期末可变现净值低于账面价值，按照可变现净值低于账面价值的差额，借记"管理费用——存货跌价损失"科目，贷记本科目。

（二）如果以前期间已计提跌价准备的存货价值在当期得以恢复，即存货的期末可变现净值高于账面价值，按照可变现净值高于账面价值的差额，在原已计提跌价准备的范围内，借记本科目，贷记"管理费用——存货跌价损失"科目。

四、本科目期末贷方余额，反映民间非营利组织已计提的存货跌价准备。

1301　待摊费用

一、本科目核算民间非营利组织已经支出，但应当由本期和以后各期分别负担的分摊期在 1 年以内（含 1 年）的各项费用，如预付保险费、预付租金等。

二、民间非营利组织的待摊费用应当按照其受益期限在 1 年内分期平均摊销，计入当期费用。如果某项待摊费用已经不能使民间非营利组织受益，应当将其摊余价值一次全部转入当期费用。

三、待摊费用的主要账务处理如下：

（一）发生待摊费用，如预付保险费、预付租金时，借记本科目，贷记"现金"、"银行存款"等科目。

（二）按照受益期限分期平均摊销时，借记"管理费用"等科目，贷记本科目。

四、本科目应当按照摊销费用种类设置明细账，进行明细核算。

五、本科目期末借方余额，反映民间非营利组织各种已支出但尚未摊销的费用。

1401 长期股权投资

一、本科目核算民间非营利组织持有时间准备超过 1 年（不含 1 年）的各种股权性质的投资，包括长期股票投资和其他长期股权投资。

民间非营利组织如果有委托贷款或者委托投资（包括委托理财）且作为长期股权投资核算的，应当在本科目下单设明细科目核算。

二、长期股权投资应当区别不同情况，分别采用成本法或者权益法核算。如果民间非营利组织对被投资单位没有控制、共同控制和重大影响，长期股权投资应当采用成本法进行核算；如果民间非营利组织对被投资单位具有控制、共同控制或重大影响，长期股权投资应当采用权益法进行核算。

三、长期股权投资的主要账务处理如下：

（一）长期股权投资在取得时，应当按照取得时的实际成本作为初始投资成本，具体如下：

1. 以现金购入的长期股权投资，按照实际支付的全部价款，包括税金、手续费等相关费用作为其初始投资成本，借记本科目，贷记"银行存款"等科目。

如果实际支付的价款中包含已宣告但尚未领取的现金股利，则按照实际支付的全部价款减去其中已宣告但尚未领取的现金股利后的金额作为其初始投资成本，借记本科目，按照应领取的现金股利，借记"其他应收款"科目，按照实际支付的全部价款，贷记"银行存款"等科目。

2. 接受捐赠的长期股权投资，按照所确定的初始投资成本，借记本科目，贷记"捐赠收入"科目。

（二）长期股权投资持有期间，按照不同情况分别采用成本法或者权益法核算：

1. 采用成本法核算时，除非追加（或收回）投资或者发生减值，长期股权投资的账面价值一般保持不变。

（1）被投资单位宣告发放现金股利或利润时，按照宣告发放的现金股利或利润中属于民间非营利组织应享有的部分，确认当期投资收益，借记"其他应收款"科目，贷记"投资收益"科目。

（2）实际收到现金股利或利润时，按照实际收到的金额，借记"银行存款"等科目，贷记"其他应收款"科目。

2. 采用权益法核算时，长期股权投资的账面价值应当根据被投资单位当期净损益中民间非营利组织应享有或分担的份额，以及被投资单位宣告分派的现金股利或利润中属于民间非营利组织应享有的份额进行调整。

（1）期末，按照应当享有或应当分担的被投资单位当年实现的净利润或发生的净亏损的份额，调整长期股权投资账面价值，如被投资单位实现净利润，借记本科目，贷记"投资收益"科目，如被投资单位发生净亏损，借记"投资收益"科目，贷记本科目，但以长期股权投资账面价值减记至零为限。

（2）被投资单位宣告分派利润或现金股利时，按照宣告分派的现金股利或利润中属于民间非营利组织应享有的份额，调整长期股权投资账面价值，借记"其他应收款"科目，贷记本科目。在实际收到现金股利或利润时，借记"银行存款"等科目，贷记"其他应收款"科目。

3. 被投资单位宣告分派的股票股利，不作账务处理，但应当设置辅助账，进行数量登记。

（三）处置长期股权投资时，按照实际取得的价款，借记"银行存款"等科目，按照已计提的减值准备，借记"长期投资减值准备"科目，按照所处置长期股权投资的账面余额，贷记本科目，按照尚未领取的已宣告发放的现金股利或利润，贷记"其他应收款"科目，按照其差额，借记或贷记"投资收益"科目。

（四）改变投资目的，将短期股权投资划转为长期股权投资，应当按短期股权投资的成本与市价孰低结转，并按此确定的价值作为长期股权投资的成本，借记本科目，按照已计提的相关短期投资跌价准备，借记"短期投资跌价准备"科目，按照原短期股权投资的账面余额，贷记"短期投资"科目，按照其差额，借记或贷记"管理费用"科目。

四、期末，民间非营利组织应当对长期股权投资是否发生了减值进行检查。如果长期股权投资的可收回金额低于其账面价值，应当按照可收回金额低于账面价值的差额计提长期投资减值准备。如果长期股权投资的可收回金额高于其账面价值，应当在该长期股权投资期初已计提减值准备的范围内转回可收回金额高于账面价值的差额。

五、本科目应当按照被投资单位设置明细账，进行明细核算。

六、本科目期末借方余额，反映民间非营利组织持有的长期股权投资的价值。

1402　长期债权投资

一、本科目核算民间非营利组织购入的在 1 年内（不含 1 年）不能变现或不准备随时变现的债券和其他债权投资。

二、民间非营利组织可以根据具体情况设置明细科目，进行明细核算，如：

（一）债券投资，下设明细科目：面值、溢价或折价、债券费用、应收利息等；

（二）可转换公司债券；

（三）其他债权投资。

民间非营利组织如果有委托贷款或者委托投资（包括委托理财）且作为长期债权投资核算的，应当在本科目下单设明细科目核算。

三、长期债权投资的主要账务处理如下：

（一）长期债权投资在取得时，应当按照取得时的实际成本作为初始投资成本，具体如下：

1. 以现金购入的长期债权投资，按照实际支付的全部价款，包括税金、手续费等相关费用作为其初始投资成本，借记本科目，贷记"银行存款"等科目。

如果实际支付的价款中包含已到付息日但尚未领取的债券利息，则按照实际支付的全部价款减去其中已到付息日但尚未领取的债券利息后的金额作为其初始投资成本，借记本科目，按照应领取的利息，借记"其他应收款"科目，按照实际支付的全部价款，贷记"银行存款"等科目。

2. 接受捐赠的长期债权投资，按照所确定的初始投资成本，借记本科目，贷记"捐赠收入"科目。

（二）长期债权投资持有期间，应当按照票面价值与票面利率按期计算确认利息收入，如为到期一次还本付息的债券投资，借记本科目"债券投资（应收利息）"明细科目，贷记"投资收益"科目，如为分期付息、到期还本的债权投资，借记"其他应收款"科目，贷记"投资收益"科目。

长期债券投资的初始投资成本与债券面值之间的差额，应当在债券存续期间，按照直线法于确认相关债券利息收入时摊销，如初始投资成本高于债券面值，按照应当分摊的金额，借记"投资收益"科目，贷记本科目，如初始投资成本低于债券面值，按照应当分摊的金额，借记本科目，贷记"投资收益"科目。

（三）购入的可转换公司债券在转换为股份之前，应当按一般债券投资进行处理。可转换公司债券转换为股份时，按照所转换债券投资的账面价值减去收到的现金后的余额，借记"长期股权投资"科目，按照收到的现金等，借记"现金"、"银行存款"科目，按照所转换债券投资的账面价值，贷记本科目。

（四）处置长期债权投资时，按照实际取得的价款，借记"银行存款"等科目，按照已计提的减值准备，借记"长期投资减值准备"科目，按照所处置长期债权投资的账面余额，贷记本科目，按照未领取的债券利息，贷记本科目"债券投资（应收利息）"明细科目或"其他应收款"科目，按照其差额，借记或贷记"投资收益"科目。

（五）改变投资目的，将短期债权投资划转为长期债权投资，应当按短期债权投资的成本与市价孰低结转，并按此确定的价值作为长期债权投资的成本，借记本科目，按照已计提的相关短期投资跌价准备，借记"短期投资跌价准备"科目，按照原短期债权投资的账面余额，贷记"短期投资"科目，按照其差额，借记或贷记"管理费用"科目。

四、期末，民间非营利组织应当对长期债权投资是否发生了减值进行检查。如果长期债权投资的可收回金额低于其账面价值，应当按照可收回金额低于账面价值的差额计提长期投资减值准备。如果长期债权投资的可收回金额高于其账面价值，应当在该长期债权投资期初已计提减值准备的范围内转回可收回金额高于账面价值的差额。

五、本科目期末借方余额，反映民间非营利组织持有的长期债权投资价值。

1421　长期投资减值准备

一、本科目核算民间非营利组织提取的长期投资减值准备。

二、民间非营利组织应当定期或者至少于每年年度终了，对长期投资是否发生了减值进行检查，如果发生了减值，应当计提长期投资减值准备。

如果已计提减值准备的长期投资价值在以后期间得以恢复，则应当在已计提减值准备的范围内部分或全部转回已确认的减值损失，冲减当期费用。

三、长期投资减值准备的主要账务处理如下：

（一）如果长期投资的期末可收回金额低于账面价值，按照可收回金额低于账面价值的差额，借记"管理费用——长期投资减值损失"科目，贷记本科目。

（二）如果以前期间已计提减值准备的长期投资价值在当期得以恢复，即长期投资的期末可收回金额高于账面价值，按照可收回金额高于账面价值的差额，在原计提减值准备的范围内，借记本科目，贷记"管理费用——长期投资减值损失"科目。

四、民间非营利组织出售或收回长期投资，或者以其他方式处置长期投资时，应当同时结转已计提的减值准备。

五、本科目的期末贷方余额，反映民间非营利组织已计提的长期投资减值准备。

1501　固定资产

一、本科目核算民间非营利组织固定资产的原价。固定资产是指同时具有以下特征的有形资产：

（一）为行政管理、提供服务、生产商品或者出租目的而持有的；

（二）预计使用年限超过 1 年；

（三）单位价值较高。

二、民间非营利组织应当根据固定资产定义，结合本组织的具体情况，制定适合于本组织的固定资产目录、分类方法、每类或每项固定资产的折旧年限、折旧方法，作为进行固定资产核算的依据。

民间非营利组织的固定资产如果发生了重大减值，计提减值准备的，应当单独设置"固定资产减值准备"科目进行核算。

三、固定资产的主要账务处理如下：

（一）固定资产在取得时，应当按照取得时的实际成本入账。取得时的实际成本包括买价、包装费、运输费、交纳的有关税金等相关费用，以及为使固定资产达到预定可使用状态前所必要的支出。具体如下：

1. 外购的固定资产，按照实际支付的买价、相关税费以及为使固定资产达到预定可使用状态前发生的可直接归属于该固定资产的其他支出（如运输费、安装费、装卸费等），借记本科目，贷记"银行存款"、"应付账款"等科目。

如果以一笔款项购入多项没有单独标价的固定资产，按照各项固定资产公允价值的比例对总成本进行分配，分别确定各项固定资产的入账价值。

2. 自行建造的固定资产，按照建造该项固定资产达到预定可使用状态前所发生的全部支出，借记本科目，贷记"在建工程"科目。

3. 融资租入的固定资产，按照租赁协议或者合同确定的价款、运输费、途中保险费、安装调试费以及融资租入固定资产达到预定可使用状态前发生的借款费用等，借记本科目"融资租入固定资产"明细科目，贷记"长期应付款"科目。

4. 接受捐赠的固定资产，按照所确定的成本，借记本科目，贷记"捐赠收入"科目。

（二）按月提取固定资产折旧时，按照应提取的折旧金额，借记"存货——生产成本"、"管理费用"等科目，贷记"累计折旧"科目。

（三）与固定资产有关的后续支出，如果使可能流入民间非营利组织的经济利益或者服务潜力超过了原先的估计，如延长了固定资产的使用寿命，或者使服务质量实质性提高，或者使商品成本实质性降低，则应当计入固定资产账面价值，但其增计后的金额不应当超过该固定资产的可收回金额。其他后续支出，应当计入当期费用。

发生后续支出时，按照应当计入固定资产账面价值的金额，借记"在建工程"、"固定资产"科目，贷记"银行存款"等科目，按照应当计入当期费用的金额，借记"管理费用"等科目，贷记"银行存款"等科目。

（四）固定资产出售、报废或者毁损，或以其他方式处置时，按照所处置固定资产的账面价值，借记"固定资产清理"科目，按照已提取的折旧，借记"累计折旧"科目，按照固定资产账面余额，贷记本科目。

四、民间非营利组织对固定资产应当定期或者至少每年实地盘点一次。对盘盈、盘亏的固定资产，应当及时查明原因，并根据管理权限，报经批准后，在期末前结账处理完毕：

（一）如为固定资产盘盈，按照其公允价值，借记本科目，贷记"其他收入"科目。

（二）如为固定资产盘亏，按照固定资产账面价值扣除可以收回的保险赔偿和过失人的赔偿等后的金额，借记"管理费用"科目，按照可以收回的保险赔偿和过失人赔偿等，借记"现金"、"银行存款"、"其他应收款"等科目，按照已提取的累计折旧，借记"累计折旧"科目，按照固定资产的账面余额，贷记本科目。

五、民间非营利组织应当设置"固定资产登记簿"和"固定资产卡片"，按固定资产类别设置明细账，进行明细核算。

经营租入的固定资产，应当另设辅助簿进行登记，不在本科目核算。

六、本科目期末借方余额，反映民间非营利组织期末固定资产的账面原价。

1502　累计折旧

一、本科目核算民间非营利组织固定资产的累计折旧。

二、民间非营利组织应当对固定资产计提折旧，在固定资产的预计使用寿命内系统地分摊固定资产的成本。但是，用于展览、教育或研究等目的的历史文物、艺术品以及其他具有文化或者历史价值并作长期永久保存的典藏等，不计提折旧。

（一）民间非营利组织应当根据固定资产的性质和消耗方式，合理地确定固定资产的预计使用寿命和预计净残值。

（二）民间非营利组织应当按照固定资产所包含经济利益或服务潜力的预期实现方式选择折旧方法，可选用的折旧方法包括年限平均法、工作量法、双倍余额递减法和年数总和法。折旧方法一经确定，不得随意变更。

（三）固定资产的价值、使用寿命、预计净残值等发生变更的，应当根据变更后的价值、预计尚可使用寿命和净残值等，按照选定的折旧方法计提折旧。

（四）民间非营利组织一般应当按月提取折旧，当月增加的固定资产，当月不提折旧，从下月起计提折旧；当月减少的固定资产，当月照提折旧，从下月起不提折旧。

固定资产提足折旧后，无论能否继续使用，均不再提取折旧；提前报废的固定资产，也不再补提折旧。所谓提足折旧，是指已经提足该项固定资产应当提取的折旧总额，其中应当提取的折旧总额为固定资产原价减去预计净残值。

（五）计提融资租入固定资产折旧时，应当采用与自有应折旧固定资产相一致的折旧政策。能够合理确定租赁期届满时将会取得租入固定资产所有权的，应当在租入固定资产尚可使用年限内计提折旧；无法合理确定租赁期届满时能够取得租入固定资产所有权的，应当在租赁期与租入固定资产尚可使用年限两者中较短的期间内计提折旧。

三、累计折旧的主要账务处理如下：

按月计提固定资产折旧时，按照应当计提的金额，借记"存货——生产成本"、"管理费用"等科目，贷记本科目。

四、本科目期末贷方余额，反映民间非营利组织提取的固定资产折旧累计数。

1505　在建工程

一、本科目核算民间非营利组织进行在建工程（包括施工前期准备、正在施工中的建筑工程、安装工程、技术改造工程等）所发生的实际支出。

民间非营利组织可以根据需要，在本科目下设置明细科目，进行明细核算。

二、在建工程的主要账务处理如下：

（一）在建工程应当按照实际发生的支出确定其工程成本，

并单独核算，具体如下：

1. 自营工程，按照直接材料、直接人工、直接机械使用费等确定其成本：

（1）领用材料物资时，按照所领用材料物资的账面余额，借记本科目，贷记"存货"科目。

（2）发生应负担的职工工资时，按照实际应负担的工资金额，借记本科目，贷记"应付工资"科目。

（3）工程应当分摊的水、电等其他费用，按照实际应分摊的金额，借记本科目，贷记"银行存款"等科目。

2. 出包工程，应当按照应支付的工程价款等确定其成本，具体如下：

（1）按照合同规定向承包商预付工程款、备料款时，按照实际预付的金额，借记本科目，贷记"银行存款"科目。

（2）与承包商办理工程价款结算时，按照补付的工程款，借记本科目，贷记"银行存款"、"应付账款"等科目。

3. 在建工程发生的工程管理费、征地费、可行性研究费等，借记本科目，贷记"银行存款"等科目。

4. 为购建固定资产而发生的专门借款的借款费用，在允许资本化的期间内，按照专门借款的借款费用的实际发生额，借记本科目，贷记"长期借款"等科目。

（二）出售在建工程，在建工程报废、毁损或者以其他方式处置在建工程时，按照所处置在建工程的账面价值，借记"固定资产清理"科目，按照在建工程账面余额，贷记本科目。

（三）所购建的固定资产已达到预定可使用状态时，按照在建工程的成本，借记"固定资产"科目，贷记本科目。

三、本科目的期末借方余额，反映民间非营利组织尚未完工的各项在建工程发生的实际支出。

1506 文物文化资产

一、本科目核算民间非营利组织文物文化资产的价值。文物文化资产是指用于展览、教育或研究等目的的历史文物、艺术品以及其他具有文化或者历史价值并作长期或者永久保存的典藏等。

二、文物文化资产的主要账务处理如下：

（一）文物文化资产在取得时，应当按照取得时的实际成本入账。取得时的实际成本包括买价、包装费、运输费、交纳的有关税金等相关费用以及为使文物文化资产达到预定可使用状态前所必要的支出。具体如下：

1. 外购的文物文化资产，按照实际支付的买价、相关税费以及为使文物文化资产达到预定可使用状态前发生的可直接归属于该文物文化资产的其他支出（如运输费、安装费、装卸费等），借记本科目，贷记"银行存款"、"应付账款"等科目。

如果以一笔款项购入多项没有单独标价的文物文化资产，按照各项文物文化资产公允价值的比例对总成本进行分配，分别确定各项文物文化资产的入账价值。

2. 接受捐赠的文物文化资产，按照所确定的成本，借记本科目，贷记"捐赠收入"科目。

（二）出售文物文化资产，文物文化资产毁损或者以其他方式处置文物文化资产时，按照所处置文物文化资产的账面余额，借记"固定资产清理"科目，贷记本科目。

三、民间非营利组织对文物文化资产应当定期或者至少每年实地盘点一次。对盘盈、盘亏的文物文化资产，应当及时查明原因，并根据管理权限，报经批准后，在期末前结账处理完毕：

（一）如为文物文化资产盘盈，按照其公允价值，借记本科目，贷记"其他收入"科目。

（二）如为文物文化资产盘亏，按照固定资产账面余额扣除可以收回的保险赔偿和过失人的赔偿等后的金额，借记"管理费用"科目，按照可以收回的保险赔偿和过失人赔偿等，借记"现金"、"银行存款"、"其他应收款"等科目，按照文物文化资产的账面余额，贷记本科目。

四、民间非营利组织应当设置文物文化资产登记簿和文物文化资产卡片，按文物文化资产类别等设置明细账，进行明细核算。

五、本科目期末借方余额，反映民间非营利组织期末文物文化资产的价值。

1509　固定资产清理

一、本科目核算民间非营利组织因出售、报废和毁损或其他处置等原因转入清理的固定资产价值及其清理过程中所发生的清理费用和清理收入等。

二、固定资产清理的主要账务处理如下：

（一）所处置固定资产转入清理时，按照所处置固定资产的账面价值，借记本科目，按照已提取的折旧，借记"累计折旧"科目，按照固定资产账面余额，贷记"固定资产"科目。

（二）清理过程中发生的费用和相关税金，按照实际发生额，借记本科目，贷记"银行存款"等科目；

（三）收回所处置固定资产的价款、残料价值和变价收入等，借记"银行存款"等科目，贷记本科目；应当由保险公司或过失人赔偿的损失，借记"现金"、"银行存款"、"其他应收款"等科目，贷记本科目。

（四）固定资产清理后的净收益，借记本科目，贷记"其他收入"科目；固定资产清理后的净损失，借记"其他费用"科目，贷记本科目。

三、本科目应当按照被清理的固定资产设置明细账，进行明细核算。

四、本科目期末余额，反映尚未清理完毕的固定资产的价值以及清理净收入（清理收入减去清理费用）。

1601 无形资产

一、本科目核算民间非营利组织为开展业务活动、出租给他人或为管理目的而持有的且没有实物形态的非货币性长期资产，包括专利权、非专利技术、商标权、著作权、土地使用权等。

民间非营利组织的无形资产如果发生了重大减值，计提减值准备的，应当单独设置"无形资产减值准备"科目进行核算。

二、无形资产的主要账务处理如下：

（一）无形资产在取得时，应当按照取得时的实际成本入账。具体如下：

1. 购入的无形资产，按照实际支付的价款，借记本科目，贷记"银行存款"等科目。

2. 接受捐赠的无形资产，按照所确定的成本，借记本科目，贷记"捐赠收入"科目。

3. 自行开发并按法律程序申请取得的无形资产，按依法取得时发生的注册费、聘请律师费等费用，借记本科目，贷记"银行存款"等科目。

依法取得前，在研究与开发过程中发生的材料费用、直接参与开发人员的工资及福利费、开发过程中发生的租金、借款费用等直接计入当期费用，借记"管理费用"等科目，贷记"银行存款"等科目。

（二）无形资产应当自取得当月起在预计使用年限内分期平均摊销，按照应提取的摊销金额，借记"管理费用"科目，贷记本科目。

如预计使用年限超过了相关合同规定的受益年限或法律规定的有效年限，该无形资产的摊销年限按如下原则确定：

1. 合同规定了受益年限但法律没有规定有效年限的，摊销期不应超过合同规定的受益年限；

2. 合同没有规定受益年限但法律规定了有效年限的，摊销期不应超过法律规定的有效年限；

3. 合同规定了受益年限，法律也规定了有效年限的，摊销期不应超过受益年限和有效年限两者之中较短者。

如果合同没有规定受益年限，法律也没有规定有效年限的，摊销期不应超过 10 年。

（三）出售或以其他方式处置无形资产，按照实际取得的价款，借记"银行存款"等科目，按照该项无形资产的账面余额，贷记本科目，按照其差额，贷记"其他收入"科目或借记"其他费用"科目。

三、本科目应当按照无形资产类别设置明细账，进行明细核算。

四、本科目期末借方余额，反映民间非营利组织已入账但尚未摊销的无形资产的摊余价值。

1701　受托代理资产

一、本科目核算民间非营利组织接受委托方委托从事受托代理业务而收到的资产。

民间非营利组织受托代理资产的确认和计量比照接受捐赠资产的确认和计量原则处理。

二、受托代理资产的主要账务处理如下：

（一）收到受托代理资产时，按照应确认的入账金额，借记本科目，贷记"受托代理负债"科目。

（二）转赠或者转出受托代理资产，按照转出受托代理资产的账面余额，借记"受托代理负债"科目，贷记本科目。

三、民间非营利组织应当设置"受托代理资产登记簿"，并根据具体情况设置明细账，进行明细核算。

四、民间非营利组织收到的受托代理资产如果为现金、银行存款或其他货币资金，可以不通过本科目核算，而在"现金"、"银行存款"、"其他货币资金"科目下设置"受托代理资产"明细科目进行核算。即在取得这些受托代理资产时，借记"现金——受托代理资产"、"银行存款——受托代理资产"、"其他货币资金——受托代理资产"科目，贷记"受托代理负债"科目；在转赠或者转出受托代理资产时，借记"受托代理负债"科目，贷记"现金——受托代理资产"、"银行存款——受托代理资产"、"其他货币资金——受托代理资产"科目。

五、本科目期末借方余额，反映民间非营利组织期末尚未转出的受托代理资产价值。

二、负债类

2101 短期借款

一、本科目核算民间非营利组织向银行或其他金融机构等借入的期限在 1 年以下（含 1 年）的各种借款。

二、短期借款的主要账务处理如下：

（一）借入各种短期借款时，按照实际借得的金额，借记"银行存款"科目，贷记本科目。

（二）发生短期借款利息时，借记"筹资费用"科目，贷记"预提费用"、"银行存款"等科目。

（三）归还借款时，借记本科目，贷记"银行存款"科目。

三、本科目应当按照债权人设置明细账，并按照借款种类及期限等进行明细核算。

四、本科目期末贷方余额，反映民间非营利组织尚未偿还的短期借款本金。

2201　应付票据

一、本科目核算民间非营利组织购买材料、商品和接受服务供应等而开出、承兑的商业汇票，包括银行承兑汇票和商业承兑汇票。

二、应付票据的主要账务处理如下：

（一）因购买材料、商品和接受服务等开出、承兑商业汇票时，借记"存货"等科目，贷记本科目。

（二）以承兑商业汇票抵付应付账款时，借记"应付账款"科目，贷记本科目。

（三）支付银行承兑汇票的手续费时，借记"筹资费用"科目，贷记"银行存款"科目。

（四）应付票据到期时，应当分别情况处理：

1. 收到银行支付到期票据的付款通知时，借记本科目，贷记"银行存款"科目。

2. 如无力支付票款，按照应付票据的账面余额，借记本科目，贷记"应付账款"科目。

（五）如果为带息应付票据，应当在期末或到期时计算应付利息，借记"筹资费用"科目，贷记本科目。

到期不能支付的带息应付票据，转入"应付账款"科目核算后，期末时不再计提利息。

三、民间非营利组织应当设置"应付票据备查簿"，详细登记每一应付票据的种类、号数、签发日期、到期日、票面金额、票面利率、合同交易号、收款人姓名或单位名称以及付款日期和金额等资料。应付票据到期结清时，应当在备查簿内逐笔注销。

四、本科目期末贷方余额，反映民间非营利组织持有的尚未到期的应付票据本息。

2202 应付账款

一、本科目核算民间非营利组织因购买材料、商品和接受服务供应等而应付给供应单位的款项。

二、应付账款的主要账务处理如下：

（一）发生应付账款时，按照应付未付金额，借记"存货"、"管理费用"等科目，贷记本科目。

（二）偿付应付账款时，借记本科目，贷记"银行存款"等科目。

（三）开出、承兑商业汇票抵付应付账款时，借记本科目，贷记"应付票据"科目。

（四）确实无法支付或由其他单位承担的应付账款，借记本科目，贷记"其他收入"科目。

三、本科目应当按照债权人设置明细账，进行明细核算。

四、本科目期末贷方余额，反映民间非营利组织尚未支付的应付账款。

2203 预收账款

一、本科目核算民间非营利组织向服务和商品购买单位预收的各种款项。

二、预收账款的主要账务处理如下：

（一）向购货单位预收款项时，按照实际预收的金额，借记"银行存款"等科目，贷记本科目。

（二）确认收入时，按照本科目账面余额，借记本科目，按照应确认的收入金额，贷记"商品销售收入"等科目，按照补付或退回的款项，借记或贷记"银行存款"等科目。

三、本科目应当按照购货单位设置明细账，进行明细核算。

四、本科目期末贷方余额，反映民间非营利组织向购货单位预收的款项。

2204 应付工资

一、本科目核算民间非营利组织应付给职工的工资总额。包括在工资总额内的各种工资、奖金、津贴等，不论是否在当月支付，都应当通过本科目核算。

二、民间非营利组织应当按照相关规定，根据考勤记录、工时记录、工资标准等，编制"工资单"，计算各种工资，并应当将"工资单"进行汇总，编制"工资汇总表"。

三、应付工资的主要账务处理如下：

（一）支付工资时，借记本科目，贷记"现金"、"银行存款"等科目。从应付工资中扣还的各种款项（如代垫的房租、家属药费、个人所得税等），借记本科目，贷记"其他应收款"、"应交税金"等科目。

（二）期末，应当将本期应付工资进行分配，如：

1. 行政管理人员的工资，借记"管理费用"科目，贷记本科目。

2. 应当记入各项业务活动成本的人员工资，借记"业务活动成本"、"存货——生产成本"科目，贷记本科目。

3. 应当由在建工程负担的人员工资，借记"在建工程"等科目，贷记本科目。

四、民间非营利组织应当设置"应付工资明细账"，按照职工类别分设账页，按照工资的组成内容分设专栏，根据"工资单"或"工资汇总表"进行登记。

五、本科目期末一般应无余额，如果应付工资大于实发工资的，期末贷方余额反映尚未领取的工资余额。

2206 应交税金

一、本科目核算民间非营利组织按照有关国家税法规定应当交纳的各种税费，如营业税、增值税、所得税、房产税、个人所得税等。

二、民间非营利组织应当根据具体情况，设置明细科目，进行明细核算。

三、应交税金的主要账务处理如下：

如果发生了营业税纳税义务时，按照应交纳的营业税，借记"业务活动成本"等科目，贷记本科目。交纳营业税时，借记本科目，贷记"银行存款"科目。

如果发生了增值税纳税义务时，应当按税收有关规定计算应缴纳的增值税，并通过本科目核算。

如果发生了所得税纳税义务时，按照应交纳的所得税，借记"其他费用"科目，贷记本科目。交纳所得税时，借记本科目，贷记"银行存款"科目。

如果发生了个人所得税纳税义务时，按照规定计算应代扣代交的个人所得税，借记"应付工资"等科目，贷记本科目。交纳个人所得税时，借记本科目，贷记"银行存款"科目。

四、本科目期末贷方余额，反映民间非营利组织尚未交纳的税费；期末借方余额，反映民间非营利组织多交的税费。

2209 其他应付款

一、本科目核算民间非营利组织应付、暂收其他单位或个人的款项，如应付经营租入固定资产的租金等。

二、其他应付款的主要账务处理如下：

（一）发生的各项应付、暂收款项，借记"银行存款"、"管理费用"等科目，贷记本科目。

（二）支付款项时，借记本科目，贷记"银行存款"等科目。

三、本科目应当按照应付和暂收款项的类别和单位或个人设置明细账，进行明细核算。

四、本科目期末贷方余额，反映尚未支付的其他应付款项。

2301　预提费用

一、本科目核算民间非营利组织按照规定预先提取的已经发生但尚未支付的费用，如预提的租金、保险费、借款利息等。

二、预提费用的主要账务处理如下：

（一）按照规定预提计入本期费用时，借记"筹资费用"、"管理费用"等科目，贷记本科目。

（二）实际支出时，借记本科目，贷记"银行存款"等科目。

三、本科目应当按照费用种类设置明细账，进行明细核算。

四、本科目期末贷方余额，反映民间非营利组织已预提但尚未支付的各项费用。

2401　预计负债

一、本科目核算民间非营利组织对因或有事项所产生的现时义务而确认的负债，包括因对外提供担保、商业承兑票据贴现、未决诉讼等确认的负债。

二、预计负债的主要账务处理举例如下：

（一）确认预计负债时，按照应确认的预计负债金额，借记"管理费用"等科目，贷记本科目。

（二）实际偿付负债时，借记本科目，贷记"银行存款"等科目。

（三）转回预计负债时，借记本科目，贷记"管理费用"等科目。

三、本科目应当按照预计负债项目设置明细账，进行明细核算。

四、本科目期末贷方余额，反映民间非营利组织已预计尚未支付的债务。

2501 长期借款

一、本科目核算民间非营利组织向银行或其他金融机构借入的期限在1年以上（不含1年）的各项借款。

二、长期借款应当按照实际发生额入账。长期借款的借款费用应当在发生时计入当期费用。但是，为购建固定资产而发生的专门借款的借款费用在规定的允许资本化的期间内，应当按照专门借款的借款费用的实际发生额予以资本化，计入在建工程成本。这里的借款费用包括因借款而发生的利息、辅助费用以及因外币借款而发生的汇兑差额等。

民间非营利组织应当按照规定确定专门借款的借款费用允许资本化的期间及其金额。

三、长期借款的主要账务处理如下：

（一）借入长期借款时，按照实际借入额，借记"银行存款"等科目，贷记本科目。

（二）发生的借款费用，借记"筹资费用"科目，贷记本科目。如为购建固定资产而发生的专门借款的借款费用，在允许资本化的期间内，按照专门借款的借款费用的实际发生额，借记"在建工程"科目，贷记本科目。

（三）归还长期借款时，借记本科目，贷记"银行存款"科目。

四、本科目应当按照贷款单位设置明细账，并按贷款种类进行明细核算。

五、本科目期末贷方余额，反映民间非营利组织尚未偿还的长期借款本息。

2502　长期应付款

一、本科目核算民间非营利组织的各项长期应付款项，如融资租入固定资产的租赁费等。

二、长期应付款的主要账务处理举例如下：

（一）发生长期应付款时，借记有关科目，贷记本科目。

（二）支付长期应付款项时，借记本科目，贷记"银行存款"科目。

三、本科目应当按照长期应付款的种类设置明细账，进行明细核算。

四、本科目期末贷方余额，反映尚未支付的各种长期应付款。

2601　受托代理负债

一、本科目核算民间非营利组织因从事受托代理业务、接受受托代理资产而产生的负债。

受托代理负债应当按照相对应的受托代理资产的金额予以确认和计量。

二、受托代理负债的主要账务处理如下：

（一）收到受托代理资产，按照应确认的入账金额，借记"受托代理资产"科目，贷记本科目。

（二）转赠或者转出受托代理资产，按照转出受托代理资产的账面余额，借记本科目，贷记"受托代理资产"科目。

三、本科目应当按照指定的受赠组织或个人，或者指定的应转交的组织或个人设置明细账，进行明细核算。

四、本科目期末贷方余额，反映民间非营利组织尚未清偿的受托代理负债。

三、净资产类

3101　非限定性净资产

一、本科目核算民间非营利组织的非限定性净资产，即民间非营利组织净资产中除限定性净资产之外的其他净资产。

二、民间非营利组织应当在期末将当期非限定性收入的实际发生额、当期费用的实际发生额和当期由限定性净资产转为非限定性净资产的金额转入非限定性净资产。

三、非限定性净资产的主要账务处理如下：

（一）期末，将各收入类科目所属"非限定性收入"明细科目的余额转入本科目，借记"捐赠收入——非限定性收入"、"会费收入——非限定性收入"、"提供服务收入——非限定性收入"、"政府补助收入——非限定性收入"、"商品销售收入——非限定性收入"、"投资收益——非限定性收入"、"其他收入——非限定性收入"科目，贷记本科目。同时，将各费用类科目的余额转入本科目，借记本科目，贷记"业务活动成本"、"管理费用"、"筹资费用"、"其他费用"科目。

（二）如果限定性净资产的限制已经解除，应当对净资产进行重新分类，将限定性净资产转为非限定性净资产，借记"限定性净资产"科目，贷记本科目。

（三）如果因调整以前期间收入、费用项目而涉及调整非限定性净资产的，应当就需要调整的金额，借记或贷记有关科目，贷记或借记本科目。

四、本科目期末贷方余额，反映民间非营利组织历年积存的非限定性净资产。

3102 限定性净资产

一、本科目核算民间非营利组织的限定性净资产。如果资产或者资产的经济利益（如资产的投资收益和利息等）的使用和处置受到资源提供者或者国家有关法律、行政法规所设置的时间限制或（和）用途限制，则由此形成的净资产即为限定性净资产。

本制度所称的时间限制，是指资产提供者或者国家有关法律、行政法规要求民间非营利组织在收到资产后的某一时期或某一特定日期之后才能使用该项资产；本制度所称的用途限制，是指资产提供者或者国家有关法律、行政法规要求民间非营利组织将收到的资产用于某一特定的用途。

民间非营利组织的董事会、理事会或类似机构对净资产的使用所作的限定性决策、决议或拨款限额等，属于民间非营利组织内部管理上对资产使用所作的限制，它不属于本制度所界定的限定性净资产。

二、民间非营利组织应当在期末将当期限定性收入的实际发生额转为限定性净资产。

三、限定性净资产的主要账务处理如下：

（一）期末，将各收入类科目所属"限定性收入"明细科目的余额转入本科目，借记"捐赠收入——限定性收入"、"政府补助收入——限定性收入"等科目，贷记本科目。

（二）如果限定性净资产的限制已经解除，应当对净资产进行重新分类，将限定性净资产转为非限定性净资产，借记本科目，贷记"非限定性净资产"科目。

如果资产提供者或者国家有关法律、行政法规要求民间非营利组织在特定时期之内或特定日期之后将限定性净资产或者相关资产用于特定用途，该限定性净资产应当在相应期间之内或相应日期之后按照实际使用的相关资产金额或者实际发生的相关费用金额转为非限定性净资产。

（三）如果因调整以前期间收入、费用项目而涉及调整限定性净资产的，应当就需要调整的金额，借记或贷记有关科目，贷记或借记本科目。

四、本科目期末贷方余额，反映民间非营利组织历年积存的限定性净资产。

四、收入费用类

4101　捐赠收入

一、本科目核算民间非营利组织接受其他单位或者个人捐赠所取得的收入。

民间非营利组织因受托代理业务而从委托方收到的受托代理资产，不在本科目核算。

二、民间非营利组织的捐赠收入应当按照是否存在限定区分为非限定性收入和限定性收入设置明细科目，进行明细核算。

如果资产提供者对资产的使用设置了时间限制或者（和）用途限制，则所确认的相关收入为限定性收入；除此之外的其他所有收入，为非限定性收入。

三、民间非营利组织接受捐赠，应当在满足规定的收入确认条件时确认捐赠收入。

四、捐赠收入的主要账务处理如下：

（一）接受的捐赠，按照应确认的金额，借记"现金"、"银行存款"、"短期投资"、"存货"、"长期股权投资"、"长期债权投资"、"固定资产"、"无形资产"等科目，贷记本科目"限定性收入"或"非限定性收入"明细科目。

对于接受的附条件捐赠，如果存在需要偿还全部或部分捐赠资产或者相应金额的现时义务时（比如因无法满足捐赠所附条件而必须将部分捐赠款退还给捐赠人时），按照需要偿还的金额，借记"管理费用"科目，贷记"其他应付款"等科目。

（二）如果限定性捐赠收入的限制在确认收入的当期得以解除，应当将其转为非限定性捐赠收入，借记本科目"限定性收入"明细科目，贷记本科目"非限定性收入"明细科目。

（三）期末，将本科目各明细科目的余额分别转入限定性净资产和非限定性净资产，借记本科目"限定性收入"明细科目，贷记"限定性净资产"科目，借记本科目"非限定性收入"明细科目，贷记"非限定性净资产"科目。

五、期末结转后，本科目应无余额。

4201 会费收入

一、本科目核算民间非营利组织根据章程等的规定向会员收取的会费收入。

一般情况下，民间非营利组织的会费收入为非限定性收入，除非相关资产提供者对资产的使用设置了限制。

二、民间非营利组织应当在满足规定的收入确认条件时确认会费收入。

三、会费收入的主要账务处理如下：

（一）向会员收取会费，在满足收入确认条件时，借记"现金"、"银行存款"、"应收账款"等科目，贷记本科目"非限定性收入"明细科目，如果存在限定性会费收入，应当贷记本科目"限定性收入"明细科目。

（二）期末，将本科目的余额转入非限定性净资产，借记本科目"非限定性收入"明细科目，贷记"非限定性净资产"科目。如果存在限定性会费收入，则将其金额转入限定性净资产，借记本科目"限定性收入"明细科目，贷记"限定性净资产"科目。

四、本科目应当按照会费种类（如团体会费、个人会费等）设置明细账，进行明细核算。

五、期末结转后，本科目应无余额。

4301 提供服务收入

一、本科目核算民间非营利组织根据章程等的规定向其服务对象提供服务取得的收入，包括学杂费收入、医疗费收入、培训收入等。

一般情况下，民间非营利组织的提供服务收入为非限定性收入，除非相关资产提供者对资产的使用设置了限制。

二、民间非营利组织应当在满足规定的收入确认条件时确认提供服务收入。

三、提供服务收入的主要账务处理如下：

（一）提供服务取得收入时，按照实际收到或应当收取的价款，借记"现金"、"银行存款"、"应收账款"等科目，按照应当确认的提供服务收入金额，贷记本科目，按照预收的价款，贷记"预收账款"科目。在以后期间确认提供服务收入时，借记"预收账款"科目，贷记本科目"非限定性收入"明细科目，如果存在限定性提供服务收入，应当贷记本科目"限定性收入"明细科目。

（二）期末，将本科目的余额转入非限定性净资产，借记本科目"非限定性收入"明细科目，贷记"非限定性净资产"科目。如果存在限定性提供服务收入，则将其金额转入限定性净资产，借记本科目"限定性收入"明细科目，贷记"限定性净资产"科目。

四、本科目应当按照提供服务的种类设置明细账，进行明细核算。

五、期末结转后，本科目应无余额。

4401　政府补助收入

一、本科目核算民间非营利组织因为政府拨款或者政府机构给予的补助而取得的收入。

二、民间非营利组织的政府补助收入应当按照是否存在限定区分为非限定性收入和限定性收入设置明细科目，进行明细核算。

如果资产提供者对资产的使用设置了时间限制或者（和）用途限制，则所确认的相关收入为限定性收入；除此之外的其他所有收入，为非限定性收入。

三、民间非营利组织应当在满足规定的收入确认条件时确认政府补助收入。

四、政府补助收入的主要账务处理如下：

（一）接受的政府补助，按照应确认的金额，借记"现金"、"银行存款"等科目，贷记本科目"限定性收入"或"非限定性收入"明细科目。

对于接受的附条件政府补助，如果民间非营利组织存在需要偿还全部或部分政府补助资产或者相应金额的现时义务时（比如因无法满足政府补助所附条件而必须退还部分政府补助时），按照需要偿还的金额，借记"管理费用"科目，贷记"其他应付款"等科目。

（二）如果限定性政府补助收入的限制在确认收入的当期得以解除，应当将其转为非限定性捐赠收入，借记本科目"限定性收入"明细科目，贷记本科目"非限定性收入"明细科目。

（三）期末，将本科目各明细科目的余额分别转入限定性净资产和非限定性净资产，借记本科目"限定性收入"明细科目，贷记"限定性净资产"科目,借记本科目"非限定性收入"明细科目,贷记"非限定性净资产"科目。

五、期末结转后,本科目应无余额。

4501 商品销售收入

一、本科目核算民间非营利组织销售商品（如出版物、药品）等所形成的收入。

一般情况下,民间非营利组织的提供服务收入为非限定性收入,除非相关资产提供者对资产的使用设置了限制。

二、民间非营利组织应当在满足规定的收入确认条件时确认商品销售收入。

三、商品销售收入的主要账务处理如下:

（一）销售商品取得收入时,按照实际收到或应当收取的价款,借记"现金"、"银行存款"、"应收票据"、"应收账款"等科目,按照应当确认的商品销售收入金额,贷记本科目"非限定性收入"明细科目（如果存在限定性商品销售收入,应当贷记本科目"限定性收入"明细科目）,按照预收的价款,贷记"预收账款"科目。在以后期间确认商品销售收入时,借记"预收账款"科目,贷记本科目"非限定性收入"明细科目,如果存在限定性商品销售收入,应当贷记本科目"限定性收入"明细科目。

（二）销售退回,是指民间非营利组织售出的商品,由于质量、品种不符合要求等原因而发生的退货。销售退回应当分别情况处理:

1. 未确认收入的已发出商品的退回,不需要进行会计处理。

2. 已确认收入的销售商品退回,一般情况下直接冲减退回当月的商品销售收入、商品销售成本等:按照应当冲减的商品销售收入,借记本科目,按照已收或应收的金额,贷记"银行存款"、"应收账款"、"应收票据"等科目，按照退回商品的成本，借记"存货"科目，贷记"业务活动成本"科目。

如果该项销售发生现金折扣，应当在退回当月一并处理。

3. 报告期间资产负债表日至财务报告批准报出日之间发生的报告期间或以前期间的销售退回，应当作为资产负债表日后事项的调整事项处理，调整报告期间会计报表的相关项目：按照应冲减的商品销售收入，借记"非限定性净资产"科目（如果所调整收入属于限定性收入，应当借记"限定性净资产"科目），按照已收或应收的金额，贷记"银行存款"、"应收账款"、"应收票据"等科目；按照退回商品的成本，借记"存货"科目，贷记"非限定性净资产"科目。

如果该项销售已发生现金折扣，应当一并处理。

（三）现金折扣，是指民间非营利组织为了尽快回笼资金而发生的理财费用。现金折扣在实际发生时直接计入当期筹资费用：按照实际收到的金额，借记"银行存款"等科目，按照应给予的现金折扣，借记"筹资费用"科目，按照应收的账款，贷记"应收账款"、"应收票据"等科目。

购买方实际获得的现金折扣，冲减取得当期的筹资费用：按照应付的账款，借记"应付账款"、"应付票据"等科目，按照实际获得的现金折扣，贷记"筹资费用"科目，按照实际支付的价款，贷记"银行存款"等科目。

（四）销售折让，是指在商品销售时直接给予购买方的折让。销售折让应当在实际发生时直接从当期实现的销售收入中抵减。

（五）期末，将本科目的余额转入非限定性净资产，借记本科目，贷记"非限定性净资产"科目。如果存在限定性商品销售收入，则将其金额转入限定性净资产，借记本科目，贷记"限定性净资产"科目。

四、本科目应当按照商品的种类设置明细账，进行明细核算。

五、期末结转后，本科目应无余额。

4601　投资收益

一、本科目核算民间非营利组织因对外投资取得的投资净损益。

一般情况下，民间非营利组织的投资收益为非限定性收入，除非相关资产提供者对资产的使用设置了限制。

二、投资收益的主要账务处理如下：

（一）短期投资。出售短期投资或到期收回债券本息，按照实际收到的金额，借记"银行存款"科目，按照已计提的减值准备，借记"短期投资跌价准备"科目，按照所出售或收回短期投资的账面余额，贷记"短期投资"科目，按照未领取的现金股利或利息，贷记"其他应收款"科目，按照其差额，借记或贷记本科目。

（二）长期股权投资。

1. 采用成本法核算的，被投资单位宣告发放现金股利或利润时，按照宣告发放的现金股利或利润中属于民间非营利组织应享有的部分，确认当期投资收益，借记"其他应收款"科目，贷记本科目。

2. 采用权益法核算的，在期末，按照应当享有或应当分担的被投资单位当年实现的净利润或发生的净亏损的份额，调整长期股权投资账面价值，如被投资单位实现净利润，借记"长期股权投资"科目，贷记本科目，如被投资单位发生净亏损，借记本科目，贷记"长期股权投资"科目，但以长期股权投资账面价值减记至零为限。

3. 处置长期股权投资时，按照实际取得的价款，借记"银行存款"等科目，按照已计提的减值准备，借记"长期投资减值准备"科目，按照所处置长期股权投资的账面余额，贷记"长期股权投资"科目，按照未领取的现金股利，贷记"其他应收款"科目，按照其差额，借记或贷记本科目。

（三）长期债权投资。

1. 长期债权投资持有期间，应当按照票面价值与票面利率按期计算确认利息收入，如为到期一次还本付息的债券投资，借记"长期债权投资——债券投资（应收利息）"科目，贷记本科目，如为分期付息、到期还本的债权投资，借记"其他应收款"科目，贷记本科目。

长期债券投资的初始投资成本与债券面值之间的差额，应当在债券存续期间，按照直线法于确认相关债券利息收入时摊销，如初始投资成本高于债券面值，按照应当分摊的金额，借记本科目，贷记"长期债权投资"科目，如初始投资成本低于债券面值，按照应当分摊的金额，借记"长期股权投资"科目，贷记本科目。

2. 处置长期债权投资时，按照实际取得的价款，借记"银行存款"等科目，按照已计提的减值准备，借记"长期投资减值准备"科目，按照所处置长期债券投资的账面余额，贷记"长期债权投资"科目，按照未领取的现金股利，贷记"其他应收款"科目或"长期债权投资——债券投资（应收利息）"科目，按照其差额，借记或贷记本科目。

（四）期末，将本科目的余额转入非限定性净资产，借记本科目，贷记"非限定性净资产"科目。如果存在限定性投资收益，则将其金额转入限定性净资产，借记本科目，贷记"限定性净资产"科目。

三、期末结转后，本科目应无余额。

4901　其他收入

一、本科目核算民间非营利组织除捐赠收入、会费收入、提供服务收入、商品销售收入、政府补助收入、投资收益等主要业务活动收入以外的其他收入，如确实无法支付的应付款项、存货盘盈、固定资产盘盈、固定资产处置净收入、无形资产处置净收入等。

一般情况下，民间非营利组织的其他收入为非限定性收入，除非相关资产提供者对资产的使用设置了限制。

二、其他收入的主要账务处理举例如下：

（一）现金、存货、固定资产等盘盈的，根据管理权限报经批准后，借记"现金"、"存货"、"固定资产"、"文物文化资产"等科目，贷记本科目"非限定性收入"明细科目，如果存在限定性其他收入，应当贷记本科目"限定性收入"明细科目。

（二）对于固定资产处置净收入，借记"固定资产清理"科目，贷记本科目。

（三）对于无形资产处置净收入，按照实际取得的价款，借记"银行存款"等科目，按照该项无形资产的账面余额，贷记"无形资产"科目，按照其差额，贷记本科目。

（四）确认无法支付的应付款项，借记"应付账款"等科目，贷记本科目。

（五）在非货币性交易中收到补价情况下应确认的损益，借记有关科目，贷记"其他收入"科目。

（六）期末，将本科目的余额转入非限定性净资产，借记本科目，贷记"非限定性净资产"科目。如果存在限定性的其他收入，则将其金额转入限定性净资产，借记本科目，贷记"限定性净资产"科目。

三、本科目应当按照其他收入种类设置明细账，进行明细核算。

四、期末结转后，本科目应无余额。

5101 业务活动成本

一、本科目核算民间非营利组织为了实现其业务活动目标、开展其项目活动或者提供服务所发生的费用。

二、如果民间非营利组织从事的项目、提供的服务或者开展的业务比较单一，可以将相关费用全部归集在"业务活动成本"项目下进行核算和列报；如果民间非营利组织从事的项目、提供的服务或者开展的业务种类较多，民间非营利组织应当在"业务活动成本"项目下分别项目、服务或者业务大类进行核算和列报。

三、民间非营利组织发生的业务活动成本，应当按照其发生额计入当期费用。

四、业务活动成本的主要账务处理如下：

（一）发生的业务活动成本，借记本科目，贷记"现金"、"银行存款"、"存货"、"应付账款"等科目。

（二）期末，将本科目的余额转入非限定性净资产，借记"非限定性净资产"科目，贷记本科目。

五、期末结转后，本科目应无余额。

5201 管理费用

一、本科目核算民间非营利组织为组织和管理其业务活动所发生的各项费用，包括民间非营利组织董事会（或者理事会或者类似权力机构）经费和行政管理人员的工资、奖金、津贴、福利费、住房公积金、住房补贴、社会保障费、离退休人员工资与补助，以及办公费、水电费、邮电费、物业管理费、差旅费、折旧费、修理费、无形资产摊销费、存货盘亏损失、资产减值损失、因预计负债所产生的损失、聘请中介机构费和应偿还的受赠资产等。

二、民间非营利组织发生的管理费用，应当在发生时按其发生额计入当期费用。

三、管理费用的主要账务处理如下：

（一）现金、存货、固定资产等盘亏，根据管理权限报经批准后，按照相关资产账面价值扣除可以收回的保险赔偿和过失人的赔偿等后的金额，借记本科目，按照可以收回的保险赔偿和过失人赔偿等，借记"现金"、"银行存款"、"其他应收款"等科目，按照已提取的累计折旧，借记"累计折旧"科目，按照相关资产的账面余额，贷记相关资产科目。

（二）对于因提取资产减值准备而确认的资产减值损失，借记本科目，贷记相关资产减值准备科目。冲减或转回资产减值准备，借记相关资产减值准备科目，贷记本科目。

（三）提取行政管理用固定资产折旧，借记本科目，贷记"累计折旧"科目。

（四）无形资产摊销时，借记本科目，贷记"无形资产"科目。

（五）发生的应归属于管理费用的应付工资、应交税金等，借记本科目，贷记"应付工资"、"应交税金"等科目。

（六）对于因确认预计负债而确认的损失，借记本科目，贷记"预计负债"科目。

（七）发生的其他管理费用，借记本科目，贷记"现金"、"银行存款"等科目。

（八）期末，将本科目的余额转入非限定性净资产，借记本科目，贷记"非限定性净资产"科目。

四、本科目应当按照管理费用种类设置明细账，进行明细核算。

民间非营利组织可以根据具体情况编制管理费用明细表，以满足内部管理等有关方面的信息需要。

五、期末结转后，本科目应无余额。

5301　筹资费用

一、本科目核算民间非营利组织为筹集业务活动所需资金而发生的费用，包括民间非营利组织获得捐赠资产而发生的费用以及应当计入当期费用的借款费用、汇兑损失（减汇兑收益）等。

民间非营利组织为了获得捐赠资产而发生的费用包括举办募款活动费，准备、印刷和发放募款宣传资料费以及其他与募款或者争取捐赠有关的费用。

二、民间非营利组织发生的筹资费用，应当在发生时按其发生额计入当期费用。

三、筹资费用的主要账务处理如下：

（一）发生的筹资费用，借记本科目，贷记"预提费用"、"银行存款"、"长期借款"等科目。发生的应冲减筹资费用的利息收入、汇兑收益，借记"银行存款"、"长期借款"等科目，贷记本科目。

（二）期末，将本科目的余额转入非限定性净资产，借记"非限定性净资产"科目，贷记本科目。

四、本科目应当按照筹资费用种类设置明细账，进行明细核算。

五、期末结转后，本科目应无余额。

5401　其他费用

一、本科目核算民间非营利组织发生的、无法归属到上述业务活动成本、管理费用或者筹资费用中的费用，包括固定资产处置净损失、无形资产处置净损失等。

二、民间非营利组织发生的其他费用，应当在发生时按其发生额计入当期费用。

三、其他费用的主要账务处理如下：

（一）发生的固定资产处置净损失，借记本科目，贷记"固定资产清理"科目。

（二）发生的无形资产处置净损失，按照实际取得的价款，借记"银行存款"等科目，按照该项无形资产的账面余额，贷记"无形资产"科目，按照其差额，借记本科目。

（三）期末，将本科目的余额转入非限定性净资产，借记"非限定性净资产"科目，贷记本科目。

四、本科目应当按照费用种类设置明细账，进行明细核算。

五、期末结转后，本科目应无余额。

第四部分　会计报表格式

编　号	会计报表名称	编制期
会民非 01 表	资产负债表	中期报告、年度报告
会民非 02 表	业务活动表	中期报告、年度报告
会民非 03 表	现金流量表	年度报告

资 产 负 债 表

编制单位：　　　　　　　　　　2005 年 1 月 31 日

会民非 01 表
单位：元

资　　产	行次	期初数	期末数	负债和净资产	行次	期初数	期末数
流动资产：				流动负债：			
货币资金	1			短期借款	61		
短期投资	2			应付款项	62		
应收款项	3			应付工资	63		
预付账款	4			应交税金	65		
存货	8			预收帐款	66		
待摊费用	9			预提费用	71		
一年内到期的长期债权投资	15			预计负债	72		
其他流动资产	18			一年内到期的长期负债	74		
流动资产合计	20			其他流动负债	78		
				流动负债合计	80		
长期投资：				长期负债：			
长期股权投资	21			长期借款			
长期债权投资	24			长期应付款	84		
长期投资合计	30						

续表

资　产	行次	期初数	期末数	负债和净资产	行次	期初数	期末数
固定资产：				其他长期负债	88		
固定资产原价	31			长期负债合计	90		
减：累计折旧	32			受托代理负债：			
固定资产净值	33			受托代理负债	91		
在建工程	34			负债合计	100		
文物文化资产	35						
固定资产清理	38			净资产			
固定资产合计	40			非限定性净资产	101		
				限定性净资产	105		
无形资产：				净资产合计	110		
无形资产	41						
受托代理资产：							
受托代理资产	51						
资产合计	60			负债和净资产总计	120		

业务活动表

编制单位：_____　　____年___月

会民非02表
单位：元

项　　目	行次	本月数			本年累计数		
		非限定性	限定性	合　计	非限定性	限定性	合　计
一、收入							
其中：捐赠收入	1						
会费收入	2						
提供服务收入	3						
商品销售收入	4						
政府补助收入	5						
投资收益	6						
其他收入	9						
收入合计	11						
二、费用							
（一）业务活动成本	12						

续表

项 目	行次	本 月 数			本年累计数		
		非限定性	限定性	合 计	非限定性	限定性	合 计
其中:	13						
	14						
	15						
	16						
(二) 管理费用	21						
(三) 筹资费用	24						
(四) 其他费用	28						
费用合计	35						
三、限定性净资产转为非限定性净资产	40						
四、净资产变动额（若为净资产减少额，以"-"号填列）	45						

现 金 流 量 表

会民非 03 表

编制单位：＿＿＿＿＿＿＿＿＿＿年度

单位：元

项　目	行次	金额
一、业务活动产生的现金流量：		
接受捐赠收到的现金	1	
收取会费收到的现金	2	
提供服务收到的现金	3	
销售商品收到的现金	4	
政府补助收到的现金	5	
收到的其他与业务活动有关的现金	8	
现金流入小计	13	
提供捐赠或者资助支付的现金	14	
支付给员工以及为员工支付的现金	15	
购买商品、接受服务支付的现金	16	
支付其他与业务活动有关的现金	19	
现金流出小计	23	
业务活动产生的现金流量净量	24	
二、投资活动产生的现金流量：		
收回投资所收到的现金	25	
取得投资收益所收到的现金	26	
处置固定资产和无形资产所收回的现金	27	
收到的其他与投资活动有关的现金	30	
现金流入小计	34	
购建固定资产和无形资产所支付的现金	35	
对外投资所支付的现金	36	
支付的其他与投资活动有关的现金	39	

项　目	行次	金额
现金流出小计	43	
投资活动产生的现金流量净额	44	
三、筹资活动产生的现金流量:		
借款所收到的现金	45	
收到的其他与筹资活动有关的现金	48	
现金流入小计	50	
偿还借款所支付的现金	51	
偿付利息所支付的现金	52	
支付的其他与筹资活动有关的现金	55	
现金流出小计	58	
筹资活动产生的现金流量净额	59	
四、汇率变动对现金的影响额	60	
五、现金及现金等价物净增加额	61	

第五部分　会计报表编制说明

一、资产负债表编制说明

1. 本表反映民间非营利组织某一会计期末全部资产、负债和净资产的情况。

2. 本表"年初数"栏内各项数字,应当根据上年年末资产负债表"期末数"栏内数字填列。如果本年度资产负债表规定的各个项目的名称和内容同上年度不相一致,应对上年年末资产负债表各项目的名称和数字按照本年度的规定进行调整,填入本表"年初数"栏内。

3. 本表"期末数"各项目的内容和填列方法：

（1）"货币资金"项目，反映民间非营利组织期末库存现金、存放银行的各类款项以及其他货币资金的合计数。本项目应当根据"现金"、"银行存款"、"其他货币资金"科目的期末余额合计填列。如果民间非营利组织的受托代理资产为现金、银行存款或其他货币资金且通过"现金"、"银行存款"、"其他货币资金"科目核算，还应当扣减"现金"、"银行存款"、"其他货币资金"科目中"受托代理资产"明细科目的期末余额。

（2）"短期投资"项目，反映民间非营利组织持有的各种能够随时变现并且持有时间不准备超过 1 年（含 1 年）的投资，包括短期股票、债券投资和短期委托贷款、委托投资等。本项目应当根据"短期投资"科目的期末余额，减去"短期投资跌价准备"科目的期末余额后的金额填列。

（3）"应收款项"项目，反映民间非营利组织期末应收票据、应收账款和其他应收款等应收未收款项。本项目应当根据"应收票据"、"应收账款"、"其他应收款"科目的期末余额合计，减去"坏账准备"科目的期末余额后的金额填列。

（4）"预付账款"项目，反映民间非营利组织预付给商品或者服务供应单位等的款项。本项目应当根据"预付账款"科目的期末余额填列。

（5）"存货"项目，反映民间非营利组织在日常业务活动中持有以备出售或捐赠的，或者为了出售或捐赠仍处在生产过程中的，或者将在生产、提供服务或日常管理过程中耗用的材料、物资、商品等。本项目应当根据"存货"科目的期末余额，减去"存货跌价准备"科目的期末余额后的金额填列。

（6）"待摊费用"项目，反映民间非营利组织已经支出，但应当由本期和以后各期分别负担的、分摊期在 1 年以内（含 1

年）的各项费用，如预付保险费、预付租金等。本项目应当根据"待摊费用"科目的期末余额填列。

（7）"一年内到期的长期债权投资"项目，反映民间非营利组织将在1年内（含1年）到期的长期债权投资。本项目应当根据"长期债权投资"科目的期末余额中将在1年内（含1年）到期的长期债权投资余额，减去"长期投资减值准备"科目的期末余额中1年内（含1年）到期的长期债权投资减值准备余额后的金额填列。

（8）"其他流动资产"项目，反映民间非营利组织除以上流动资产项目外的其他流动资产。本项目应当根据有关科目的期末余额分析填列。如果其他流动资产价值较大的，应当在会计报表附注中单独披露其内容和金额。

（9）"长期股权投资"项目，反映民间非营利组织不准备在1年内（含1年）变现的各种股权性质的投资的可收回金额。本项目应当根据"长期股权投资"科目的期末余额，减去"长期投资减值准备"科目的期末余额中长期股权投资减值准备余额后的金额填列。

（10）"长期债权投资"项目，反映民间非营利组织不准备在1年内（含1年）变现的各种债权性质的投资的可收回金额。本项目应当根据"长期债权投资"科目的期末余额，减去"长期投资减值准备"科目的期末余额中长期债权投资减值准备余额，再减去本表"一年内到期的长期债权投资"项目金额后的金额填列。

（11）"固定资产"项目，反映民间非营利组织的各项固定资产的账面价值。本项目应当根据"固定资产"科目的期末余额，减去"累计折旧"科目的期末余额后的金额填列。

（12）"在建工程"项目，反映民间非营利组织期末各项未完工程的实际支出，包括交付安装的设备价值、已耗用的材料、

工资和费用支出、预付出包工程的价款等。本项目应当根据
"在建工程"科目的期末余额填列。

（13）"文物文化资产"项目，反映民间非营利组织用于展
览、教育或研究等目的的历史文物、艺术品以及其他具有文化或
者历史价值并作长期或者永久保存的典藏等。本项目应当根据
"文物文化资产"科目的期末借方余额填列。

（14）"固定资产清理"项目，反映民间非营利组织因出售、
毁损、报废等原因转入清理但尚未清理完毕的固定资产的账面价
值，以及固定资产清理过程中发生的清理费用和变价收入等各项
金额的差额。本项目应当根据"固定资产清理"科目的期末借
方余额填列；如果"固定资产清理"科目期末为贷方余额，则
以"－"号填列。

（15）"无形资产"项目，反映民间非营利组织拥有的为开
展业务活动、出租给他人或为管理目的而持有的没有实物形态的
非货币性长期资产，包括专利权、非专利技术、商标权、著作
权、土地使用权等。本项目应当根据"无形资产"科目的期末
余额填列。

（16）"受托代理资产"项目，反映民间非营利组织接受委
托方委托从事受托代理业务而收到的资产。本项目应当根据
"受托代理资产"科目的期末余额填列。如果民间非营利组织的
受托代理资产为现金、银行存款或其他货币资金且通过"现
金"、"银行存款"、"其他货币资金"科目核算，还应当加上
"现金"、"银行存款"、"其他货币资金"科目中"受托代理资
产"明细科目的期末余额。

（17）"短期借款"项目，反映民间非营利组织向银行或其
他金融机构等借入的、尚未偿还的期限在1年以下（含1年）
的各种借款。本项目应当根据"短期借款"科目的期末余额
填列。

（18）"应付款项"项目，反映民间非营利组织期末应付票据、应付账款和其他应付款等应付未付款项。本项目应当根据"应付票据"、"应付账款"、"其他应付款"科目的期末余额合计填列。

（19）"应付工资"项目，反映民间非营利组织应付未付的员工工资。本项目应当根据"应付工资"科目的期末贷方余额填列；如果"应付工资"科目期末为借方余额，以"－"号填列。

（20）"应交税金"项目，反映民间非营利组织应交未交的各种税费。本项目应当根据"应交税金"科目的期末贷方余额填列；如果"应交税金"科目期末为借方余额，则以"－"号填列。

（21）"预收账款"项目，反映民间非营利组织向服务和商品购买单位等预收的各种款项。本项目应当根据"预收账款"科目的期末余额填列。

（22）"预提费用"项目，反映民间非营利组织预先提取的已经发生但尚未实际支付的各项费用。本项目应当根据"预提费用"科目的期末贷方余额填列。

（23）"预计负债"项目，反映民间非营利组织对因或有事项所产生的现时义务而确认的负债。本项目应当根据"预计负债"科目的期末贷方金额填列。

（24）"一年内到期的长期负债"项目，反映民间非营利组织承担的将于 1 年内（含 1 年）偿还的长期负债。本项目应当根据有关长期负债科目的期末余额中将在 1 年内（含 1 年）到期的金额分析填列。

（25）"其他流动负债"项目，反映民间非营利组织除以上流动负债之外的其他流动负债。本项目应当根据有关科目的期末余额填列。如果其他流动负债金额较大的，应当在会计报表附注中单独披露其内容和金额。

（26）"长期借款"项目，反映民间非营利组织向银行或其他金融机构等借入的期限在 1 年以上（不含 1 年）的各种借款本息。本项目应当根据"长期借款"科目的期末余额减去其中将于 1 年内（含 1 年）到期的长期借款余额后的金额填列。

（27）"长期应付款"项目，反映民间非营利组织承担的各种长期应付款，如融资租入固定资产发生的应付租赁款。本项目应当根据"长期应付款"科目的期末余额减去其中将于 1 年内（含 1 年）到期的长期应付款余额后的金额填列。

（28）"其他长期负债"项目，反映民间非营利组织除以上长期负债项目之外的其他长期负债。本项目应当根据有关科目的期末余额减去其中将于 1 年内（含 1 年）到期的其他长期负债余额后的金额分析填列。如果其他长期负债金额较大的，应当在会计报表附注中单独披露其内容和金额。

（29）"受托代理负债"项目，反映民间非营利组织因从事受托代理业务、接受受托代理资产而产生的负债。本项目应当根据"受托代理负债"科目的期末余额填列。

（30）"非限定性净资产"项目，反映民间非营利组织拥有的非限定性净资产期末余额。本项目应当根据"非限定性净资产"科目的期末余额填列。

（31）"限定性净资产"项目，反映民间非营利组织拥有的限定性净资产期末余额。本项目应当根据"限定性净资产"科目的期末余额填列。

二、业务活动表编制说明

1. 本表反映民间非营利组织在某一会计期间内开展业务活动的实际情况。

2. 本表"本月数"栏反映各项目的本月实际发生数；在编

制季度、半年度等中期财务会计报告时，应当将本栏改为"本季度数"、"本半年度数"等本中期数栏，反映各项目本中期的实际发生数。在提供上年度比较报表时，应当增设可比期间栏目，反映可比期间各项目的实际发生数。如果本年度业务活动表规定的各个项目的名称和内容同上年度不相一致，应对上年度业务活动表各项目的名称和数字按照本年度的规定进行调整，填入本表上年度可比期间栏目内。

本表"本年累计数"栏反映各项目自年初起至报告期末止的累计实际发生数。

本表"非限定性"栏反映本期非限定性收入的实际发生数、本期费用的实际发生数和本期由限定性净资产转为非限定性净资产的金额；本表"限定性"栏反映本期限定性收入的实际发生数和本期由限定性净资产转为非限定性净资产的金额（以"－"号填列）。在提供上年度比较报表项目金额时，限定性和非限定性栏目的金额可以合并填列。

3. 本表各项目的内容和填列方法：

（1）"捐赠收入"项目，反映民间非营利组织接受其他单位或者个人捐赠所取得的收入总额。本项目应当根据"捐赠收入"科目的发生额填列。

（2）"会费收入"项目，反映民间非营利组织根据章程等的规定向会员收取的会费总额。本项目应当根据"会费收入"科目的发生额填列。

（3）"提供服务收入"项目，反映民间非营利组织根据章程等的规定向其服务对象提供服务取得的收入总额。本项目应当根据"提供服务收入"科目的发生额填列。

（4）"商品销售收入"项目，反映民间非营利组织销售商品等所形成的收入总额。本项目应当根据"商品销售收入"科目的发生额填列。

（5）"政府补助收入"项目，反映民间非营利组织接受政府拨款或者政府机构给予的补助而取得的收入总额。本项目应当根据"政府补助收入"科目的发生额填列。

（6）"投资收益"项目，反映民间非营利组织以各种方式对外投资所取得的投资净损益。本项目应当根据"投资收益"科目的贷方发生额填列；如果为借方发生额，则以"－"号填列。

（7）"其他收入"项目，反映民间非营利组织除上述收入项目之外所取得的其他收入总额。本项目应当根据"其他收入"科目的发生额填列。

上述各项收入项目应当区分"限定性"和"非限定性"分别填列。

（8）"业务活动成本"项目，反映民间非营利组织为了实现其业务活动目标、开展其项目活动或者提供服务所发生的费用。本项目应当根据"业务活动成本"科目的发生额填列。

民间非营利组织应当根据其所从事的项目、提供的服务或者开展的业务等具体情况，按照"业务活动成本"科目中各明细科目的发生额，在本表第12行至第21行之间填列业务活动成本的各组成部分。

（9）"管理费用"项目，反映民间非营利组织为组织和管理其业务活动所发生的各项费用总额。本项目应当根据"管理费用"科目的发生额填列。

（10）"筹资费用"项目，反映民间非营利组织为筹集业务活动所需资金而发生的各项费用总额，包括利息支出（减利息收入）、汇兑损失（减汇兑收益）以及相关手续费等。本项目应当根据"筹资费用"科目的发生额填列。

（11）"其他费用"项目，反映民间非营利组织除以上费用项目之外发生的其他费用总额。本项目应当根据有关科目的发生额填列。

（12）"限定性净资产转为非限定性净资产"项目，反映民间非营利组织当期从限定性净资产转入非限定性净资产的金额。本项目应当根据"限定性净资产"、"非限定性净资产"科目的发生额分析填列。

（13）"净资产变动额"项目，反映民间非营利组织当期净资产变动的金额。本项目应当根据本表"收入合计"项目的金额，减去"费用合计"项目的金额，再加上"限定性净资产转为非限定性净资产"项目的金额后填列。

三、现金流量表编制说明

1. 本表反映民间非营利组织在某一会计期间内现金和现金等价物流入和流出的信息。

2. 本表所指的现金，是指民间非营利组织的库存现金以及可以随时用于支付的存款，包括现金、可以随时用于支付的银行存款和其他货币资金；现金等价物，是指民间非营利组织持有的期限短、流动性强、易于转换为已知金额现金、价值变动风险很小的投资（除特别指明外，以下所指的现金均包含现金等价物）。

民间非营利组织应当根据实际情况确定现金等价物的范围，并且一贯性地保持其划分标准，如果改变划分标准，应当视为会计政策变更。民间非营利组织确定现金等价物的原则及其变更，应当在会计报表附注中披露。

3. 现金流量表应当按照业务活动产生的现金流量、投资活动产生的现金流量和筹资活动产生的现金流量分别反映。本表所指的现金流量，是指现金的流入和流出。

4. 民间非营利组织应当采用直接法编制业务活动产生的现金流量。采用直接法编制业务活动现金流量时，有关现金流量的信息可以从会计记录中直接获得，也可以在业务活动表收入和费用数据基础上，通过调整存货和与业务活动有关的应收应付款项的变动、投资以及固定资产折旧、无形资产摊销等项目后获得。

5. 本表各项目的内容和填列方法：

（1）"接受捐赠收到的现金"项目，反映民间非营利组织接受其他单位或者个人捐赠取得的现金。本项目可以根据"现金"、"银行存款"、"捐赠收入"等科目的记录分析填列。

（2）"收取会费收到的现金"项目，反映民间非营利组织根据章程等的规定向会员收取会费取得的现金。本项目可以根据"现金"、"银行存款"、"应收账款"、"会费收入"等科目的记录分析填列。

（3）"提供服务收到的现金"项目，反映民间非营利组织根据章程等的规定向其服务对象提供服务取得的现金。本项目可以根据"现金"、"银行存款"、"应收账款"、"应收票据"、"预收账款"、"提供服务收入"等科目的记录分析填列。

（4）"销售商品收到的现金"项目，反映民间非营利组织销售商品取得的现金。本项目可以根据"现金"、"银行存款"、"应收账款"、"应收票据"、"预收账款"、"商品销售收入"等科目的记录分析填列。

（5）"政府补助收到的现金"项目，反映民间非营利组织接受政府拨款或者政府机构给予的补助而取得的现金。本项目可以根据"现金"、"银行存款"、"政府补助收入"等科目的记录分析填列。

（6）"收到的其他与业务活动有关的现金"项目，反映民间非营利组织收到的除以上业务之外的现金。本项目可以根据"现金"、"银行存款"、"其他应收款"、"其他收入"等科目的记录分析填列。

（7）"提供捐赠或者资助支付的现金"项目，反映民间非营利组织向其他单位和个人提供捐赠或者资助支出的现金。本项目可以根据"现金"、"银行存款"、"业务活动成本"等科目的记录分析填列。

（8）"支付给员工以及为员工支付的现金"项目，反映民间非营利组织开展业务活动支付给员工以及为员工支付的现金。本项目可以根据"现金"、"银行存款"、"应付工资"等科目的记录分析填列。

民间非营利组织支付的在建工程人员的工资等，在本表"购建固定资产、无形资产所支付的现金"项目中反映。

（9）"购买商品、接受服务支付的现金"项目，反映民间非营利组织购买商品、接受服务而支付的现金。本项目可以根据"现金"、"银行存款"、"应付账款"、"应付票据"、"预付账款"、"业务活动成本"等科目的记录分析填列。

（10）"支付的其他与业务活动有关的现金"项目，反映民间非营利组织除上述项目之外支付的其他与业务活动有关的现金。本项目可以根据"现金"、"银行存款"、"其他应付款"、"管理费用"、"其他费用"等科目的记录分析填列。

（11）"收回投资所收到的现金"项目，反映民间非营利组织出售、转让或者到期收回除现金等价物之外的短期投资、长期投资而收到的现金。不包括长期投资收回的股利、利息，以及收回的非现金资产。本项目可以根据"现金"、"银行存款"、"短期投资"、"长期股权投资"、"长期债权投资"等科目的记录分析填列。

（12）"取得投资收益所收到的现金"项目，反映民间非营利组织因对外投资而取得的现金股利、利息，以及从被投资单位分回利润收到的现金；不包括股票股利。本项目可以根据"现金"、"银行存款"、"投资收益"等科目的记录分析填列。

（13）"处置固定资产和无形资产所收回的现金"项目，反映民间非营利组织处置固定资产和无形资产所取得的现金，减去为处置这些资产而支付的有关费用之后的净额。由于自然灾害所造成的固定资产等长期资产损失而收到的保险赔款收入，也在本项目反映。本项目可以根据"现金"、"银行存款"、"固定资产清理"等科目的记录分析填列。

（14）"收到的其他与投资活动有关的现金"项目，反映民间非营利组织除上述各项之外收到的其他与投资活动有关的现金。其他现金流入如果金额较大的，应当单列项目反映。本项目可以根据"现金"、"银行存款"等有关科目的记录分析填列。

（15）"购建固定资产和无形资产所支付的现金"项目，反映民间非营利组织购买和建造固定资产，取得无形资产和其他长期资产所支付的现金。不包括为购建固定资产而发生的借款利息资本化的部分以及融资租入固定资产支付的租赁费。借款利息和融资租入固定资产支付的租赁费，在筹资活动产生的现金流量中反映。本项目可以根据"现金"、"银行存款"、"固定资产"、"无形资产"、"在建工程"等科目的记录分析填列。

（16）"对外投资所支付的现金"项目，反映民间非营利组织进行对外投资所支付的现金，包括取得除现金等价物之外的短期投资、长期投资所支付的现金以及支付的佣金、手续费等附加费用。本项目可以根据"现金"、"银行存款"、"短期投资"、"长期股权投资"、"长期债权投资"等科目的记录分析填列。

（17）"支付的其他与投资活动有关的现金"项目，反映民间非营利组织除上述各项之外，支付的其他与投资活动有关的现金。如果其他现金流出金额较大的，应当单列项目反映。本项目可以根据"现金"、"银行存款"等有关科目的记录分析填列。

（18）"借款所收到的现金"项目，反映民间非营利组织举借各种短期、长期借款所收到的现金。本项目可以根据"现金"、"银行存款"、"短期借款"、"长期借款"等科目的记录分析填列。

（19）"收到的其他与筹资活动有关的现金"项目，反映民间非营利组织除上述项目之外，收到的其他与筹资活动有关的现金。如果其他现金流入金额较大的，应当单列项目反映。本项目可以根据"现金"、"银行存款"等有关科目的记录分析填列。

（20）"偿还借款所支付的现金"项目，反映民间非营利组织以现金偿还债务本金所支付的现金。本项目可以根据"现金"、"银行存款"、"短期借款"、"长期借款"、"筹资费用"等科目的记录分析填列。

（21）"偿付利息所支付的现金"项目，反映民间非营利组织实际支付的借款利息、债券利息等。本项目可以根据"现金"、"银行存款"、"长期借款"、"筹资费用"等科目的记录分析填列。

（22）"支付的其他与筹资活动有关的现金"项目，反映民间非营利组织除上述项目之外，支付的其他与筹资活动有关的现金，如融资租入固定资产所支付的租赁费。本项目可以根据"现金"、"银行存款"、"长期应付款"等有关科目的记录分析填列。

（23）"汇率变动对现金的影响额"项目，反映民间非营利组织外币现金流量及境外所属分支机构的现金流量折算为人民币时，所采用的现金流量发生日的汇率或期初汇率折算的人民币金额与本表"现金及现金等价物净增加额"中外币现金净增加额按期末汇率折算的人民币金额之间的差额。

（24）"现金及现金等价物净增加额"项目，反映民间非营利组织本年度现金及现金等价物变动的金额。本项目应当根据本表"业务活动产生的现金流量净额"、"投资活动产生的现金流量净额"、"筹资活动产生的现金流量净额"和"汇率变动对现金的影响额"项目的金额合计填列。

第六部分　会计报表附注

民间非营利组织的会计报表附注至少应当披露以下内容：

（一）重要会计政策及其变更情况的说明；

（二）董事会（或者理事会或者类似权力机构）成员和员工的数量、变动情况以及获得的薪金等报酬情况的说明；

（三）会计报表重要项目及其增减变动情况的说明；

（四）资产提供者设置了时间或用途限制的相关资产情况的说明；

（五）受托代理业务情况的说明，包括受托代理资产的构成、计价基础和依据、用途等；

（六）重大资产减值情况的说明；

（七）公允价值无法可靠取得的受赠资产和其他资产的名称、数量、来源和用途等情况的说明；

（八）对外承诺和或有事项情况的说明；

（九）接受劳务捐赠情况的说明；

（十）资产负债表日后非调整事项的说明；

（十一）有助于理解和分析会计报表需要说明的其他事项。

附录三

有关法规

中华人民共和国会计法

（1985 年 1 月 21 日第六届全国人民代表大会常务委员会第九次会议通过根据 1993 年 12 月 29 日第八届全国人民代表大会常务委员会第五次会议《关于修改〈中华人民共和国会计法〉的决定》修 1999 年 10 月 31 日第九届全国人民代表大会常务委员会第十二次会议修订）

第一章 总 则

第一条 为了规范会计行为，保证会计资料真实、完整，加强经济管理和财务管理，提高经济效益，维护社会主义市场经济秩序，制定本法。

第二条 国家机关、社会团体、公司、企业、事业单位和其他组织（以下统称单位）必须依照本法办理会计事务。

第三条 各单位必须依法设置会计账簿，并保证其真实、完整。

第四条　单位负责人对本单位的会计工作和会计资料的真实性、完整性负责。

第五条　会计机构、会计人员依照本法规定进行会计核算，实行会计监督。

任何单位或者个人不得以任何方式授意、指使、强令会计机构、会计人员伪造、变造会计凭证、会计账簿和其他会计资料，提供虚假财务会计报告。

任何单位或者个人不得对依法履行职责、抵制违反本法规定行为的会计人员实行打击报复。

第六条　对认真执行本法，忠于职守，坚持原则，做出显著成绩的会计人员，给予精神的或者物质的奖励。

第七条　国务院财政部门主管全国的会计工作。

县级以上地方各级人民政府财政部门管理本行政区域内的会计工作。

第八条　国家实行统一的会计制度。国家统一的会计制度由国务院财政部门根据本法制定并公布。

国务院有关部门可以依照本法和国家统一的会计制度制定对会计核算和会计监督有特殊要求的行业实施国家统一的会计制度的具体办法或者补充规定，报国务院财政部门审核批准。

中国人民解放军总后勤部可以依照本法和国家统一的会计制度制定军队实施国家统一的会计制度的具体办法，报国务院财政部门备案。

第二章　会计核算

第九条　各单位必须根据实际发生的经济业务事项进行会计核算，填制会计凭证，登记会计账簿，编制财务会计报告。

任何单位不得以虚假的经济业务事项或者资料进行会计核算。

第十条 下列经济业务事项，应当办理会计手续，进行会计核算：

（一）款项和有价证券的收付；

（二）财物的收发、增减和使用；

（三）债权债务的发生和结算；

（四）资本、基金的增减；

（五）收入、支出、费用、成本的计算；

（六）财务成果的计算和处理；

（七）需要办理会计手续、进行会计核算的其他事项。

第十一条 会计年度自公历 1 月 1 日起至 12 月 31 日止。

第十二条 会计核算以人民币为记账本位币。

业务收支以人民币以外的货币为主的单位，可以选定其中一种货币作为记账本位币，但是编报的财务会计报告应当折算为人民币。

第十三条 会计凭证、会计账簿、财务会计报告和其他会计资料，必须符合国家统一的会计制度的规定。

使用电子计算机进行会计核算的，其软件及其生成的会计凭证、会计账簿、财务会计报告和其他会计资料，也必须符合国家统一的会计制度的规定。

任何单位和个人不得伪造、变造会计凭证、会计账簿及其他会计资料，不得提供虚假的财务会计报告。

第十四条 会计凭证包括原始凭证和记账凭证。

办理本法第十条所列的经济业务事项，必须填制或者取得原始凭证并及时送交会计机构。

会计机构、会计人员必须按照国家统一的会计制度的规定对原始凭证进行审核，对不真实、不合法的原始凭证有权不予接受，并向单位负责人报告；对记载不准确、不完整的原始凭证予以退回，并要求按照国家统一的会计制度的规定更正、补充。

原始凭证记载的各项内容均不得涂改；原始凭证有错误的，应当由出具单位重开或者更正，更正处应当加盖出具单位印章。原始凭证金额有错误的，应当由出具单位重开，不得在原始凭证上更正。

记账凭证应当根据经过审核的原始凭证及有关资料编制。

第十五条 会计账簿登记，必须以经过审核的会计凭证为依据，并符合有关法律、行政法规和国家统一的会计制度的规定。会计账簿包括总账、明细账、日记账和其他辅助性账簿。

会计账簿应当按照连续编号的页码顺序登记。会计账簿记录发生错误或者隔页、缺号、跳行的，应当按照国家统一的会计制度规定的方法更正，并由会计人员和会计机构负责人（会计主管人员）在更正处盖章。

使用电子计算机进行会计核算的，其会计账簿的登记、更正，应当符合国家统一的会计制度的规定。

第十六条 各单位发生的各项经济业务事项应当在依法设置的会计账簿上统一登记、核算，不得违反本法和国家统一的会计制度的规定私设会计账簿登记、核算。

第十七条 各单位应当定期将会计账簿记录与实物、款项及有关资料相互核对，保证会计账簿记录与实物及款项的实有数额相符、会计账簿记录与会计凭证的有关内容相符、会计账簿之间相对应的记录相符、会计账簿记录与会计报表的有关内容相符。

第十八条 各单位采用的会计处理方法，前后各期应当一致，不得随意变更；确有必要变更的，应当按照国家统一的会计制度的规定变更，并将变更的原因、情况及影响在财务会计报告中说明。

第十九条 单位提供的担保、未决诉讼等或有事项，应当按照国家统一的会计制度的规定，在财务会计报告中予以说明。

第二十条 财务会计报告应当根据经过审核的会计账簿记录和有关资料编制，并符合本法和国家统一的会计制度关于财务会计报告的编制要求、提供对象和提供期限的规定；其他法律、行政法规另有规定的，从其规定。

财务会计报告由会计报表、会计报表附注和财务情况说明书组成。向不同的会计资料使用者提供的财务会计报告，其编制依据应当一致。有关法律、行政法规规定会计报表、会计报表附注和财务情况说明书须经注册会计师审计的，注册会计师及其所在的会计师事务所出具的审计报告应当随同财务会计报告一并提供。

第二十一条 财务会计报告应当由单位负责人和主管会计工作的负责人、会计机构负责人（会计主管人员）签名并盖章；设置总会计师的单位，还须由总会计师签名并盖章。

单位负责人应当保证财务会计报告真实、完整。

第二十二条 会计记录的文字应当使用中文。在民族自治地方，会计记录可以同时使用当地通用的一种民族文字。在中华人民共和国境内的外商投资企业、外国企业和其他外国组织的会计记录可以同时使用一种外国文字。

第二十三条 各单位对会计凭证、会计账簿、财务会计报告和其他会计资料应当建立档案，妥善保管。会计档案的保管期限和销毁办法，由国务院财政部门会同有关部门制定。

第三章 公司、企业会计核算的特别规定

第二十四条 公司、企业进行会计核算，除应当遵守本法第二章的规定外，还应当遵守本章规定。

第二十五条 公司、企业必须根据实际发生的经济业务事

项，按照国家统一的会计制度的规定确认、计量和记录资产、负债、所有者权益、收入、费用、成本和利润。

第二十六条 公司、企业进行会计核算不得有下列行为：

（一）随意改变资产、负债、所有者权益的确认标准或者计量方法，虚列、多列、不列或者少列资产、负债、所有者权益；

（二）虚列或者隐瞒收入，推迟或者提前确认收入；

（三）随意改变费用、成本的确认标准或者计量方法，虚列、多列、不列或者少列费用、成本；

（四）随意调整利润的计算、分配方法，编造虚假利润或者隐瞒利润；

（五）违反国家统一的会计制度规定的其他行为。

第四章 会计监督

第二十七条 各单位应当建立、健全本单位内部会计监督制度。单位内部会计监督制度应当符合下列要求：

（一）记账人员与经济业务事项和会计事项的审批人员、经办人员、财物保管人员的职责权限应当明确，并相互分离、相互制约；

（二）重大对外投资、资产处置、资金调度和其他重要经济业务事项的决策和执行的相互监督、相互制约程序应当明确；

（三）财产清查的范围、期限和组织程序应当明确；

（四）对会计资料定期进行内部审计的办法和程序应当明确。

第二十八条 单位负责人应当保证会计机构、会计人员依法履行职责，不得授意、指使、强令会计机构、会计人员违法办理会计事项。

会计机构、会计人员对违反本法和国家统一的会计制度规定的会计事项，有权拒绝办理或者按照职权予以纠正。

第二十九条 会计机构、会计人员发现会计账簿记录与实物、款项及有关资料不相符的，按照国家统一的会计制度的规定有权自行处理的，应当及时处理；无权处理的，应当立即向单位负责人报告，请求查明原因，作出处理。

第三十条 任何单位和个人对违反本法和国家统一的会计制度规定的行为，有权检举。收到检举的部门有权处理的，应当依法按照职责分工及时处理；无权处理的，应当及时移送有权处理的部门处理。收到检举的部门、负责处理的部门应当为检举人保密，不得将检举人姓名和检举材料转给被检举单位和被检举人个人。

第三十一条 有关法律、行政法规规定，须经注册会计师进行审计的单位，应当向受委托的会计师事务所如实提供会计凭证、会计账簿、财务会计报告和其他会计资料以及有关情况。

任何单位或者个人不得以任何方式要求或者示意注册会计师及其所在的会计师事务所出具不实或者不当的审计报告。

财政部门有权对会计师事务所出具审计报告的程序和内容进行监督。

第三十二条 财政部门对各单位的下列情况实施监督：

（一）是否依法设置会计账簿；

（二）会计凭证、会计账簿、财务会计报告和其他会计资料是否真实、完整；

（三）会计核算是否符合本法和国家统一的会计制度的规定；

（四）从事会计工作的人员是否具备从业资格。

在对前款第（二）项所列事项实施监督，发现重大违法嫌疑时，国务院财政部门及其派出机构可以向与被监督单位有经济业务往来的单位和被监督单位开立账户的金融机构查询有关情况，有关单位和金融机构应当给予支持。

  第三十三条 财政、审计、税务、人民银行、证券监管、保险监管等部门应当依照有关法律、行政法规规定的职责，对有关单位的会计资料实施监督检查。

  前款所列监督检查部门对有关单位的会计资料依法实施监督检查后，应当出具检查结论。有关监督检查部门已经作出的检查结论能够满足其他监督检查部门履行本部门职责需要的，其他监督检查部门应当加以利用，避免重复查账。

  第三十四条 依法对有关单位的会计资料实施监督检查的部门及其工作人员对在监督检查中知悉的国家秘密和商业秘密负有保密义务。

  第三十五条 各单位必须依照有关法律、行政法规的规定，接受有关监督检查部门依法实施的监督检查，如实提供会计凭证、会计账簿、财务会计报告和其他会计资料以及有关情况，不得拒绝、隐匿、谎报。

第五章　会计机构和会计人员

  第三十六条 各单位应当根据会计业务的需要，设置会计机构，或者在有关机构中设置会计人员并指定会计主管人员；不具备设置条件的，应当委托经批准设立从事会计代理记账业务的中介机构代理记账。

  国有的和国有资产占控股地位或者主导地位的大、中型企业必须设置总会计师。总会计师的任职资格、任免程序、职责权限由国务院规定。

  第三十七条 会计机构内部应当建立稽核制度。

  出纳人员不得兼任稽核、会计档案保管和收入、支出、费用、债权债务账目的登记工作。

第三十八条 从事会计工作的人员，必须取得会计从业资格证书。

担任单位会计机构负责人（会计主管人员）的，除取得会计从业资格证书外，还应当具备会计师以上专业技术职务资格或者从事会计工作三年以上经历。

会计人员从业资格管理办法由国务院财政部门规定。

第三十九条 会计人员应当遵守职业道德，提高业务素质。对会计人员的教育和培训工作应当加强。

第四十条 因有提供虚假财务会计报告，做假账，隐匿或者故意销毁会计凭证、会计账簿、财务会计报告，贪污，挪用公款，职务侵占等与会计职务有关的违法行为被依法追究刑事责任的人员，不得取得或者重新取得会计从业资格证书。

除前款规定的人员外，因违法违纪行为被吊销会计从业资格证书的人员，自被吊销会计从业资格证书之日起五年内，不得重新取得会计从业资格证书。

第四十一条 会计人员调动工作或者离职，必须与接管人员办清交接手续。

一般会计人员办理交接手续，由会计机构负责人（会计主管人员）监交；会计机构负责人（会计主管人员）办理交接手续，由单位负责人监交，必要时主管单位可以派人会同监交。

第六章　法律责任

第四十二条 违反本法规定，有下列行为之一的，由县级以上人民政府财政部门责令限期改正，可以对单位并处三千元以上五万元以下的罚款；对其直接负责的主管人员和其他直接责任人员，可以处二千元以上二万元以下的罚款；属于国家工作人员的，还应当由其所在单位或者有关单位依法给予行政处分：

（一）不依法设置会计账簿的；

（二）私设会计账簿的；

（三）未按照规定填制、取得原始凭证或者填制、取得的原始凭证不符合规定的；

（四）以未经审核的会计凭证为依据登记会计账簿或者登记会计账簿不符合规定的；

（五）随意变更会计处理方法的；

（六）向不同的会计资料使用者提供的财务会计报告编制依据不一致的；

（七）未按照规定使用会计记录文字或者记账本位币的；

（八）未按照规定保管会计资料，致使会计资料毁损、灭失的；

（九）未按照规定建立并实施单位内部会计监督制度或者拒绝依法实施的监督或者不如实提供有关会计资料及有关情况的；

（十）任用会计人员不符合本法规定的。

有前款所列行为之一，构成犯罪的，依法追究刑事责任。

会计人员有第一款所列行为之一，情节严重的，由县级以上人民政府财政部门吊销会计从业资格证书。

有关法律对第一款所列行为的处罚另有规定的，依照有关法律的规定办理。

第四十三条　伪造、变造会计凭证、会计账簿，编制虚假财务会计报告，构成犯罪的，依法追究刑事责任。

有前款行为，尚不构成犯罪的，由县级以上人民政府财政部门予以通报，可以对单位并处五千元以上十万元以下的罚款；对其直接负责的主管人员和其他直接责任人员，可以处三千元以上五万元以下的罚款；属于国家工作人员的，还应当由其所在单位或者有关单位依法给予撤职直至开除的行政处分；对其中的会计人员，并由县级以上人民政府财政部门吊销会计从业资格证书。

第四十四条 隐匿或者故意销毁依法应当保存的会计凭证、会计账簿、财务会计报告，构成犯罪的，依法追究刑事责任。

有前款行为，尚不构成犯罪的，由县级以上人民政府财政部门予以通报，可以对单位并处五千元以上十万元以下的罚款；对其直接负责的主管人员和其他直接责任人员，可以处三千元以上五万元以下的罚款；属于国家工作人员的，还应当由其所在单位或者有关单位依法给予撤职直至开除的行政处分；对其中的会计人员，并由县级以上人民政府财政部门吊销会计从业资格证书。

第四十五条 授意、指使、强令会计机构、会计人员及其他人员伪造、变造会计凭证、会计账簿，编制虚假财务会计报告或者隐匿、故意销毁依法应当保存的会计凭证、会计账簿、财务会计报告，构成犯罪的，依法追究刑事责任；尚不构成犯罪的，可以处五千元以上五万元以下的罚款；属于国家工作人员的，还应当由其所在单位或者有关单位依法给予降级、撤职、开除的行政处分。

第四十六条 单位负责人对依法履行职责、抵制违反本法规定行为的会计人员以降级、撤职、调离工作岗位、解聘或者开除等方式实行打击报复，构成犯罪的，依法追究刑事责任；尚不构成犯罪的，由其所在单位或者有关单位依法给予行政处分。对受打击报复的会计人员，应当恢复其名誉和原有职务、级别。

第四十七条 财政部门及有关行政部门的工作人员在实施监督管理中滥用职权、玩忽职守、徇私舞弊或者泄露国家秘密、商业秘密，构成犯罪的，依法追究刑事责任；尚不构成犯罪的，依法给予行政处分。

第四十八条 违反本法第三十条规定，将检举人姓名和检举材料转给被检举单位和被检举人个人的，由所在单位或者有关单位依法给予行政处分。

第四十九条 违反本法规定，同时违反其他法律规定的，由有关部门在各自职权范围内依法进行处罚。

第七章 附 则

第五十条 本法下列用语的含义：

单位负责人，是指单位法定代表人或者法律、行政法规规定代表单位行使职权的主要负责人。

国家统一的会计制度，是指国务院财政部门根据本法制定的关于会计核算、会计监督、会计机构和会计人员以及会计工作管理的制度。

第五十一条 个体工商户会计管理的具体办法，由国务院财政部门根据本法的原则另行规定。

第五十二条 本法自 2000 年 7 月 1 日起施行。

中华人民共和国民办教育促进法

中华人民共和国主席令第八十号

《中华人民共和国民办教育促进法》已由中华人民共和国第九届全国人民代表大会常务委员会第三十一次会议于 2002 年 12 月 28 日通过，现予公布，自 2003 年 9 月 1 日起施行。

中华人民共和国民办教育促进法

中华人民共和国主席江泽民　2002 年 12 月 28 日

（2002 年 12 月 28 日第九届全国人民代表大会常务委员会第三十一次会议通过）

目　录

第一章　总　　则

第一条　为实施科教兴国战略，促进民办教育事业的健康发展，维护民办学校和受教育者的合法权益，根据宪法和教育法制定本法。

第二条　国家机构以外的社会组织或者个人，利用非国家财政性经费，面向社会举办学校及其他教育机构的活动，适用本法。本法未作规定的，依照教育法和其他有关教育法律执行。

第三条　民办教育事业属于公益性事业，是社会主义教育事业的组成部分。

国家对民办教育实行积极鼓励、大力支持、正确引导、依法管理的方针。

各级人民政府应当将民办教育事业纳入国民经济和社会发展规划。

第四条　民办学校应当遵守法律、法规，贯彻国家的教育方针，保证教育质量，致力于培养社会主义建设事业的各类人才。

民办学校应当贯彻教育与宗教相分离的原则。任何组织和个人不得利用宗教进行妨碍国家教育制度的活动。

第五条　民办学校与公办学校具有同等的法律地位，国家保障民办学校的办学自主权。

国家保障民办学校举办者、校长、教职工和受教育者的合法权益。

第六条　国家鼓励捐资办学。

国家对为发展民办教育事业做出突出贡献的组织和个人，给予奖励和表彰。

第七条 国务院教育行政部门负责全国民办教育工作的统筹规划、综合协调和宏观管理。

国务院劳动和社会保障行政部门及其他有关部门在国务院规定的职责范围内分别负责有关的民办教育工作。

第八条 县级以上地方各级人民政府教育行政部门主管本行政区域内的民办教育工作。

县级以上地方各级人民政府劳动和社会保障行政部门及其他有关部门在各自的职责范围内，分别负责有关的民办教育工作。

第二章 设 立

第九条 举办民办学校的社会组织，应当具有法人资格。

举办民办学校的个人，应当具有政治权利和完全民事行为能力。

民办学校应当具备法人条件。

第十条 设立民办学校应当符合当地教育发展的需求，具备教育法和其他有关法律、法规规定的条件。

民办学校的设置标准参照同级同类公办学校的设置标准执行。

第十一条 举办实施学历教育、学前教育、自学考试助学及其他文化教育的民办学校，由县级以上人民政府教育行政部门按照国家规定的权限审批；举办实施以职业技能为主的职业资格培训、职业技能培训的民办学校，由县级以上人民政府劳动和社会保障行政部门按照国家规定的权限审批，并抄送同级教育行政部门备案。

第十二条 申请筹设民办学校，举办者应当向审批机关提交下列材料：

（一）申办报告，内容应当主要包括：举办者、培养目标、办学规模、办学层次、办学形式、办学条件、内部管理体制、经费筹措与管理使用等；

（二）举办者的姓名、住址或者名称、地址；

（三）资产来源、资金数额及有效证明文件，并载明产权；

（四）属捐赠性质的校产须提交捐赠协议，载明捐赠人的姓名、所捐资产的数额、用途和管理方法及相关有效证明文件。

第十三条　审批机关应当自受理筹设民办学校的申请之日起三十日内以书面形式作出是否同意的决定。

同意筹设的，发给筹设批准书。不同意筹设的，应当说明理由。

筹设期不得超过三年。超过三年的，举办者应重新申报。

第十四条　申请正式设立民办学校的，举办者应当向审批机关提交下列材料：

（一）筹设批准书；

（二）筹设情况报告；

（三）学校章程、首届学校理事会、董事会或者其他决策机构组成人员名单；

（四）学校资产的有效证明文件；

（五）校长、教师、财会人员的资格证明文件。

第十五条　具备办学条件，达到设置标准的，可以直接申请正式设立，并应当提交本法第十二条和第十四条（三）、（四）、（五）项规定的材料。

第十六条　申请正式设立民办学校的，审批机关应当自受理之日起三个月内以书面形式作出是否批准的决定，并送达申请人；其中申请正式设立民办高等学校的，审批机关也可以自受理之日起六个月内以书面形式作出是否批准的决定，并送达申请人。

第十七条 审批机关对批准正式设立的民办学校发给办学许可证。审批机关对不批准正式设立的，应当说明理由。

第十八条 民办学校取得办学许可证，并依照有关的法律、行政法规进行登记，登记机关应当按照有关规定即时予以办理。

第三章 学校的组织与活动

第十九条 民办学校应当设立学校理事会、董事会或者其他形式的决策机构。

第二十条 学校理事会或者董事会由举办者或者其代表、校长、教职工代表等人员组成。其中三分之一以上的理事或者董事应当具有五年以上教育教学经验。

学校理事会或者董事会由五人以上组成，设理事长或者董事长一人。理事长、理事或者董事长、董事名单报审批机关备案。

第二十一条 学校理事会或者董事会行使下列职权：

（一）聘任和解聘校长；

（二）修改学校章程和制定学校的规章制度；

（三）制定发展规划，批准年度工作计划；

（四）筹集办学经费，审核预算、决算；

（五）决定教职工的编制定额和工资标准；

（六）决定学校的分立、合并、终止；

（七）决定其他重大事项。

其他形式决策机构的职权参照本条规定执行。

第二十二条 民办学校的法定代表人由理事长、董事长或者校长担任。

第二十三条 民办学校参照同级同类公办学校校长任职的条件聘任校长，年龄可以适当放宽，并报审批机关核准。

第二十四条 民办学校校长负责学校的教育教学和行政管理工作，行使下列职权：

（一）执行学校理事会、董事会或者其他形式决策机构的决定；

（二）实施发展规划，拟订年度工作计划、财务预算和学校规章制度；

（三）聘任和解聘学校工作人员，实施奖惩；

（四）组织教育教学、科学研究活动，保证教育教学质量；

（五）负责学校日常管理工作；

（六）学校理事会、董事会或者其他形式决策机构的其他授权。

第二十五条 民办学校对招收的学生，根据其类别、修业年限、学业成绩，可以根据国家有关规定发给学历证书、结业证书或者培训合格证书。

对接受职业技能培训的学生，经政府批准的职业技能鉴定机构鉴定合格的，可以发给国家职业资格证书。

第二十六条 民办学校依法通过以教师为主体的教职工代表大会等形式，保障教职工参与民主管理和监督。

民办学校的教师和其他工作人员，有权依照工会法，建立工会组织，维护其合法权益。

第四章 教师与受教育者

第二十七条 民办学校的教师、受教育者与公办学校的教师、受教育者具有同等的法律地位。

第二十八条 民办学校聘任的教师，应当具有国家规定的任教资格。

第二十九条 民办学校应当对教师进行思想品德教育和业务

培训。

第三十条 民办学校应当依法保障教职工的工资、福利待遇，并为教职工缴纳社会保险费。

第三十一条 民办学校教职工在业务培训、职务聘任、教龄和工龄计算、表彰奖励、社会活动等方面依法享有与公办学校教职工同等权利。

第三十二条 民办学校依法保障受教育者的合法权益。

民办学校按照国家规定建立学籍管理制度，对受教育者实施奖励或者处分。

第三十三条 民办学校的受教育者在升学、就业、社会优待以及参加先进评选等方面享有与同级同类公办学校的受教育者同等权利。

第五章 学校资产与财务管理

第三十四条 民办学校应当依法建立财务、会计制度和资产管理制度，并按照国家有关规定设置会计账簿。

第三十五条 民办学校对举办者投入民办学校的资产、国有资产、受赠的财产以及办学积累，享有法人财产权。

第三十六条 民办学校存续期间，所有资产由民办学校依法管理和使用，任何组织和个人不得侵占。

任何组织和个人都不得违反法律、法规向民办教育机构收取任何费用。

第三十七条 民办学校对接受学历教育的受教育者收取费用的项目和标准由学校制定，报有关部门批准并公示；对其他受教育者收取费用的项目和标准由学校制定，报有关部门备案并公示。

民办学校收取的费用应当主要用于教育教学活动和改善办学

条件。

第三十八条　民办学校资产的使用和财务管理受审批机关和其他有关部门的监督。

民办学校应当在每个会计年度结束时制作财务会计报告，委托会计师事务所依法进行审计，并公布审计结果。

第六章　管理与监督

第三十九条　教育行政部门及有关部门应当对民办学校的教育教学工作、教师培训工作进行指导。

第四十条　教育行政部门及有关部门依法对民办学校实行督导，促进提高办学质量；组织或者委托社会中介组织评估办学水平和教育质量，并将评估结果向社会公布。

第四十一条　民办学校的招生简章和广告，应当报审批机关备案。

第四十二条　民办学校侵犯受教育者的合法权益，受教育者及其亲属有权向教育行政部门和其他有关部门申诉，有关部门应当及时予以处理。

第四十三条　国家支持和鼓励社会中介组织为民办学校提供服务。

第七章　扶持与奖励

第四十四条　县级以上各级人民政府可以设立专项资金，用于资助民办学校的发展，奖励和表彰有突出贡献的集体和个人。

第四十五条　县级以上各级人民政府可以采取经费资助，出租、转让闲置的国有资产等措施对民办学校予以扶持。

第四十六条　民办学校享受国家规定的税收优惠政策。

第四十七条 民办学校依照国家有关法律、法规，可以接受公民、法人或者其他组织的捐赠。

国家对向民办学校捐赠财产的公民、法人或者其他组织按照有关规定给予税收优惠，并予以表彰。

第四十八条 国家鼓励金融机构运用信贷手段，支持民办教育事业的发展。

第四十九条 人民政府委托民办学校承担义务教育任务，应当按照委托协议拨付相应的教育经费。

第五十条 新建、扩建民办学校，人民政府应当按照公益事业用地及建设的有关规定给予优惠。教育用地不得用于其他用途。

第五十一条 民办学校在扣除办学成本、预留发展基金以及按照国家有关规定提取其他的必需的费用后，出资人可以从办学结余中取得合理回报。取得合理回报的具体办法由国务院规定。

第五十二条 国家采取措施，支持和鼓励社会组织和个人到少数民族地区、边远贫困地区举办民办学校，发展教育事业。

第八章 变更与终止

第五十三条 民办学校的分立、合并，在进行财务清算后，由学校理事会或者董事会报审批机关批准。

申请分立、合并民办学校的，审批机关应当自受理之日起三个月内以书面形式答复；其中申请分立、合并民办高等学校的，审批机关也可以自受理之日起六个月内以书面形式答复。

第五十四条 民办学校举办者的变更，须由举办者提出，在进行财务清算后，经学校理事会或者董事会同意，报审批机关核准。

第五十五条 民办学校名称、层次、类别的变更，由学校理事会或者董事会报审批机关批准。

申请变更为其他民办学校，审批机关应当自受理之日起三个月内以书面形式答复；其中申请变更为民办高等学校的，审批机关也可以自受理之日起六个月内以书面形式答复。

第五十六条　民办学校有下列情形之一的，应当终止：

（一）根据学校章程规定要求终止，并经审批机关批准的；

（二）被吊销办学许可证的；

（三）因资不抵债无法继续办学的。

第五十七条　民办学校终止时，应当妥善安置在校学生。实施义务教育的民办学校终止时，审批机关应当协助学校安排学生继续就学。

第五十八条　民办学校终止时，应当依法进行财务清算。

民办学校自己要求终止的，由民办学校组织清算；被审批机关依法撤销的，由审批机关组织清算；因资不抵债无法继续办学而被终止的，由人民法院组织清算。

第五十九条　对民办学校的财产按照下列顺序清偿：

（一）应退受教育者学费、杂费和其他费用；

（二）应发教职工的工资及应缴纳的社会保险费用；

（三）偿还其他债务。

民办学校清偿上述债务后的剩余财产，按照有关法律、行政法规的规定处理。

第六十条　终止的民办学校，由审批机关收回办学许可证和销毁印章，并注销登记。

第九章　法律责任

第六十一条　民办学校在教育活动中违反教育法、教师法规定的，依照教育法、教师法的有关规定给予处罚。

第六十二条 民办学校有下列行为之一的，由审批机关或者其他有关部门责令限期改正，并予以警告；有违法所得的，退还所收费用后没收违法所得；情节严重的，责令停止招生、吊销办学许可证；构成犯罪的，依法追究刑事责任：

（一）擅自分立、合并民办学校的；

（二）擅自改变民办学校名称、层次、类别和举办者的；

（三）发布虚假招生简章或者广告，骗取钱财的；

（四）非法颁发或者伪造学历证书、结业证书、培训证书、职业资格证书的；

（五）管理混乱严重影响教育教学，产生恶劣社会影响的；

（六）提交虚假证明文件或者采取其他欺诈手段隐瞒重要事实骗取办学许可证的；

（七）伪造、变造、买卖、出租、出借办学许可证的；

（八）恶意终止办学、抽逃资金或者挪用办学经费的。

第六十三条 审批机关和有关部门有下列行为之一的，由上级机关责令其改正；情节严重的，对直接负责的主管人员和其他直接责任人员，依法给予行政处分；造成经济损失的，依法承担赔偿责任；构成犯罪的，依法追究刑事责任：

（一）已受理设立申请，逾期不予答复的；

（二）批准不符合本法规定条件申请的；

（三）疏于管理，造成严重后果的；

（四）违反国家有关规定收取费用的；

（五）侵犯民办学校合法权益的；

（六）其他滥用职权、徇私舞弊的。

第六十四条 社会组织和个人擅自举办民办学校的，由县级以上人民政府的有关行政部门责令限期改正，符合本法及有关法律规定的民办学校条件的，可以补办审批手续；逾期仍达不到办学条件的，责令停止办学，造成经济损失的，依法承担赔偿责任。

第十章　附　　则

第六十五条　本法所称的民办学校包括依法举办的其他民办教育机构。

本法所称的校长包括其他民办教育机构的主要行政负责人。

第六十六条　在工商行政管理部门登记注册的经营性的民办培训机构的管理办法，由国务院另行规定。

第六十七条　境外的组织和个人在中国境内合作办学的办法，由国务院规定。

第六十八条　本法自 2003 年 9 月 1 日起施行。1997 年 7 月 31 日国务院颁布的《社会力量办学条例》同时废止。

社会团体登记管理条例

(1998 年 10 月 25 日　国务院令第 250 号发布)

第一章　总　　则

第一条　为了保障公民的结社自由，维护社会团体的合法权益，加强对社会团体的登记管理，促进社会主义物质文明、精神文明建设，制定本条例。

第二条　本条例所称社会团体，是指中国公民自愿组成，为实现会员共同意愿，按照其章程开展活动的非营利性社会组织。

国家机关以外的组织可以作为单位会员加入社会团体。

第三条　成立社会团体，应当经其业务主管单位审查同意，并依照本条例的规定进行登记。社会团体应当具备法人条件。

下列团体不属于本条例规定登记的范围：

（一）参加中国人民政治协商会议的人民团体；

（二）由国务院机构编制管理机关核定，并经国务院批准免于登记的团体；

（三）机关、团体、企业事业单位内部经本单位批准成立、在本单位内部活动的团体。

第四条　社会团体必须遵守宪法、法律、法规和国家政策，不得反对宪法确定的基本原则，不得危害国家的统一、安全和民族的团结，不得损害国家利益、社会公共利益以及其他组织和公民的合法权益，不得违背社会道德风尚。

社会团体不得从事营利性经营活动。

第五条　国家保护社会团体依照法律、法规及其章程开展活动，任何组织和个人不得非法干涉。

第六条　国务院民政部门和县级以上地方各级人民政府民政部门是本级人民政府的社会团体登记管理机关（以下简称登记管理机关）。

国务院有关部门和县级以上地方各级人民政府有关部门、国务院或者县级以上地方各级人民政府授权的组织，是有关行业、学科或者业务范围内社会团体的业务主管单位（以下简称业务主管单位）。

法律、行政法规对社会团体的监督管理另有规定的，依照有关法律、行政法规的规定执行。

第二章　管　　辖

第七条　全国性的社会团体，由国务院的登记管理机关负责登记管理；地方性的社会团体，由所在地人民政府的登记管理机关负责登记管理；跨行政区域的社会团体，由所跨行政区域的共同上一级人民政府的登记管理机关负责登记管理。

第八条　登记管理机关、业务主管单位与其管辖的社会团体的住所不在一地的，可以委托社会团体住所地的登记管理机关、业务主管单位负责委托范围内的监督管理工作。

第三章　成立登记

第九条　申请成立社会团体，应当经其业务主管单位审查同意，由发起人向登记管理机关申请筹备。

第十条　成立社会团体，应当具备下列条件：

（一）有 50 个以上的个人会员或者 30 个以上的单位会员；个人会员、单位会员混合组成的，会员总数不得少于 50 个；

（二）有规范的名称和相应的组织机构；

（三）有固定的住所；

（四）有与其业务活动相适应的专职工作人员；

（五）有合法的资产和经费来源，全国性的社会团体有 10 万元以上活动资金，地方性的社会团体和跨行政区域的社会团体有 3 万元以上活动资金；

（六）有独立承担民事责任的能力。社会团体的名称应当符合法律、法规的规定，不得违背社会道德风尚。社会团体的名称应当与其业务范围、成员分布、活动地域相一致，准确反映其特征。全国性的社会团体的名称冠以"中国"、"全国"、"中华"等字样的，应当按照国家有关规定经过批准，地方性的社会团体的名称不得冠以"中国"、"全国"、"中华"等字样。

第十一条 申请筹备成立社会团体，发起人应当向登记管理机关提交下列文件：

（一）筹备申请书；

（二）业务主管单位的批准文件；

（三）验资报告、场所使用权证明；

（四）发起人和拟任负责人的基本情况、身份证明；

（五）章程草案。

第十二条 登记管理机关应当自收到本条例第十一条所列全部有效文件之日起 60 日内，作出批准或者不批准筹备的决定；不批准的，应当向发起人说明理由。

第十三条 有下列情形之一的，登记管理机关不予批准筹备：

（一）有根据证明申请筹备的社会团体的宗旨、业务范围不符合本条例第四条的规定的；

（二）在同一行政区域内已有业务范围相同或者相似的社会

团体，没有必要成立的；

（三）发起人、拟任负责人正在或者曾经受到剥夺政治权利的刑事处罚，或者不具有完全民事行为能力的；

（四）在申请筹备时弄虚作假的；

（五）有法律、行政法规禁止的其他情形的。

第十四条　筹备成立的社会团体，应当自登记管理机关批准筹备之日起 6 个月内召开会员大会或者会员代表大会，通过章程，产生执行机构、负责人和法定代表人，并向登记管理机关申请成立登记。筹备期间不得开展筹备以外的活动。

社会团体的法定代表人，不得同时担任其他社会团体的法定代表人。

第十五条　社会团体的章程应当包括下列事项：

（一）名称、住所；

（二）宗旨、业务范围和活动地域；

（三）会员资格及其权利、义务；

（四）民主的组织管理制度，执行机构的产生程序；

（五）负责人的条件和产生、罢免的程序；

（六）资产管理和使用的原则；

（七）章程的修改程序；

（八）终止程序和终止后资产的处理；

（九）应当由章程规定的其他事项。

第十六条　登记管理机关应当自收到完成筹备工作的社会团体的登记申请书及有关文件之日起 30 日内完成审查工作。对没有本条例第十三条所列情形，且筹备工作符合要求、章程内容完备的社会团体，准予登记，发给《社会团体法人登记证书》。登记事项包括：

（一）名称；

（二）住所；

（三）宗旨、业务范围和活动地域；

（四）法定代表人；

（五）活动资金；

（六）业务主管单位。对不予登记的，应当将不予登记的决定通知申请人。

第十七条 依照法律规定，自批准成立之日起即具有法人资格的社会团体，应当自批准成立之日起 60 日内向登记管理机关备案。登记管理机关自收到备案文件之日起 30 日内发给《社会团体法人登记证书》。社会团体备案事项，除本条例第十六条所列事项外，还应当包括业务主管单位依法出具的批准文件。

第十八条 社会团体凭《社会团体法人登记证书》申请刻制印章，开立银行账户。社会团体应当将印章式样和银行账号报登记管理机关备案。

第十九条 社会团体成立后拟设立分支机构、代表机构的，应当经业务主管单位审查同意，向登记管理机关提交有关分支机构、代表机构的名称、业务范围、场所和主要负责人等情况的文件，申请登记。

社会团体的分支机构、代表机构是社会团体的组成部分，不具有法人资格，应当按其所属于的社会团体的章程所规定的宗旨和业务范围，在该社会团体授权的范围内开展活动、发展会员。社会团体的分支机构不得再设立分支机构。社会团体不得设立地域性的分支机构。

第四章　变更登记、注销登记

第二十条 社会团体的登记事项、备案事项需要变更的，应当自业务主管单位审查同意之日起 30 日内，向登记管理机关申请变更登记、变更备案（以下统称变更登记）。社会团体修改章程，应当自业务主管单位审查同意之日起 30 日内，报登记管理机关核准。

第二十一条　社会团体有下列情形之一的，应当在业务主管单位审查同意后，向登记管理机关申请注销登记、注销备案（以下统称注销登记）：

（一）完成社会团体章程规定的宗旨的；

（二）自行解散的；

（三）分立、合并的；

（四）由于其他原因终止的。

第二十二条　社会团体在办理注销登记前，应当在业务主管单位及其他有关机关的指导下，成立清算组织，完成清算工作。清算期间，社会团体不得开展清算以外的活动。

第二十三条　社会团体应当自清算结束之日起 15 日内向登记管理机关办理注销登记。办理注销登记，应当提交法定代表人签署的注销登记申请书、业务主管单位的审查文件和清算报告书。登记管理机关准予注销登记的，发给注销证明文件，收缴该社会团体的登记证书、印章和财务凭证。

第二十四条　社会团体撤销其所属分支机构、代表机构的，经业务主管单位审查同意后，办理注销手续。社会团体注销的，其所属分支机构、代表机构同时注销。

第二十五条　社会团体处分注销后的剩余财产，按照国家有关规定办理。

第二十六条　社会团体成立、注销或者变更名称、住所、法定代表人，由登记管理机关予以公告。

第五章　监督管理

第二十七条　登记管理机关履行下列监督管理职责：

（一）负责社会团体的成立、变更、注销的登记或者备案；

（二）对社会团体实施年度检查；

（三）对社会团体违反本条例的问题进行监督检查，对社会团体违反本条例的行为给予行政处罚。

第二十八条 业务主管单位履行下列监督管理职责：

（一）负责社会团体筹备申请、成立登记、变更登记、注销登记前的审查；

（二）监督、指导社会团体遵守宪法、法律、法规和国家政策，依据其章程开展活动；

（三）负责社会团体年度检查的初审；

（四）协助登记管理机关和其他有关部门查处社会团体的违法行为；

（五）会同有关机关指导社会团体的清算事宜。

业务主管单位履行前款规定的职责，不得向社会团体收取费用。

第二十九条 社会团体的资产来源必须合法，任何单位和个人不得侵占、私分或者挪用社会团体的资产。

社会团体的经费，以及开展章程规定的活动按照国家有关规定所取得的合法收入，必须用于章程规定的业务活动，不得在会员中分配。

社会团体接受捐赠、资助，必须符合章程规定的宗旨和业务范围，必须根据与捐赠人、资助人约定的期限、方式和合法用途使用。社会团体应当向业务主管单位报告接受、使用捐赠、资助的有关情况，并应当将有关情况以适当方式向社会公布。

社会团体专职工作人员的工资和保险福利待遇，参照国家对事业单位的有关规定执行。

第三十条 社会团体必须执行国家规定的财务管理制度，接受财政部门的监督；资产来源属于国家拨款或者社会捐赠、资助的，还应当接受审计机关的监督。

社会团体在换届或者更换法定代表人之前，登记管理机关、业务主管单位应当组织对其进行财务审计。

第三十一条　社会团体应当于每年3月31日前向业务主管单位报送上一年度的工作报告，经业务主管单位初审同意后，于5月31日前报送登记管理机关，接受年度检查。工作报告的内容包括：本社会团体遵守法律法规和国家政策的情况、依照本条例履行登记手续的情况、按照章程开展活动的情况、人员和机构变动的情况以及财务管理的情况。

对于依照本条例第十七条的规定发给《社会团体法人登记证书》的社会团体，登记管理机关对其应当简化年度检查的内容。

第六章　罚　　则

第三十二条　社会团体在申请登记时弄虚作假，骗取登记的，或者自取得《社会团体法人登记证书》之日起1年未开展活动的，由登记管理机关予以撤销登记。

第三十三条　社会团体有下列情形之一的，由登记管理机关给予警告，责令改正，可以限期停止活动，并可以责令撤换直接负责的主管人员；情节严重的，予以撤销登记；构成犯罪的，依法追究刑事责任：

（一）涂改、出租、出借《社会团体法人登记证书》，或者出租、出借社会团体印章的；

（二）超出章程规定的宗旨和业务范围进行活动的；

（三）拒不接受或者不按照规定接受监督检查的；

（四）不按照规定办理变更登记的；

（五）擅自设立分支机构、代表机构，或者对分支机构、代表机构疏于管理，造成严重后果的；

（六）从事营利性的经营活动的；

（七）侵占、私分、挪用社会团体资产或者所接受的捐赠、资助的；

（八）违反国家有关规定收取费用、筹集资金或者接受、使用捐赠、资助的。

前款规定的行为有违法经营额或者违法所得的，予以没收，可以并处违法经营额1倍以上3倍以下或者违法所得3倍以上5倍以下的罚款。

第三十四条 社会团体的活动违反其他法律、法规的，由有关国家机关依法处理；有关国家机关认为应当撤销登记的，由登记管理机关撤销登记。

第三十五条 未经批准，擅自开展社会团体筹备活动，或者未经登记，擅自以社会团体名义进行活动以及被撤销登记的社会团体继续以社会团体名义进行活动的，由登记管理机关予以取缔，没收非法财产；构成犯罪的，依法追究刑事责任；尚不构成犯罪的，依法给予治安管理处罚。

第三十六条 社会团体被责令限期停止活动的，由登记管理机关封存《社会团体法人登记证书》、印章和财务凭证。社会团体被撤销登记的，由登记管理机关收缴《社会团体法人登记证书》和印章。

第三十七条 登记管理机关、业务主管单位的工作人员滥用职权、徇私舞弊、玩忽职守构成犯罪的，依法追究刑事责任；尚不构成犯罪的，依法给予行政处分。

第七章 附 则

第三十八条 社会团体法人登记证书》的式样由国务院民

政部门制定。

　　对社会团体进行年度检查不得收取费用。

　　第三十九条　本条例施行前已经成立的社会团体，应当自本条例施行之日起 1 年内依照本条例有关规定申请重新登记。

　　第四十条　本条例自发布之日起施行。1989 年 10 月 25 日国务院发布的《社会团体登记管理条例》同时废止。

基金会管理条例

2004 年 3 月 8 日　国务院令第 400 号公布

第一章　总　　则

第一条　为了规范基金会的组织和活动，维护基金会、捐赠人和受益人的合法权益，促进社会力量参与公益事业，制定本条例。

第二条　本条例所称基金会，是指利用自然人、法人或者其他组织捐赠的财产，以从事公益事业为目的，按照本条例的规定成立的非营利性法人。

第三条　基金会分为面向公众募捐的基金会（以下简称公募基金会）和不得面向公众募捐的基金会（以下简称非公募基金会）。公募基金会按照募捐的地域范围，分为全国性公募基金会和地方性公募基金会。

第四条　基金会必须遵守宪法、法律、法规、规章和国家政策，不得危害国家安全、统一和民族团结，不得违背社会公德。

第五条　基金会依照章程从事公益活动，应当遵循公开、透明的原则。

第六条　国务院民政部门和省、自治区、直辖市人民政府民政部门是基金会的登记管理机关。

国务院民政部门负责下列基金会、基金会代表机构的登记管理工作：

（一）全国性公募基金会；

（二）拟由非内地居民担任法定代表人的基金会；

（三）原始基金超过 2000 万元，发起人向国务院民政部门提出设立申请的非公募基金会；

（四）境外基金会在中国内地设立的代表机构。

省、自治区、直辖市人民政府民政部门负责本行政区域内地方性公募基金会和不属于前款规定情况的非公募基金会的登记管理工作。

第七条 国务院有关部门或者国务院授权的组织，是国务院民政部门登记的基金会、境外基金会代表机构的业务主管单位。

省、自治区、直辖市人民政府有关部门或者省、自治区、直辖市人民政府授权的组织，是省、自治区、直辖市人民政府民政部门登记的基金会的业务主管单位。

第二章 设立、变更和注销

第八条 设立基金会，应当具备下列条件：

（一）为特定的公益目的而设立；

（二）全国性公募基金会的原始基金不低于 800 万元人民币，地方性公募基金会的原始基金不低于 400 万元人民币，非公募基金会的原始基金不低于 200 万元人民币；原始基金必须为到账货币资金；

（三）有规范的名称、章程、组织机构以及与其开展活动相适应的专职工作人员；

（四）有固定的住所；

（五）能够独立承担民事责任。

第九条 申请设立基金会，申请人应当向登记管理机关提交下列文件：

（一）申请书；

（二）章程草案；

（三）验资证明和住所证明；

（四）理事名单、身份证明以及拟任理事长、副理事长、秘书长简历；

（五）业务主管单位同意设立的文件。

第十条 基金会章程必须明确基金会的公益性质，不得规定使特定自然人、法人或者其他组织受益的内容。

基金会章程应当载明下列事项：

（一）名称及住所；

（二）设立宗旨和公益活动的业务范围；

（三）原始基金数额；

（四）理事会的组成、职权和议事规则，理事的资格、产生程序和任期；

（五）法定代表人的职责；

（六）监事的职责、资格、产生程序和任期；

（七）财务会计报告的编制、审定制度；

（八）财产的管理、使用制度；

（九）基金会的终止条件、程序和终止后财产的处理。

第十一条 登记管理机关应当自收到本条例第九条所列全部有效文件之日起 60 日内，作出准予或者不予登记的决定。准予登记的，发给《基金会法人登记证书》；不予登记的，应当书面说明理由。

基金会设立登记的事项包括：名称、住所、类型、宗旨、公益活动的业务范围、原始基金数额和法定代表人。

第十二条 基金会拟设立分支机构、代表机构的，应当向原登记管理机关提出登记申请，并提交拟设机构的名称、住所和负责人等情况的文件。

登记管理机关应当自收到前款所列全部有效文件之日起 60 日内作出准予或者不予登记的决定。准予登记的，发给《基金会分支（代表）机构登记证书》；不予登记的，应当书面说明理由。

基金会分支机构、基金会代表机构设立登记的事项包括：名称、住所、公益活动的业务范围和负责人。

基金会分支机构、基金会代表机构依据基金会的授权开展活动，不具有法人资格。

第十三条　境外基金会在中国内地设立代表机构，应当经有关业务主管单位同意后，向登记管理机关提交下列文件：

（一）申请书；

（二）基金会在境外依法登记成立的证明和基金会章程；

（三）拟设代表机构负责人身份证明及简历；

（四）住所证明；

（五）业务主管单位同意在中国内地设立代表机构的文件。

登记管理机关应当自收到前款所列全部有效文件之日起 60 日内，作出准予或者不予登记的决定。准予登记的，发给《境外基金会代表机构登记证书》；不予登记的，应当书面说明理由。

境外基金会代表机构设立登记的事项包括：名称、住所、公益活动的业务范围和负责人。

境外基金会代表机构应当从事符合中国公益事业性质的公益活动。境外基金会对其在中国内地代表机构的民事行为，依照中国法律承担民事责任。

第十四条　基金会、境外基金会代表机构依照本条例登记后，应当依法办理税务登记。

基金会、境外基金会代表机构，凭登记证书依法申请组织机构代码、刻制印章、开立银行账户。

基金会、境外基金会代表机构应当将组织机构代码、印章式样、银行账号以及税务登记证件复印件报登记管理机关备案。

第十五条 基金会、基金会分支机构、基金会代表机构和境外基金会代表机构的登记事项需要变更的，应当向登记管理机关申请变更登记。

基金会修改章程，应当征得其业务主管单位的同意，并报登记管理机关核准。

第十六条 基金会、境外基金会代表机构有下列情形之一的，应当向登记管理机关申请注销登记：

（一）按照章程规定终止的；

（二）无法按照章程规定的宗旨继续从事公益活动的；

（三）由于其他原因终止的。

第十七条 基金会撤销其分支机构、代表机构的，应当向登记管理机关办理分支机构、代表机构的注销登记。

基金会注销的，其分支机构、代表机构同时注销。

第十八条 基金会在办理注销登记前，应当在登记管理机关、业务主管单位的指导下成立清算组织，完成清算工作。

基金会应当自清算结束之日起 15 日内向登记管理机关办理注销登记；在清算期间不得开展清算以外的活动。

第十九条 基金会、基金会分支机构、基金会代表机构以及境外基金会代表机构的设立、变更、注销登记，由登记管理机关向社会公告。

第三章 组织机构

第二十条 基金会设理事会，理事为 5 人至 25 人，理事任期由章程规定，但每届任期不得超过 5 年。理事任期届满，连选可以连任。

　　用私人财产设立的非公募基金会，相互间有近亲属关系的基金会理事，总数不得超过理事总人数的三分之一；其他基金会，具有近亲属关系的不得同时在理事会任职。

　　在基金会领取报酬的理事不得超过理事总人数的三分之一。

　　理事会设理事长、副理事长和秘书长，从理事中选举产生，理事长是基金会的法定代表人。

　　第二十一条　理事会是基金会的决策机构，依法行使章程规定的职权。

　　理事会每年至少召开 2 次会议。理事会会议须有三分之二以上理事出席方能召开；理事会决议须经出席理事过半数通过方为有效。

　　下列重要事项的决议，须经出席理事表决，三分之二以上通过方为有效：

　　（一）章程的修改；

　　（二）选举或者罢免理事长、副理事长、秘书长；

　　（三）章程规定的重大募捐、投资活动；

　　（四）基金会的分立、合并。

　　理事会会议应当制作会议记录，并由出席理事审阅、签名。

　　第二十二条　基金会设监事。监事任期与理事任期相同。理事、理事的近亲属和基金会财会人员不得兼任监事。

　　监事依照章程规定的程序检查基金会财务和会计资料，监督理事会遵守法律和章程的情况。

　　监事列席理事会会议，有权向理事会提出质询和建议，并应当向登记管理机关、业务主管单位以及税务、会计主管部门反映情况。

　　第二十三条　基金会理事长、副理事长和秘书长不得由现职国家工作人员兼任。基金会的法定代表人，不得同时担任其他组织的法定代表人。公募基金会和原始基金来自中国内地的非公募基金会的法定代表人，应当由内地居民担任。

因犯罪被判处管制、拘役或者有期徒刑，刑期执行完毕之日起未逾 5 年的，因犯罪被判处剥夺政治权利正在执行期间或者曾经被判处剥夺政治权利的，以及曾在因违法被撤销登记的基金会担任理事长、副理事长或者秘书长，且对该基金会的违法行为负有个人责任，自该基金会被撤销之日起未逾 5 年的，不得担任基金会的理事长、副理事长或者秘书长。

基金会理事遇有个人利益与基金会利益关联时，不得参与相关事宜的决策；基金会理事、监事及其近亲属不得与其所在的基金会有任何交易行为。

监事和未在基金会担任专职工作的理事不得从基金会获取报酬。

第二十四条 担任基金会理事长、副理事长或者秘书长的香港居民、澳门居民、台湾居民、外国人以及境外基金会代表机构的负责人，每年在中国内地居留时间不得少于 3 个月。

第四章 财产的管理和使用

第二十五条 基金会组织募捐、接受捐赠，应当符合章程规定的宗旨和公益活动的业务范围。境外基金会代表机构不得在中国境内组织募捐、接受捐赠。

公募基金会组织募捐，应当向社会公布募得资金后拟开展的公益活动和资金的详细使用计划。

第二十六条 基金会及其捐赠人、受益人依照法律、行政法规的规定享受税收优惠。

第二十七条 基金会的财产及其他收入受法律保护，任何单位和个人不得私分、侵占、挪用。

基金会应当根据章程规定的宗旨和公益活动的业务范围使用

其财产；捐赠协议明确了具体使用方式的捐赠，根据捐赠协议的约定使用。

接受捐赠的物资无法用于符合其宗旨的用途时，基金会可以依法拍卖或者变卖，所得收入用于捐赠目的。

第二十八条　基金会应当按照合法、安全、有效的原则实现基金的保值、增值。

第二十九条　公募基金会每年用于从事章程规定的公益事业支出，不得低于上一年总收入的 70%；非公募基金会每年用于从事章程规定的公益事业支出，不得低于上一年基金余额的 8%。

基金会工作人员工资福利和行政办公支出不得超过当年总支出的 10%。

第三十条　基金会开展公益资助项目，应当向社会公布所开展的公益资助项目种类以及申请、评审程序。

第三十一条　基金会可以与受助人签订协议，约定资助方式、资助数额以及资金用途和使用方式。

基金会有权对资助的使用情况进行监督。受助人未按协议约定使用资助或者有其他违反协议情形的，基金会有权解除资助协议。

第三十二条　基金会应当执行国家统一的会计制度，依法进行会计核算、建立健全内部会计监督制度。

第三十三条　基金会注销后的剩余财产应当按照章程的规定用于公益目的；无法按照章程规定处理的，由登记管理机关组织捐赠给与该基金会性质、宗旨相同的社会公益组织，并向社会公告。

第五章　监督管理

第三十四条　基金会登记管理机关履行下列监督管理职责：

（一）对基金会、境外基金会代表机构实施年度检查；

（二）对基金会、境外基金会代表机构依照本条例及其章程开展活动的情况进行日常监督管理；

（三）对基金会、境外基金会代表机构违反本条例的行为依法进行处罚。

第三十五条 基金会业务主管单位履行下列监督管理职责：

（一）指导、监督基金会、境外基金会代表机构依据法律和章程开展公益活动；

（二）负责基金会、境外基金会代表机构年度检查的初审；

（三）配合登记管理机关、其他执法部门查处基金会、境外基金会代表机构的违法行为。

第三十六条 基金会、境外基金会代表机构应当于每年3月31日前向登记管理机关报送上一年度工作报告，接受年度检查。年度工作报告在报送登记管理机关前应当经业务主管单位审查同意。

年度工作报告应当包括：财务会计报告、注册会计师审计报告，开展募捐、接受捐赠、提供资助等活动的情况以及人员和机构的变动情况等。

第三十七条 基金会应当接受税务、会计主管部门依法实施的税务监督和会计监督。

基金会在换届和更换法定代表人之前，应当进行财务审计。

第三十八条 基金会、境外基金会代表机构应当在通过登记管理机关的年度检查后，将年度工作报告在登记管理机关指定的媒体上公布，接受社会公众的查询、监督。

第三十九条 捐赠人有权向基金会查询捐赠财产的使用、管理情况，并提出意见和建议。对于捐赠人的查询，基金会应当及时如实答复。

基金会违反捐赠协议使用捐赠财产的，捐赠人有权要求基金会遵守捐赠协议或者向人民法院申请撤销捐赠行为、解除捐赠协议。

第六章 法律责任

第四十条 未经登记或者被撤销登记后以基金会、基金会分支机构、基金会代表机构或者境外基金会代表机构名义开展活动的，由登记管理机关予以取缔，没收非法财产并向社会公告。

第四十一条 基金会、基金会分支机构、基金会代表机构或者境外基金会代表机构有下列情形之一的，登记管理机关应当撤销登记：

（一）在申请登记时弄虚作假骗取登记的，或者自取得登记证书之日起12个月内未按章程规定开展活动的；

（二）符合注销条件，不按照本条例的规定办理注销登记仍继续开展活动的。

第四十二条 基金会、基金会分支机构、基金会代表机构或者境外基金会代表机构有下列情形之一的，由登记管理机关给予警告、责令停止活动；情节严重的，可以撤销登记：

（一）未按照章程规定的宗旨和公益活动的业务范围进行活动的；

（二）在填制会计凭证、登记会计账簿、编制财务会计报告中弄虚作假的；

（三）不按照规定办理变更登记的；

（四）未按照本条例的规定完成公益事业支出额度的；

（五）未按照本条例的规定接受年度检查，或者年度检查不合格的；

（六）不履行信息公布义务或者公布虚假信息的。

基金会、境外基金会代表机构有前款所列行为的，登记管理机关应当提请税务机关责令补交违法行为存续期间所享受的税收减免。

第四十三条 基金会理事会违反本条例和章程规定决策不当，致使基金会遭受财产损失的，参与决策的理事应当承担相应的赔偿责任。

基金会理事、监事以及专职工作人员私分、侵占、挪用基金会财产的，应当退还非法占用的财产；构成犯罪的，依法追究刑事责任。

第四十四条 基金会、境外基金会代表机构被责令停止活动的，由登记管理机关封存其登记证书、印章和财务凭证。

第四十五条 登记管理机关、业务主管单位工作人员滥用职权、玩忽职守、徇私舞弊，构成犯罪的，依法追究刑事责任；尚不构成犯罪的，依法给予行政处分或者纪律处分。

第七章 附 则

第四十六条 本条例所称境外基金会，是指在外国以及中华人民共和国香港特别行政区、澳门特别行政区和台湾地区合法成立的基金会。

第四十七条 基金会设立申请书、基金会年度工作报告的格式以及基金会章程范本，由国务院民政部门制订。

第四十八条 本条例自 2004 年 6 月 1 日起施行，1988 年 9 月 27 日国务院发布的《基金会管理办法》同时废止。

本条例施行前已经设立的基金会、境外基金会代表机构，应当自本条例施行之日起 6 个月内，按照本条例的规定申请换发登记。

民办非企业单位登记管理暂行条例

1998 年 10 月 25 日　国务院令第 251 号发布

第一章　总　　则

第一条　为了规范民办非企业单位的登记管理，保障民办非企业单位的合法权益，促进社会主义物质文明、精神文明建设，制定本条例。

第二条　本条例所称民办非企业单位，是指企业事业单位、社会团体和其他社会力量以及公民个人利用非国有资产举办的，从事非营利性社会服务活动的社会组织。

第三条　成立民办非企业单位，应当经其业务主管单位审查同意，并依照本条例的规定登记。

第四条　民办非企业单位应当遵守宪法、法律、法规和国家政策，不得反对宪法确定的基本原则，不得危害国家的统一、安全和民族的团结，不得损害国家利益、社会公共利益以及其他社会组织和公民的合法权益，不得违背社会道德风尚。民办非企业单位不得从事营利性经营活动。

第五条　国务院民政部门和县级以上地方各级人民政府民政部门是本级人民政府的民办非企业单位登记管理机关（以下简称登记管理机关）。

国务院有关部门和县级以上地方各级人民政府的有关部门、国务院或者县级以上地方各级人民政府授权的组织，是有关行业、业务范围内民办非企业单位的业务主管单位（以下简称业务主管单位）。

法律、行政法规对民办非企业单位的监督管理另有规定的，依照有关法律、行政法规的规定执行。

第二章　管　　辖

第六条　登记管理机关负责同级业务主管单位审查同意的民办非企业单位的登记管理。

第七条　登记管理机关、业务主管单位与其管辖的民办非企业单位的住所不在一地的，可以委托民办非企业单位住所地的登记管理机关、业务主管单位负责委托范围内的监督管理工作。

第三章　登　　记

第八条　申请登记民办非企业单位，应当具备下列条件：

（一）经业务主管单位审查同意；

（二）有规范的名称、必要的组织机构；

（三）有与其业务活动相适应的从业人员；

（四）有与其业务活动相适应的合法财产；

（五）有必要的场所。民办非企业单位的名称应当符合国务院民政部门的规定，不得冠以"中国"、"全国"、"中华"等字样。

第九条　申请民办非企业单位登记，举办者应当向登记管理机关提交下列文件：

（一）登记申请书；

（二）业务主管单位的批准文件；

（三）场所使用权证明；

（四）验资报告；

（五）拟任负责人的基本情况、身份证明；

（六）章程草案。

第十条　民办非企业单位的章程应当包括下列事项：

（一）名称、住所；

（二）宗旨和业务范围；

（三）组织管理制度；

（四）法定代表人或者负责人的产生、罢免的程序；

（五）资产管理和使用的原则；

（六）章程的修改程序；

（七）终止程序和终止后资产的处理；

（八）需要由章程规定的其他事项。

第十一条　登记管理机关应当自收到成立登记申请的全部有效文件之日起 60 日内作出准予登记或者不予登记的决定。

有下列情形之一的，登记管理机关不予登记，并向申请人说明理由：

（一）有根据证明申请登记的民办非企业单位的宗旨、业务范围不符合本条例第四条规定的；

（二）在申请成立时弄虚作假的；

（三）在同一行政区域内已有业务范围相同或者相似的民办非企业单位，没有必要成立的；

（四）拟任负责人正在或者曾经受到剥夺政治权利的刑事处罚，或者不具有完全民事行为能力的；

（五）有法律、行政法规禁止的其他情形的。

第十二条　准予登记的民办非企业单位，由登记管理机关登记民办非企业单位的名称、住所、宗旨和业务范围、法定代表人或者负责人、开办资金、业务主管单位，并根据其依法承担民事责任的不同方式，分别发给《民办非企业单位（法人）登记证

书》、《民办非企业单位（合伙）登记证书》、《民办非企业单位
（个体）登记证书》。

依照法律、其他行政法规规定，经有关主管部门依法审核或
者登记，已经取得相应的执业许可证书的民办非企业单位，登记
管理机关应当简化登记手续，凭有关主管部门出具的执业许可证
明文件，发给相应的民办非企业单位登记证书。

第十三条 民办非企业单位不得设立分支机构。

第十四条 民办非企业单位凭登记证书申请刻制印章，开立
银行账户。民办非企业单位应当将印章式样、银行账号报登记管
理机关备案。

第十五条 民办非企业单位的登记事项需要变更的，应当自
业务主管单位审查同意之日起 30 日内，向登记管理机关申请变
更登记。民办非企业单位修改章程，应当自业务主管单位审查同
意之日起 30 日内，报登记管理机关核准。

第十六条 民办非企业单位自行解散的，分立、合并的，或
者由于其他原因需要注销登记的，应当向登记管理机关办理注销
登记。

民办非企业单位在办理注销登记前，应当在业务主管单位和
其他有关机关的指导下，成立清算组织，完成清算工作。清算期
间，民办非企业单位不得开展清算以外的活动。

第十七条 民办非企业单位法定代表人或者负责人应当自完
成清算之日起 15 日内，向登记管理机关办理注销登记。办理注
销登记，须提交注销登记申请书、业务主管单位的审查文件和清
算报告。

登记管理机关准予注销登记的，发给注销证明文件，收缴登
记证书、印章和财务凭证。

第十八条 民办非企业单位成立、注销以及变更名称、住
所、法定代表人或者负责人，由登记管理机关予以公告。

第四章　监督管理

第十九条　登记管理机关履行下列监督管理职责：

（一）负责民办非企业单位的成立、变更、注销登记；

（二）对民办非企业单位实施年度检查；

（三）对民办非企业单位违反本条例的问题进行监督检查，对民办非企业单位违反本条例的行为给予行政处罚。

第二十条　业务主管单位履行下列监督管理职责：

（一）负责民办非企业单位成立、变更、注销登记前的审查；

（二）监督、指导民办非企业单位遵守宪法、法律、法规和国家政策，按照章程开展活动；

（三）负责民办非企业单位年度检查的初审；

（四）协助登记管理机关和其他有关部门查处民办非企业单位的违法行为；

（五）会同有关机关指导民办非企业单位的清算事宜。业务主管单位履行前款规定的职责，不得向民办非企业单位收取费用。

第二十一条　民办非企业单位的资产来源必须合法，任何单位和个人不得侵占、私分或者挪用民办非企业单位的资产。

民办非企业单位开展章程规定的活动，按照国家有关规定取得的合法收入，必须用于章程规定的业务活动。

民办非企业单位接受捐赠、资助，必须符合章程规定的宗旨和业务范围，必须根据与捐赠人、资助人约定的期限、方式和合法用途使用。民办非企业单位应当向业务主管单位报告接受、使用捐赠、资助的有关情况，并应当将有关情况以适当方式向社会公布。

第二十二条 民办非企业单位必须执行国家规定的财务管理制度，接受财政部门的监督；资产来源属于国家资助或者社会捐赠、资助的，还应当接受审计机关的监督。

民办非企业单位变更法定代表人或者负责人，登记管理机关、业务主管单位应当组织对其进行财务审计。

第二十三条 民办非企业单位应当于每年 3 月 31 日前向业务主管单位报送上一年度的工作报告，经业务主管单位初审同意后，于 5 月 31 日前报送登记管理机关，接受年度检查。工作报告内容包括：本民办非企业单位遵守法律法规和国家政策的情况、依照本条例履行登记手续的情况、按照章程开展活动的情况、人员和机构变动的情况以及财务管理的情况。

对于依照本条例第十二条第二款的规定发给登记证书的民办非企业单位，登记管理机关对其应当简化年度检查的内容。

第五章　罚　　则

第二十四条 民办非企业单位在申请登记时弄虚作假，骗取登记的，或者业务主管单位撤销批准的，由登记管理机关予以撤销登记。

第二十五条 民办非企业单位有下列情形之一的，由登记管理机关予以警告，责令改正，可以限期停止活动；情节严重的，予以撤销登记；构成犯罪的，依法追究刑事责任：

（一）涂改、出租、出借民办非企业单位登记证书，或者出租、出借民办非企业单位印章的；

（二）超出其章程规定的宗旨和业务范围进行活动的；

（三）拒不接受或者不按照规定接受监督检查的；

（四）不按照规定办理变更登记的；

（五）设立分支机构的；

（六）从事营利性的经营活动的；

（七）侵占、私分、挪用民办非企业单位的资产或者所接受的捐赠、资助的；

（八）违反国家有关规定收取费用、筹集资金或者接受使用捐赠、资助的。

前款规定的行为有违法经营额或者违法所得的，予以没收，可以并处违法经营额1倍以上3倍以下或者违法所得3倍以上5倍以下的罚款。

第二十六条　民办非企业单位的活动违反其他法律、法规的，由有关国家机关依法处理；有关国家机关认为应当撤销登记的，由登记管理机关撤销登记。

第二十七条　未经登记，擅自以民办非企业单位名义进行活动的，或者被撤销登记的民办非企业单位继续以民办非企业单位名义进行活动的，由登记管理机关予以取缔，没收非法财产；构成犯罪的，依法追究刑事责任；尚不构成犯罪的，依法给予治安管理处罚。

第二十八条　民办非企业单位被限期停止活动的，由登记管理机关封存其登记证书、印章和财务凭证。

民办非企业单位被撤销登记的，由登记管理机关收缴登记证书和印章。

第二十九条　登记管理机关、业务主管单位的工作人员滥用职权、徇私舞弊、玩忽职守构成犯罪的，依法追究刑事责任；尚不构成犯罪的，依法给予行政处分。

第六章　附　　则

第三十条　民办非企业单位登记证书的式样由国务院民政部门制定。

对民办非企业单位进行年度检查不得收取费用。

第三十一条 本条例施行前已经成立的民办非企业单位，应当自本条例实施之日起1年内依照本条例有关规定申请登记。

第三十二条 本条例自发布之日起施行。

中华人民共和国民办教育促进法实施条例

2004 年 3 月 5 日　国务院令第 399 号

第一章　总　　则

第一条　根据《中华人民共和国民办教育促进法》（以下简称民办教育促进法），制定本条例。

第二条　国家机构以外的社会组织或者个人可以利用非国家财政性经费举办各级各类民办学校；但是，不得举办实施军事、警察、政治等特殊性质教育的民办学校。

民办教育促进法和本条例所称国家财政性经费，是指财政拨款、依法取得并应当上缴国库或者财政专户的财政性资金。

第三条　对于捐资举办民办学校表现突出或者为发展民办教育事业做出其他突出贡献的社会组织或者个人，县级以上人民政府给予奖励和表彰。

第二章　民办学校的举办者

第四条　国家机构以外的社会组织或者个人可以单独或者联合举办民办学校。联合举办民办学校的，应当签订联合办学协议，明确办学宗旨、培养目标以及各方的出资数额、方式和权利、义务等。

第五条　民办学校的举办者可以用资金、实物、土地使用权、知识产权以及其他财产作为办学出资。

国家的资助、向学生收取的费用和民办学校的借款、接受的捐赠财产，不属于民办学校举办者的出资。

第六条 公办学校参与举办民办学校，不得利用国家财政性经费，不得影响公办学校正常的教育教学活动，并应当经主管的教育行政部门或者劳动和社会保障行政部门按照国家规定的条件批准。公办学校参与举办的民办学校应当具有独立的法人资格，具有与公办学校相分离的校园和基本教育教学设施，实行独立的财务会计制度，独立招生，独立颁发学业证书。

参与举办民办学校的公办学校依法享有举办者权益，依法履行国有资产的管理义务，防止国有资产流失。

实施义务教育的公办学校不得转为民办学校。

第七条 举办者以国有资产参与举办民办学校的，应当根据国家有关国有资产监督管理的规定，聘请具有评估资格的中介机构依法进行评估，根据评估结果合理确定出资额，并报对该国有资产负有监管职责的机构备案。

第八条 民办学校的举办者应当按时、足额履行出资义务。民办学校存续期间，举办者不得抽逃出资，不得挪用办学经费。

民办学校的举办者不得向学生、学生家长筹集资金举办民办学校，不得向社会公开募集资金举办民办学校。

第九条 民办学校的举办者应当依照民办教育促进法和本条例的规定制定学校章程，推选民办学校的首届理事会、董事会或者其他形式决策机构的组成人员。

民办学校的举办者参加学校理事会、董事会或者其他形式决策机构的，应当依据学校章程规定的权限与程序，参与学校的办学和管理活动。

第十条 实施国家认可的教育考试、职业资格考试和技术等级考试等考试的机构，不得举办与其所实施的考试相关的民办学校。

第三章　民办学校的设立

第十一条　设立民办学校的审批权限，依照有关法律、法规的规定执行。

第十二条　民办学校的举办者在获得筹设批准书之日起3年内完成筹设的，可以提出正式设立申请。

第十三条　申请正式设立实施学历教育的民办学校的，审批机关受理申请后，应当组织专家委员会评议，由专家委员会提出咨询意见。

第十四条　民办学校的章程应当规定下列主要事项：

（一）学校的名称、地址；

（二）办学宗旨、规模、层次、形式等；

（三）学校资产的数额、来源、性质等；

（四）理事会、董事会或者其他形式决策机构的产生方法、人员构成、任期、议事规则等；

（五）学校的法定代表人；

（六）出资人是否要求取得合理回报；

（七）学校自行终止的事由；

（八）章程修改程序。

第十五条　民办学校只能使用一个名称。

民办学校的名称应当符合有关法律、行政法规的规定，不得损害社会公共利益。

第十六条　申请正式设立民办学校有下列情形之一的，审批机关不予批准，并书面说明理由：

（一）举办民办学校的社会组织或者个人不符合法律、行政法规规定的条件，或者实施义务教育的公办学校转为民办学

校的;

（二）向学生、学生家长筹集资金举办民办学校或者向社会公开募集资金举办民办学校的;

（三）不具备相应的办学条件、未达到相应的设置标准的;

（四）学校章程不符合本条例规定要求，经告知仍不修改的;

（五）学校理事会、董事会或者其他形式决策机构的人员构成不符合法定要求，或者学校校长、教师、财会人员不具备法定资格，经告知仍不改正的。

第十七条 对批准正式设立的民办学校，审批机关应当颁发办学许可证，并将批准正式设立的民办学校及其章程向社会公告。

民办学校的办学许可证由国务院教育行政部门制定式样，由国务院教育行政部门、劳动和社会保障行政部门按照职责分工分别组织印制。

第十八条 民办学校依照有关法律、行政法规的规定申请登记时，应当向登记机关提交下列材料：

（一）登记申请书;

（二）办学许可证;

（三）拟任法定代表人的身份证明;

（四）学校章程。

登记机关应当自收到前款规定的申请材料之日起 5 个工作日内完成登记程序。

第四章　民办学校的组织与活动

第十九条 民办学校理事会、董事会或者其他形式决策机构的负责人应当品行良好，具有政治权利和完全民事行为能力。

国家机关工作人员不得担任民办学校理事会、董事会或者其他形式决策机构的成员。

第二十条　民办学校的理事会、董事会或者其他形式决策机构，每年至少召开一次会议。经 1/3 以上组成人员提议，可以召开理事会、董事会或者其他形式决策机构临时会议。

民办学校的理事会、董事会或者其他形式决策机构讨论下列重大事项，应当经 2/3 以上组成人员同意方可通过：

（一）聘任、解聘校长；

（二）修改学校章程；

（三）制定发展规划；

（四）审核预算、决算；

（五）决定学校的分立、合并、终止；

（六）学校章程规定的其他重大事项。

民办学校修改章程应当报审批机关备案，由审批机关向社会公告。

第二十一条　民办学校校长依法独立行使教育教学和行政管理职权。

民办学校内部组织机构的设置方案由校长提出，报理事会、董事会或者其他形式决策机构批准。

第二十二条　实施高等教育和中等职业技术学历教育的民办学校，可以按照办学宗旨和培养目标，自行设置专业、开设课程，自主选用教材。但是，民办学校应当将其所设置的专业、开设的课程、选用的教材报审批机关备案。

实施高级中等教育、义务教育的民办学校，可以自主开展教育教学活动。但是，该民办学校的教育教学活动应当达到国务院教育行政部门制定的课程标准，其所选用的教材应当依法审定。

实施学前教育的民办学校可以自主开展教育教学活动，但是，该民办学校不得违反有关法律、行政法规的规定。

实施以职业技能为主的职业资格培训、职业技能培训的民办学校，可以按照国家职业标准的要求开展培训活动。

第二十三条 民办学校聘任的教师应当具备《中华人民共和国教师法》和有关行政法规规定的教师资格和任职条件。

民办学校应当有一定数量的专职教师；其中，实施学历教育的民办学校聘任的专职教师数量应当不少于其教师总数的1/3。

第二十四条 民办学校自主聘任教师、职员。民办学校聘任教师、职员，应当签订聘任合同，明确双方的权利、义务等。

民办学校招用其他工作人员应当订立劳动合同。

民办学校聘任外籍人员，按照国家有关规定执行。

第二十五条 民办学校应当建立教师培训制度，为受聘教师接受相应的思想政治培训和业务培训提供条件。

第二十六条 民办学校应当按照招生简章或者招生广告的承诺，开设相应课程，开展教育教学活动，保证教育教学质量。

民办学校应当提供符合标准的校舍和教育教学设施、设备。

第二十七条 民办学校享有与同级同类公办学校同等的招生权，可以自主确定招生的范围、标准和方式；但是，招收接受高等学历教育的学生应当遵守国家有关规定。

县级以上地方人民政府教育行政部门、劳动和社会保障行政部门应当为外地的民办学校在本地招生提供平等待遇，不得实行地区封锁，不得滥收费用。

民办学校招收境外学生，按照国家有关规定执行。

第二十八条 民办学校应当依法建立学籍和教学管理制度，并报审批机关备案。

第二十九条 民办学校及其教师、职员、受教育者申请国家设立的有关科研项目、课题等，享有与公办学校及其教师、职员、受教育者同等的权利。

民办学校的受教育者在升学、就业、社会优待、参加先进评选、医疗保险等方面，享有与同级同类公办学校的受教育者同等的权利。

第三十条　实施高等学历教育的民办学校符合学位授予条件的，依照有关法律、行政法规的规定经审批同意后，可以获得相应的学位授予资格。

第三十一条　教育行政部门、劳动和社会保障行政部门和其他有关部门，组织有关的评奖评优、文艺体育活动和课题、项目招标，应当为民办学校及其教师、职员、受教育者提供同等的机会。

第三十二条　教育行政部门、劳动和社会保障行政部门应当加强对民办学校的日常监督，定期组织和委托社会中介组织评估民办学校办学水平和教育质量，并鼓励和支持民办学校开展教育教学研究工作，促进民办学校提高教育教学质量。

教育行政部门、劳动和社会保障行政部门对民办学校进行监督时，应当将监督的情况和处理结果予以记录，由监督人员签字后归档。公众有权查阅教育行政部门、劳动和社会保障行政部门的监督记录。

第三十三条　民办学校终止的，由审批机关收回办学许可证，通知登记机关，并予以公告。

第五章　民办学校的资产与财务管理

第三十四条　民办学校应当依照《中华人民共和国会计法》和国家统一的会计制度进行会计核算，编制财务会计报告。

第三十五条　民办学校对接受学历教育的受教育者收取费用的项目和标准，应当报价格主管部门批准并公示；对其他受教育者收取费用的项目和标准，应当报价格主管部门备案并公示。具体办法由国务院价格主管部门会同教育行政部门、劳动和社会保障行政部门制定。

第三十六条　民办学校资产中的国有资产的监督、管理，按照国家有关规定执行。

民办学校接受的捐赠财产的使用和管理，依照《中华人民共和国公益事业捐赠法》的有关规定执行。

第三十七条　在每个会计年度结束时，捐资举办的民办学校和出资人不要求取得合理回报的民办学校应当从年度净资产增加额中、出资人要求取得合理回报的民办学校应当从年度净收益中，按不低于年度净资产增加额或者净收益的 25% 的比例提取发展基金，用于学校的建设、维护和教学设备的添置、更新等。

第六章　扶持与奖励

第三十八条　捐资举办的民办学校和出资人不要求取得合理回报的民办学校，依法享受与公办学校同等的税收及其他优惠政策。

出资人要求取得合理回报的民办学校享受的税收优惠政策，由国务院财政部门、税务主管部门会同国务院有关行政部门制定。

民办学校应当依法办理税务登记，并在终止时依法办理注销税务登记手续。

第三十九条　民办学校可以设立基金接受捐赠财产，并依照有关法律、行政法规的规定接受监督。

民办学校可以依法以捐赠者的姓名、名称命名学校的校舍或者其他教育教学设施、生活设施。捐赠者对民办学校发展做出特殊贡献的，实施高等学历教育的民办学校经国务院教育行政部门按照国家规定的条件批准，其他民办学校经省、自治区、直辖市人民政府教育行政部门或者劳动和社会保障行政部门按照国家规定的条件批准，可以以捐赠者的姓名或者名称作为学校校名。

第四十条　在西部地区、边远贫困地区和少数民族地区举办的民办学校申请贷款用于学校自身发展的，享受国家相关的信贷优惠政策。

第四十一条　县级以上人民政府可以根据本行政区域的具体情况，设立民办教育发展专项资金。民办教育发展专项资金由财政部门负责管理，由教育行政部门或者劳动和社会保障行政部门报同级财政部门批准后使用。

第四十二条　县级人民政府根据本行政区域实施义务教育的需要，可以与民办学校签订协议，委托其承担部分义务教育任务。县级人民政府委托民办学校承担义务教育任务的，应当根据接受义务教育学生的数量和当地实施义务教育的公办学校的生均教育经费标准，拨付相应的教育经费。

受委托的民办学校向协议就读的学生收取的费用，不得高于当地同级同类公办学校的收费标准。

第四十三条　教育行政部门应当会同有关行政部门建立、完善有关制度，保证教师在公办学校和民办学校之间的合理流动。

第四十四条　出资人根据民办学校章程的规定要求取得合理回报的，可以在每个会计年度结束时，从民办学校的办学结余中按一定比例取得回报。

民办教育促进法和本条例所称办学结余，是指民办学校扣除办学成本等形成的年度净收益，扣除社会捐助、国家资助的资产，并依照本条例的规定预留发展基金以及按照国家有关规定提取其他必须的费用后的余额。

第四十五条　民办学校应当根据下列因素确定本校出资人从办学结余中取得回报的比例：

（一）收取费用的项目和标准；

（二）用于教育教学活动和改善办学条件的支出占收取费用

的比例;

(三)办学水平和教育质量。

与同级同类其他民办学校相比较,收取费用高、用于教育教学活动和改善办学条件的支出占收取费用的比例低,并且办学水平和教育质量低的民办学校,其出资人从办学结余中取得回报的比例不得高于同级同类其他民办学校。

第四十六条 民办学校应当在确定出资人取得回报比例前,向社会公布与其办学水平和教育质量有关的材料和财务状况。

民办学校的理事会、董事会或者其他形式决策机构应当根据本条例第四十四条、第四十五条的规定作出出资人取得回报比例的决定。民办学校应当自该决定作出之日起 15 日内,将该决定和向社会公布的与其办学水平和教育质量有关的材料、财务状况报审批机关备案。

第四十七条 民办学校有下列情形之一的,出资人不得取得回报:

(一)发布虚假招生简章或者招生广告,骗取钱财的;

(二)擅自增加收取费用的项目、提高收取费用的标准,情节严重的;

(三)非法颁发或者伪造学历证书、职业资格证书的;

(四)骗取办学许可证或者伪造、变造、买卖、出租、出借办学许可证的;

(五)未依照《中华人民共和国会计法》和国家统一的会计制度进行会计核算、编制财务会计报告,财务、资产管理混乱的;

(六)违反国家税收征管法律、行政法规的规定,受到税务机关处罚的;

(七)校舍或者其他教育教学设施、设备存在重大安全隐患,未及时采取措施,致使发生重大伤亡事故的;

（八）教育教学质量低下，产生恶劣社会影响的。

出资人抽逃资金或者挪用办学经费的，不得取得回报。

第四十八条　除民办教育促进法和本条例规定的扶持与奖励措施外，省、自治区、直辖市人民政府还可以根据实际情况，制定本地区促进民办教育发展的扶持与奖励措施。

第七章　法律责任

第四十九条　有下列情形之一的，由审批机关没收出资人取得的回报，责令停止招生；情节严重的，吊销办学许可证；构成犯罪的，依法追究刑事责任：

（一）民办学校的章程未规定出资人要求取得合理回报，出资人擅自取得回报的；

（二）违反本条例第四十七条规定，不得取得回报而取得回报的；

（三）出资人不从办学结余而从民办学校的其他经费中提取回报的；

（四）不依照本条例的规定计算办学结余或者确定取得回报的比例的；

（五）出资人从办学结余中取得回报的比例过高，产生恶劣社会影响的。

第五十条　民办学校未依照本条例的规定将出资人取得回报比例的决定和向社会公布的与其办学水平和教育质量有关的材料、财务状况报审批机关备案，或者向审批机关备案的材料不真实的，由审批机关责令改正，并予以警告；有违法所得的，没收违法所得；情节严重的，责令停止招生、吊销办学许可证。

第五十一条　民办学校管理混乱严重影响教育教学，有下列情形之一的，依照民办教育促进法第六十二条的规定予以处罚：

（一）理事会、董事会或者其他形式决策机构未依法履行职责的；

（二）教学条件明显不能满足教学要求、教育教学质量低下，未及时采取措施的；

（三）校舍或者其他教育教学设施、设备存在重大安全隐患，未及时采取措施的；

（四）未依照《中华人民共和国会计法》和国家统一的会计制度进行会计核算、编制财务会计报告，财务、资产管理混乱的；

（五）侵犯受教育者的合法权益，产生恶劣社会影响的；

（六）违反国家规定聘任、解聘教师的。

第八章　附　　则

第五十二条　本条例施行前依法设立的民办学校继续保留，并在本条例施行之日起 1 年内，由原审批机关换发办学许可证。

第五十三条　本条例规定的扶持与奖励措施适用于中外合作办学机构。

第五十四条　本条例自 2004 年 4 月 1 日起施行。

会计档案管理办法

1998 年 8 月 21 日　财会字［1998］第 32 号

第一条　为了加强会计档案管理，统一会计档案管理制度，更好地为发展社会主义市场经济服务，根据《中华人民共和国会计法》和《中华人民共和国档案法》的规定，制定本办法。

第二条　国家机关、社会团体、企业、事业单位、按规定应当建账的个体工商户和其他组织（以下简称各单位），应当依照本办法管理会计档案。

第三条　各级人民政府财政部门和档案行政管理部门共同负责会计档案工作的指导、监督和检查。

第四条　各单位必须加强对会计档案管理工作的领导，建立会计档案的立卷、归档、保管、查阅和销毁等管理制度，保证会计档案妥善保管、有序存放、方便查阅，严防毁损、散失和泄密。

第五条　会计档案是指会计凭证、会计账簿和财务报告等会计核算专业材料，是记录和反映单位经济业务的重要史料和证据。具体包括：

（一）会计凭证类：原始凭证，记账凭证，汇总凭证，其他会计凭证。

（二）会计账簿类：总账，明细账，日记账，固定资产卡片，辅助账簿，其他会计账簿。

（三）财务报告类：月度、季度、年度财务报告，包括会计报表、附表、附注及文字说明，其他财务报告。

（四）其他类：银行存款余额调节表，银行对账单，其他应当保存的会计核算专业资料，会计档案移交清册，会计档案保管清册，会计档案销毁清册。

第六条　各单位每年形成的会计档案，应当由会计机构按照归档要求，负责整理立卷，装订成册，编制会计档案保管清册。

当年形成的会计档案，在会计年度终了后，可暂由会计机构保管一年，期满之后，应当由会计机构编制移交清册，移交本单位档案机构统一保管；未设立档案机构的，应当在会计机构内部指定专人保管。出纳人员不得兼管会计档案。

移交本单位档案机构保管的会计档案，原则上应当保持原卷册的封装。个别需要拆封重新整理的，档案机构应当会同会计机构和经办人员共同拆封整理，以分清责任。

第七条　各单位保存的会计档案不得借出。如有特殊需要，经本单位负责人批准，可以提供查阅或者复制，并办理登记手续。查阅或者复制会计档案的人员，严禁在会计档案上涂画、拆封和抽换。

各单位应当建立健全会计档案查阅、复制登记制度。

第八条　会计档案的保管期限分为永久、定期两类。定期保管期限分为 3 年、5 年、10 年、15 年、25 年 5 类。

会计档案的保管期限，从会计年度终了后的第一天算起。

第九条　本办法规定的会计档案保管期限为最低保管期限，各类会计档案的保管原则上应当按照本办法附表所列期限执行。

各单位会计档案的具体名称如有同本办法附表所列档案名称不相符的，可以比照类似档案的保管期限办理。

第十条　保管期满的会计档案，除本办法第十一条规定的情形外，可以按照以下程序销毁：

（一）由本单位档案机构会同会计机构提出销毁意见，编制会计档案销毁清册，列明销毁会计档案的名称、卷号、册数、起止年度和档案编号、应保管期限、已保管期限、销毁时间等内容。

（二）单位负责人在会计档案销毁清册上签署意见。

（三）销毁会计档案时，应当由档案机构和会计机构共同派员监销。国家机关销毁会计档案时，应当由同级财政部门、审计部门派员参加监销。财政部门销毁会计档案时，应当由同级审计部门派员参加监销。

（四）监销人在销毁会计档案前，应当按照会计档案销毁清册所列内容清点核对所要销毁的会计档案；销毁后，应当在会计档案销毁清册上签名盖章，并将监销情况报告本单位负责人。

第十一条　保管期满但未结清的债权债务原始凭证和涉及其他未了事项的原始凭证，不得销毁，应当单独抽出立卷，保管到未了事项完结时为止。单独抽出立卷的会计档案，应当在会计档案销毁清册和会计档案保管清册中列明。

正在项目建设期间的建设单位，其保管期满的会计档案不得销毁。

第十二条　采用电子计算机进行会计核算的单位，应当保存打印出的纸质会计档案。

具备采用磁带、磁盘、光盘、微缩胶片等磁性介质保存会计档案条件的，由国务院业务主管部门统一规定，并报财政部、国家档案局备案。

第十三条　单位因撤销、解散、破产或者其他原因而终止的，在终止和办理注销登记手续之前形成的会计档案，应当由终止单位的业务主管部门或财产所有者代管或移交有关档案馆代管。法律、行政法规另有规定的，从其规定。

第十四条　单位分立后原单位存续的，其会计档案应当由分立后的存续方统一保管，其他方可查阅、复制与其业务相关的会计档案；单位分立后原单位解散的，其会计档案应当经各方协商后由其中一方代管或移交档案馆代管，各方可查阅、复制与其业务相关的会计档案。单位分立中未结清的会计事项所涉及的原始凭证，应当单独抽出由业务相关方保存，并按规定办理交接手续。

单位因业务移交其他单位办理所涉及的会计档案，应当由原单位保管，承接业务单位可查阅、复制与其业务相关的会计档案，对其中未结清的会计事项所涉及的原始凭证，应当单独抽出由业务承接单位保存，并按规定办理交接手续。

第十五条 单位合并后原各单位解散或一方存续其他方解散的，原各单位的会计档案应当由合并后的单位统一保管；单位合并后原各单位仍存续的，其会计档案仍应由原各单位保管。

第十六条 建设单位在项目建设期间形成的会计档案，应当在办理竣工决算后移交给建设项目的接受单位，并按规定办理交接手续。

第十七条 单位之间交接会计档案的，交接双方应当办理会计档案交接手续。

移交会计档案的单位，应当编制会计档案移交清册，列明应当移交的会计档案名称、卷号、册数、起止年度和档案编号、应保管期限、已保管期限等内容。

交接会计档案时，交接双方应当按照会计档案移交清册所列内容逐项交接，并由交接双方的单位负责人负责监交。交接完毕后，交接双方经办人和监交人应当在会计档案移交清册上签名或者盖章。

第十八条 我国境内所有单位的会计档案不得携带出境。驻外机构和境内单位在境外设立的企业（简称境外单位）的会计档案，应当按照本办法和国家有关规定进行管理。

第十九条 预算、计划、制度等文件材料，应当执行文书档案管理规定，不适用本办法。

第二十条　各省、自治区、直辖市人民政府财政部门、档案管理部门，国务院各业务主管部门，中国人民解放军总后勤部，可以根据本办法的规定，结合本地区、本部门的具体情况，制定实施办法，报财政部和国家档案局备案。

第二十一条　本办法由财政部负责解释，自1999年1月1日起执行。1984年6月1日财政部、国家档案局发布的《会计档案管理办法》自本办法执行之日起废止。

附一：企业和其他组织会计档案保管期限表

附二：财政总预算、行政单位、事业单位和税收会计档案保管期限表

会计档案保管期限表

附一　　　　　企业和其他组织会计档案保管期限表

序号	档案名称	保管期限	备　注
一	会计凭证类		
1	原始凭证	15年	
2	记账凭证	15年	
3	汇总凭证	15年	
二	会计账簿类		
4	总账	15年	包括日记总账。
5	明细账	15年	
6	日记账	15年	现金和银行存款日记账保管25年。
7	固定资产卡片		固定资产报废清理后保管5年。
8	辅助账簿	15年	
三	财务报告类		包括各级主管部门汇总财务报告。
9	月、季度财务报告	3年	包括文字分析
10	年度财务报告（决算）	永久	包括文字分析

续表

序号	档案名称	保管期限	备 注
四	其他类		
11	会计移交清册	15 年	
12	会计档案保管清册	永久	
13	会计档案销毁清册	永久	
14	银行余额调节表	5 年	
15	银行对账单	5 年	

附二 财政总预算、行政单位、事业单位和
税收会计档案保管期限表

序号	档案名称	保管期限			备 注
		财政总预算	行政单位事业单位	税收会计	
一	会计凭证类				
1	国家金库编送的各种报表及缴库退库凭证	10 年		10 年	
2	各收入机关编送的报表	10 年			
3	行政单位和事业单位的各种会计凭证		15 年		包括：原始凭证、记账凭证和传票汇总表。
4	各种完税凭证和缴、退库凭证			15 年	缴款书存根联在销号后保管 2 年。
5	财政总预算拨款凭证及其他会计凭证	15 年			包括：拨款凭证和其他会计凭证。
6	农牧业税结算凭证			15 年	
二	会计账簿类				
7	日记账		15 年	15 年	
8	总账	15 年	15 年	15 年	
9	税收日记账（总账）和税收票证分类出纳账		25 年		

续表

序号	档案名称	保管期限			备注
		财政总预算	行政单位事业单位	税收会计	
10	明细分类、分户账或登记簿	15 年	15 年	15 年	
11	现金出纳账、银行存款账		25 年	25 年	
12	行政单位和事业单位固定资产明细账（卡片）				行政单位和事业单位固定资产报废清理后保管 5 年。
三	财务报告类				
13	财政总预算	永久			
14	行政单位和事业单位决算	10 年	永久		
15	税收年报（决算）	10 年		永久	
16	国家金库年报（决算）	10 年			
17	基本建设拨、贷款年报（决算）	10 年			
18	财政总预算会计旬报	3 年			所属单位报送的保管 2 年。
19	财政总预算会计月、季度报表	5 年			所属单位报送的保管 2 年。
20	行政单位和事业单位会计月、季度报表		5 年		所属单位报送的保管 2 年。
21	税收会计报表（包括票证报表）			10 年	电报保管 1 年，所属税务机关报送的保管 3 年。
四	其他类				
22	会计移交清册	15 年	15 年	15 年	
23	会计档案保管清册	永久	永久	永久	
24	会计档案销毁清册	永久	永久	永久	

注：税务机关的税务经费会计档案保管期限，按行政单位会计档案保管期限规定办理。

会计基础工作规范

1996 年 6 月 17 日　财会字〔1996〕19 号

第一章　总　　则

第一条　为了加强会计基础工作，建立规范的会计工作秩序，提高会计工作水平，根据《中华人民共和国会计法》的有关规定，制定本规范。

第二条　国家机关、社会团体、企业、事业单位、个体工商户和其他组织的会计基础工作，应当符合本规范的规定。

第三条　各单位应当依据有关法律、法规和本规范的规定，加强会计基础工作，严格执行会计法规制度，保证会计工作依法有序地进行。

第四条　单位领导人对本单位的会计基础工作负有领导责任。

第五条　各省，自治区、直辖市财政厅（局）要加强对会计基础工作的管理和指导，通过政策引导、经验交流、监督检查等措施，促进基层单位加强会计基础工作，不断提高会计工作水平。国务院各业务主管部门根据职责权限管理本部门的会计基础工作。

第二章 会计机构和会计人员

第一节 会计机构设置和会计人员配备

第六条 各单位应当根据会计业务的需要设置会计机构；不具备单独设置会计机构条件的，应当在有关机构中配人员。

事业行政单位会计机构的设置和会计人员的配备，应当符合国家统一事业行政单位会计制度的规定。

设置会计机构，应当配备会计机构负责人；在有关机构中配备专职会计人员，应当在专职会计人员中指定会计主管人员。

会计机构负责人、会计主管人员的任免，应当符合《中华人民共和国会计法》和有关法律的规定。

第七条 会计机构负责人、会计主管人员应当具备下列基本条件：

（一）坚持原则，廉洁奉公；

（二）具有会计专业技术资格；

（三）主管一个单位或者单位内一个重要方面的财务会计工作时间不少于 2 年；

（四）熟悉国家财经法律、法规、规章和方针、政策，掌握本行业业务管理的有关知识；

（五）有较强的组织能力；

（六）身体状况能够适应本职工作的要求。

第八条 没有设置会计机构和配备会计人员的单位，应当根据《代理记账管理暂行办法》委托会计师事务所或者持有代理记账许可证书的其他代理记账机构进行代理记账。

第九条 大、中型企业、事业单位、业务主管部门应当根据法律和国家有关规定设置总会计师。总会计师由具有会计师以上专业技术资格的人员担任。总会计师行使《总会计师条例》规定的职责、权限。总会计师的任命（聘任）、免职（解聘）依照《总会计师条例》和有关法律的规定办理。

第十条 各单位应当根据会计业务需要配备持有会计证的会计人员。未取得会计证的人员，不得从事会计工作。

第十一条 各单位应当根据会计业务需要设置会计工作岗位。

会计工作岗位一般可分为：会计机构负责人或者会计主管人员，出纳，财产物资核算，工资核算，成本费用核算；财务成果核算，资金核算，往来结算，总账报表，稽核，档案管理等。开展会计电算化和管理会计的单位，可以根据需要设置相应工作岗位，也可以与其他工作岗位相结合。

第十二条 会计工作岗位，可以一人一岗、一人多岗或者一岗多人。但出纳人员不得兼管审核、会计档案保管和收入、费用、债权债务账目的登记工作。

第十三条 会计人员的工作岗位应当有计划地进行轮换。

第十四条 会计人员应当具备必要的专业知识和专业技能，熟悉国家有关法律、法规，规章和国家统一会计制度，遵守职业道德。

会计人员应当按照国家有关规定参加会计业务的培训。各单位应当合理安排会计人员的培训，保证会计人员每年有一定时间用于学习和参加培训。

第十五条 各单位领导人应当支持会计机构、会计人员依法行使职权；对忠于职守，坚持原则，做出显著成绩的会计机构、会计人员，应当给予精神的和物质的奖励。

第十六条 国家机关、国有企业、事业单位任用会计人员应当实行回避制度。

单位领导人的直系亲属不得担任本单位的会计机构负责人、

会计主管人员。会计机构负责人，会计主管人员的直系亲属不得在本单位会计机构中担任出纳工作。

需要回避的直系亲属为：夫妻关系、直系血亲关系、三代以内旁系血亲以及配偶亲关系。

第二节 会计人员职业道德

第十七条 会计人员在会计工作中应当遵守职业道德，树立良好的职业品质、严谨的工作作风，严守工作纪律，努力提高工作效率和工作质量。

第十八条 会计人员应当热爱本职工作，努力钻研业务，使自己的知识和技能适应所从事工作的要求。

第十九条 会计人员应当熟悉财经法律、法规、规章和国家统一会计制度，并结合会计工作进行广泛宣传。

第二十条 会计人员应当按照会计法律、法规和国家统一会计制度规定的程序和要求进行会计工作，保证所提供的会计信息合法、真实、准确、及时、完整。

第二十一条 会计人员办理会计事务应当实事求是、客观公正。

第二十二条 会计人员应当熟悉本单位的生产经营和业务管理情况，运用掌握的会计信息和会计方法，为改善单位内部管理、提高经济效益服务。

第二十三条 会计人员应当保守本单位的商业秘密。除法律规定和单位领导人同意外，不能私自向外界提供或者泄露单位的会计信息。

第二十四条 财政部门、业务主管部门和各单位应当定期检查会计人员遵守职业道德的情况，并作为会计人员晋升、晋级、聘任专业职务、表彰奖励的重要考核依据。会计人员违反职业道德的，由所在单位进行处罚；情节严重的，由会计证发证机关吊销其会计证。

<h2 style="text-align:center">第三节　会计工作交接</h2>

第二十五条　会计人员工作调动或者因故离职，必须将本人所经管的会计工作全部移交给接替人员。没有办清交接手续的，不得调动或者离职。

第二十六条　接替人员应当认真接管移交工作，并继续办理移交的未了事项。

第二十七条　会计人员办理移交手续前，必须及时做好以下工作：

（一）已经受理的经济业务尚未填制会计凭证的，应当填制完毕。

（二）尚未登记的账目，应当登记完毕，并在最后一笔余额后加盖经办人员印章。

（三）整理应该移交的各项资料，对未了事项写出书面材料。

（四）编制移交清册，列明应当移交的会计凭证、会计账簿、会计报表、印章、现金、有价证券、支票簿、发票、文件、其他会计资料和物品等内容；实行会计电算化的单位，从事该项工作的移交人员还应当在移交清册中列明会计软件及密码、会计软件数据磁盘（磁带等）及有关资料、实物等内容。

第二十八条　会计人员办理交接手续，必须有监交人负责监交。一般会计人员交接，由单位会计机构负责人、会计主管人员负责监交；会计机构负责人、会计主管人员交接，由单位领导人负责监交，必要时可由上级主管部门派人会同监交。

第二十九条　移交人员在办理移交时，要按移交清册逐项移交；接替人员要逐项核对点收。

（一）现金、有价证券要根据会计账簿有关记录进行点交。

库存现金、有价证券必须与会计账簿记录保持一致。不一致时，移交人员必须限期查清。

（二）会计凭证、会计账簿、会计报表和其他会计资料必须完整无缺。如有短缺，必须查清原因，并在移交清册中注明，由移交人员负责。

（三）银行存款账户余额要与银行对账单核对，如不一致，应当编制银行存款余额调节表调节相符，各种财产物资和债权债务的明细账户余额要与总账有关账户余额核对相符；必要时，要抽查个别账户的余额，与实物核对相符，或者与往来单位、个人核对清楚。

（四）移交人员经管的票据、印章和其他实物等，必须交接清楚；移交人员从事会计电算化工作的，要对有关电子数据在实际操作状态下进行交接。

第三十条 会计机构负责人、会计主管人员移交时，还必须将全部财务会计工作、重大财务收支和会计人员的情况等，向接替人员详细介绍。对需要移交的遗留问题，应当写出书面材料。

第三十一条 交接完毕后，交接双方和监交人员要在移交注册上签名或者盖章，并应在移交注册上注明：单位名称，交接日期，交接双方和监交人员的职务、姓名，移交清册页数以及需要说明的问题和意见等。

移交清册一般应当填制一式三份，交接双方各执一份，存档一份。

第三十二条 接替人员应当继续使用移交的会计账簿，不得自行另立新账，以保持会计记录的连续性。

第三十三条 会计人员临时离职或者因病不能工作且需要接替或者代理的，会计机构负责人、会计主管人员或者单位领导人必须指定有关人员接替或者代理，并办理交接手续。临时离职或者因病不能工作的会计人员恢复工作的，应当与接替或者代理人员办理交接手续。移交人员因病或者其他特殊原因不能亲自办理移交的，经单位领导人批准，可由移交人员委托他人代办移交，但委托人应当承担本规范第三十五条规定的责任。

第三十四条　单位撤销时，必须留有必要的会计人员，会同有关人员办理清理工作，编制决算。未移交前，不得离职。接收单位和移交日期由主管部门确定。单位合并、分立的，其会计工作交接手续比照上述有关规定办理。

第三十五条　移交人员对所移交的会计凭证、会计账簿、会计报表和其他有关资料的合法性、真实性承担法律责任。

第三章　会计核算

第一节　会计核算一般要求

第三十六条　各单位应当按照《中华人民共和国会计法》和国家统一会计制度的规定建立会计账册，进行会计核算，及时提供合法、真实、准确、完整的会计信息。

第三十七条　各单位发生的下列事项，应当及时办理会计手续、进行会计核算：（一）款项和有价证券的收付；（二）财物的收发、增减和使用；（三）债权债务的发生和结算；（四）资本、基金的增减；（五）收入、支出、费用、成本的计算；（六）财务成果的计算和处理；（七）其他需要办理会计手续、进行会计核算的事项。

第三十八条　各单位的会计核算应当以实际发生的经济业务为依据，按照规定的会计处理方法进行，保证会计指标的口径一致、相互可比和会计处理方法的前后各期相一致。

第三十九条　会计年度自公历1月1日起至12月31日止。

第四十条　会计核算以人民币为记账本位币。收支业务以外国货币为主的单位，也可以选定某种外国货币作为记账本位币，但是编制的会计报表应当折算为人民币反映。境外单位向国内有关部门编报的会计报表，应当折算为人民币反映。

第四十一条　各单位根据国家统一会计制度的要求，在不影响会计核算要求、会计报表指标汇总和对外统一会计报表的前提下，可以根据实际情况自行设置和使用会计科目。事业行政单位会计科目的设置和使用，应当符合国家统一事业行政单位会计制度的规定。

第四十二条　会计凭证、会计账簿、会计报表和其他会计资料的内容和要求必须符合国家统一会计制度的规定，不得伪造、变造会计凭证和会计账簿，不得设置账外账，不得报送虚假会计报表。

第四十三条　各单位对外报送的会计报表格式由财政部统一规定。

第四十四条　实行会计电算化的单位，对使用的会计软件及其生成的会计凭证、会计账簿。会计报表和其他会计资料的要求，应当符合财政部关于会计电算化的有关规定。

第四十五条　各单位的会计凭证、会计账簿、会计报表和其他会计资料，应当建立档案，妥善保管。会计档案建档要求、保管期限、销毁办法等依据《会计档案管理办法》的规定进行。实行会计电算化的单位，有关电子数据、会计软件资料等应当作为会计档案进行管理。

第四十六条　会计记录的文字应当使用中文，少数民族自治地区可以同时使用少数民族文字。中国境内的外商投资企业、外国企业和其他外国经济组织也可以同时使用某种外国文字。

第二节　填制会计凭证

第四十七条　各单位办理本规范第三十七条规定的事项，必须取得或者填制原始凭证，并及时送交会计机构。

第四十八条　原始凭证的基本要求是：

（一）原始凭证的内容必须具备：凭证的名称；填制凭证的日期；填制凭证单位名称或者填制人姓名；经办人员的签名或者盖章；接受凭证单位名称；经济业务内容；数量、单价和金额。

（二）从外单位取得的原始凭证，必须盖有填制单位的公章；从个人取得的原始凭证，必须有填制人员的签名或者盖章。自制原始凭证必须有经办单位领导人或者其指定的人员签名或者盖章。对外开出的原始凭证，必须加盖本单位公章。

（三）凡填有大写和小写金额的原始凭证，大写与小写金额必须相符。购买实物的原始凭证，必须有验收证明。支付款项的原始凭证。必须有收款单位和收款人的收款证明。

（四）一式几联的原始凭证，应当注明各联的用途，只能以一联作为报销凭证。一式几联的发票和收据，必须用双面复写纸（发票和收据本身具备复写纸功能的除外）套写，并连续编号。作废时应当加盖"作废"戳记，连同存根一起保存，不得撕毁。

（五）发生销货退回的，除填制退货发票外，还必须有退货验收证明；退款时，必须取得对方的收款收据或者汇款银行的凭证，不得以退货发票代替收据。

（六）职工公出借款凭据，必须附在记账凭证之后。收回借款时，应当另开收据或者退还借据副本，不得退还原借款收据。

（七）经上级有关部门批准的经济业务，应当将批准文件作为原始凭怔附件：如果批准文件需要单独归档的，应当在凭证上注明批准机关名称、日期和文件字号。

第四十九条　原始凭证不得涂改、挖补。发现原始凭证有错误的，应当由开出单位重开或者更正，更正处应当加盖开出单位的公章。

第五十条　会计机构、会计人员要根据审核无误的原始凭证填制记账凭证。记账凭证可以分为收款凭证、付款凭证和转账凭证，也可以使用通用记账凭证。

第五十一条 记账凭证的基本要求是：

（一）记账凭证的内容必须具备：填制凭证的日期；凭证编号；经济业务摘要；会计科目；金额；所附原始凭证张数；填制凭证人员、稽核人员、记账人员、会计机构负责人、会计主管人员签名或者盖章。收款和付款记账凭证还应当由出纳人员签名或者盖章。以自制的原始凭证或者原始凭证汇总表代替记账凭证的，也必须具备记账凭证应有的项目。

（二）填制记账凭证时，应当对记账凭证进行连续编号。一笔经济业务需要填制两张以上记账凭证的，可以采用分数编号法编号：

（三）记账凭证可以根据每一张原始凭证填制，或者根据若干张同类原始凭证汇总填制，也可以根据原始凭证汇总表填制。但不得将不同内容和类别的原始凭证汇总填制在一张记账凭证上。

（四）除结账和更正错误的记账凭证可以不附原始凭证外，其他记账凭证必须附有原始凭证。如果一张原始凭证涉及几张记账凭证，可以把原始凭证附在一张主要的记账凭证后面，并在其他记账凭证上注明附有该原始凭证的记账凭证的编号或者附原始凭证复印机。一张复始凭证所列支出需要几个单位共同负担的，应当将其他单位负担的部分，开给对方原始凭证分割单，进行结算。原始凭证分割单必须具备原始凭证的基本内容：凭证名称、填制凭证日期、填制凭证单位名称或者填制人姓名、经办人的签名或者盖章、接受凭证单位名称、经济业务内容、数量、单价、金额和费用分摊情况等。

（五）如果在填制记账凭证时发生错误，应当重新填制。已经登记入账的记账凭证，在当年内发现填写错误时，可以用红字填写一张与原内容相同的记账凭证，在摘要栏注明"注销某月某日某号凭证"字样，同时再用蓝字重新填制一张正确的记账凭证，注明"订正某月某日某号凭证"字样。如果会计科目没有错误，只是金额错误，也可以将正确数字与错误数字之间的差额，另编一张调整的记账凭证，调增金额用蓝字，调减金额用红字。发现以前年度记账凭证有错误的，应当用蓝字填制一张更正的记账凭证。

（六）记账凭证填制完经济业务事项后，如有空行，应当自金额栏最后一笔金额数字下的空行处至合计数上的空行处划线注销。

第五十二条 填制会计凭证，字迹必须清晰、工整，并符合下列要求：

（一）阿拉伯数字应当一个一个地写，不得连笔写。阿拉伯金额数字前面应当书写货币市种符号或者货币名称简写和市种符号。币种符号与阿拉伯金额数字之间不得留有空白。凡阿拉伯数字前写有市种符号的，数字后面不再写货币单位。

（二）所有以元为单位（其他货币种类为货币基本单位，下同）的阿拉伯数字，除表示单价等情况外，一律填写到角分；元角分的，角位和分位可写"00"，或者符号"－"；有角无分的，分位应当写"0"，不得用符号"－"代替。

（三）汉字大写数字金额如零、壹、贰、叁、肆、伍、陆、柒、捌、玖、拾、佰、仟、万、亿等，一律用正楷或者行书体书写，不得用0、一、二、三、四、五、六、七、八、九、十等简化字代替，不得任意自造简化字。大写金额数字到元或者角为止的，在"元"或者"角"字之后应当写"整"字或者"正"字；大写金额数字有分的，分字后面不写"整"或者"正"字。

（四）大写金额数字前未印有货币名称的，应当加填货币名称，货币名称与金额数字之间不得留有空白。

（五）阿拉伯金额数字中间有"0"时，汉字大写金额要写"零"字；阿拉伯数字金额中间连续有几个"0"时，汉字大写金额中可以只写一个"零"字；阿拉伯金额数字元位是"0"，或者数字中间连续有几个"0"、元位也是"0"但角位不是"0"时，汉字大写金额可以只写一个"零"字，也可以不写"零"字。

第五十三条　实行会计电算化的单位，对于机制记账凭证，要认真审核，做到会计科目使用正确，数字准确无误。打印出的机制记账凭证要加盖制单人员、审核人员、记账人员及会计机构负责人、会计主管人员印章或者签字。

第五十四条　各单位会计凭证的传递程序应当科学、合理，具体办法由各单位根据会计业务需要自行规定。

第五十五条　会计机构、会计人员要妥善保管会计凭证。

（一）会计凭证应当及时传递，不得积压。

（二）会计凭证登记完毕后，应当按照分类和编号顺序保管，不得散乱丢失。

（三）记账凭证应当连同所附的原始凭证或者原始凭证汇总表，按照编号顺序，折叠整齐，按期装订成册，并加具封面，注明单位名称、年度、月份和起讫日期、凭证种类、起讫号码，由装订人在装订线封签外签名或者盖章。对于数量过多的原始凭证，可以单独装订保管，在封面上注明记账凭证日期、编号、种类，同时在记账凭证上注明"附件另订"和原始凭证名称及编号。各种经济合同、存出保证金收据以及涉外文件等重要原始凭证，应当另编目录，单独登记保管，并在有关的记账凭证和原始凭证上相互注明日期和编号。

（四）原始凭证不得外借，其他单位如因特殊原因需要使用原始凭证时，经本单位会计机构负责人、会计主管人员批准，可以复制。向外单位提供的原始凭证复制件，应当在专设的登记簿上登记，并由提供人员和收取人员共同签名或者盖章。

（五）从外单位取得的原始凭证如有遗失，应当取得原开出单位盖有公章的证明，并注明原来凭证的号码、金额和内容等，由经办单位会计机构负责人、会计主管人员和单位领导人批准后，才能代作原始凭证。如果确实无法取得证明的，如火车、轮船、飞机票等凭证，由当事人写出详细情况，由经办单位会计机构负责人、会计主管人员和单位领导人批准后，代作原始凭证。

第三节　登记会计账簿

第五十六条　各单位应当按照国家统一会计制度的规定和会计业务的需要设置会计账簿．会计账簿包括总账、明细账、日记账和其他辅助性账簿。

第五十七条　现金日记账和银行存款日记账必须采用订本式账簿。不得用银行对账单或者其他方法代替日记账。

第五十八条　实行会计电算化的单位，用计算机打印的会计账簿必须连续编号，经审核无误后装订成册，并由记账人员和会计机构负责人、会计主管人员签字或者盖章。

第五十九条　启用会计账簿时，应当在账簿封面上写明单位名称和账簿名称。在账簿扉页上应当附启用表，内容包括：启用日期、账簿页数、记账人员和会计机构负责人、会计主管人员姓名，并加盖名章和单位公章。记账人员或者会计机构负责人、会计主管人员调动工作时，应当注明交接日期、接办人员或者监交人员姓名，并由交接双方人员签名或者盖章。启用订本式账簿，应当从第一页到最后一页顺序编定页数，不得跳页、缺号。使用活页式账页，应当按账户顺序编号，并须定期装订成册。装订后再接实际使用的账页顺序编定页码。另加目录，记明每个账户的名称和页次。

第六十条　会计人员应当根据审核无误的会计凭证登记会计

账簿。登记账簿的基本要求是：

（一）登记会计账簿时，应当将会计凭证日期、编号、业务内容摘要、金额和其他有关资料逐项记入账内；做到数字准确、摘要清楚、登记及时、字迹工整。

（二）登记完毕后，要在记账凭证上签名或者盖章，并注明已经登账的符号，表示已经记账。

（三）账簿中书写的文字和数字上面要留有适当空格，不要写满格；一般应占格距的二分之一。

（四）登记账簿要用蓝黑墨水或者碳素墨水书写，不得使用圆珠笔（银行的复写账簿除外）或者铅笔书写。

（五）下列情况，可以用红色墨水记账：

1. 按照红字冲账的记账凭证，冲销错误记录；

2. 在不设借贷等栏的多栏式账页中，登记减少数；

3. 在三栏式账户的余额栏前，如未印明余额方面的，在余额栏内登记负数余额；

4. 根据国家统一会计制度的规定可以用红字登记的其他会计记录。

（六）各种账簿按页次顺序连续登记，不得跳行、隔页。如果发生跳行、隔页，应当将空行、空页划线注销，或者注明"此行空白"、"此页空白"字样，并由记账人员签名或者盖章。

（七）凡需要结出余额的账户，结出余额后。应当在"借或贷"等栏内写明"借"或者"贷，'等字样。没有余额的账户，应当在"借或贷"等栏内写"平"字，并在余额栏内用"Q"表示。现金日记账和银行存款日记账必须逐日结出余额。

（八）每一账页登记完毕结转下页时，应当结出本页合计数及余额，写在本页最后一行和下页第一行有关栏内，并在摘要栏内注明"过次页"和"承前页"字样；也可以将本页合计数及金额只写在下页第一行有关栏内，并在摘要栏内注明"承前页"

字样。对需要结计本月发生额的账户，结计"过次页"的本页合计数应当为自本月初起至本页未止的发生额合计数；对需要结计本年累计发生额的账户，结计"过次页"的本页合计数应当为自年初起至本页未止的累计数；对既不需要结计本月发生额也不需要结计本年累计发生额的账户，可以只将每页未的余额结转次页。

第六十一条 实行会计电算化的单位，总账和明细账应当定期打印。发生收款和付款业务的，在输入收款凭证和付款凭证的当天必须打印出现金日记账和银行存款日记账，并与库存现金核对无误。

第六十二条 账簿记录发生错误，不准涂改、挖补、刮擦或者用药水消除字迹，不准重新抄写，必须按照下列方法进行更正：

（一）登记账簿时发生错误，应当将错误的文字或者数字划红线注销，但必须使原有字迹仍可辨认；然后在划线上方填写正确的文字或者数字，并由记账入员在更正处盖章。对于错误的数字，应当全部划红线更正，不得只更正其中的错误数字。对于文字错误，可只划去错误的部分。

（二）由于记账凭证错误而使账簿记录发生错误，应当按更正的记账凭证登记账簿。

第六十三条 各单位应当定期对会计账簿记录的有关数字与库存实物、货币资金、有价证券、往来单位或者个人等进行相互核对，保证账证相符、账账相符、账实相符。对账工作每年至少进行一次。

（一）账证核对。核对会计账簿记录与原始凭证、记账凭证的时间、凭证字号、内容、金额是否一致，记账方向是否相符。

（二）账账核对。核对不同会计账簿之间的账簿记录是否相符，包括：总账有关账户的余额核对，总账与明细账核对，总账与日记账核对，会计部门的财产物资明细账与财产物资保管和使用部门的有关明细账核对等。

（三）账实核对。核对会计账簿记录与财产等实有数额是否相符。包括：现金日记账账面余额与现金实际库存数相核对；银行存款日记账账面余额定期与银行对账单相核对；各种财物明细账账面余额与财物实存数额相核对；各种应收、应付款明细账账面余额与有关债务、债权单位或者个人核对等。

第六十四条　各单位应当按照规定定期结账。

（一）结账前，必须将本期内所发生的各项经济业务全部登记入账。

（二）结账时，应当结出每个账户的期末余额。需要结出当月发生额的，应当在摘要栏内注明"本月合计"字样，并在下面通栏划单红线。需要结出本年累计发生额的，应当在摘要栏内注明"本年累计"字样，并在下面通栏划单红线；12 月末的"本年累计"就是全年累计发生额。全年累计发生额下面应当通栏划双红线。年度终了结账时，所有总账账户都应当结出全年发生额和年末余额。（三）年度终了，要把各账户的余额结转到下一会计年度，并在摘要栏注明"结转下年"字样；在下一会计年度新建有关会计账簿的第一行余额栏内填写上年结转的余额，并在摘要栏注明"上年结转"字样。

第四节　编制财务报告

第六十五条　各单位必须按照国家统一会计制度的规定，定期编制财务报告。财务报告包括会计报表及其说明。会计报表包括会计报表主表、会计报表附表、会计报表附注。

第六十六条　各单位对外报送的财务报告应当根据国家统一会计制度规定的格式和要求编制。单位内部使用的财务报告，其格式和要求由各单位自行规定。

第六十七条 会计报表应当根据登记完整、核对无误的会计账簿记录和其他有关资料编制，做到数字真实、计算准确、内容完整、说明清楚。任何人不得篡改或者授意、指使、强令他人篡改会计报表的有关数字。

第六十八条 会计报表之间、会计报表各项目之间，凡有对应关系的数字，应当相互一致。本期会计报表与上期会计报表之间有关的数字应当相互衔接。如果不同会计年度会计报表中各项目的内容和核算方法有变更的，应当在年度会计报表中加以说明。

第六十九条 各单位应当按照国家统一会计制度的规定认真编写会计报表附注及其说明，做到项目齐全，内容完整。

第七十条 各单位应当按照国家规定的期限对外报送财务报告。对外报送的财务报告，应当依次编定页码，加具封面，装订成册，加盖公章。封面上应当注明：单位名称，单位地址，财务报告所属年度、季度、月度，送出日期，并由单位领导人、总会计师、会计机构负责人、会计主管人员签名或者盖章。单位领导人对财务报告的合法性、真实性负法律责任。

第七十一条 根据法律和国家有关规定应当对财务报告进行审计的，则务报告编制单位应当先行委托注册会计师进行审计，并将注册会计师出具的审计报告随同财务报告按照规定的期限报送有关部门。

第七十二条 如果发现对外报送的财务报告有错误，应当及时办理更正手续。除更正本单位留存的财务报告外，并应同时通知接受财务报告的单位更正。错误较多的，应当重新编报。

第四章 会计监督

第七十三条 各单位的会计机构、会计人员对本单位的经济活动进行会计监督。

第七十四条　会计机构、会计人员进行会计监督的依据是：

（一）财经法律、法规、规章；

（二）会计法律、法规和国家统一会计制度；

（三）各省、自治区、直辖市财政厅（局）和国务院业务主管部门根据《中华人民共和国会计法》和国家统一会计制度制定的具体实施办法或者补充规定；

（四）各单位根据《中华人民共和国会计法》和国家统一会计制度制定的单位内部会计管理制度；

（五）各单位内部的预算、财务计划、经济计划、业务计划

第七十五条　会计机构、会计人员应当对原始凭证进行审核和监督。对不真实、不合法的原始凭证，不予受理。对弄虚作假、严重违法的原始凭证，在不予受理的同时，应当予以扣留，并及时向单位领导人报告，请求查明原因，追究当事人的责任。对记载不明确、不完整的原始凭证，予以退回，要求经办人员更正、补充。

第七十六条　会计机构、会计人员对伪造、变造、故意毁灭会计账簿或者账外设账行为，应当制止和纠正；制止和纠正无效的，应当向上级主管单位报告，请求作出处理。

第七十七条　会计机构、会计人员应当对实物、款项进行监督，督促建立并严格执行财产清查制度。发现账簿记录与实物、款项不符时，应当按照国家有关规定进行处理。超出会计机构、会计人员职权范围的，应当立即向本单位领导报告，请求查明原因，作出处理。

第七十八条　会计机构、会计人员对指使、强令编造、篡改财务报告行为，应当制止和纠正；制止和纠正无效的，应当向上级主管单位报告，请求处理。

第七十九条　会计机构、会计人员应当对财务收支进行

监督。

（一）对审批手续不全的财务收支，应当退回，要求补充、更正。

（二）对违反规定不纳入单位统一会计核算的财务收支，应当制止和纠正。

（三）对违反国家统一的财政、财务、会计制度规定的财务收支，不予办理。

（四）对认为是违反国家统一的财政、财务、会计制度规定的财务收支。应当制止和纠正；制止和纠正无效的，应当向单位领导人提出书面意见请求处理。单位领导人应当在接到书面意见起十日内作出书面决定，并对决定承担责任。

（五）对违反国家统一的财政、财务、会计制度规定的财务收支，不予制止和纠正，又不向单位领导人提出书面意见的；也应当承担责任。

（六）对严重违反国家利益和社会公众利益的财务收支，应当向主管单位或者财政、审计、税务机关报告。

第八十条　会计机构、会计人员对违反单位内部会计管理制度的经济活动，应当制止和纠正；制止和纠正无效的，向单位领导人报告，请求处理。

第八十一条　会计机构、会计人员应当对单位制定的预算、财务计划、经济计划、业务计划的执行情况进行监督。

第八十二条　各单位必须依照法律和国家有关规定接受财政、审计、税务等机关的监督，如实提供会计凭证、会计账簿、会计报表和其他会计资料以及有关情况、不得拒绝、隐匿、谎报。

第八十三条　按照法律规定应当委托注册会计师进行审计的单位，应当委托注册会计师进行审计，并配合注册会计师的工作，如实提供会计凭证、会计账簿、会计报表和其他会计资料以及有关情况，不得拒绝、隐匿、谎报；不得示意注册会计师出具不当的审计报告。

第五章　内部会计管理制度

第八十四条　各单位应当根据《中华人民共和国会计法》和国家统一会计制度的规定，结合单位类型和内容管理的需要，建立健全相应的内部会计管理制度。

第八十五条　各单位制定内部会计管理制度应当遵循下列原则：

（一）应当执行法律、法规和国家统一的财务会计制度。

（二）应当体现本单位的生产经营、业务管理的特点和要求。

（三）应当全面规范本单位的各项会计工作，建立健全会计基础，保证会计工作的有序进行。

（四）应当科学、合理，便于操作和执行。

（五）应当定期检查执行情况。

（六）应当根据管理需要和执行中的问题不断完善。

第八十六条　各单位应当建立内部会计管理体系。主要内容包括：单位领导人、总会计师对会计工作的领导职责；会计部门及其会计机构负责人、会计主管人员的职责、权限；会计部门与其他职能部门的关系；会计核算的组织形式等。

第八十七条　各单位应当建立会计人员岗位责任制度。主要内容包括：会计人员的工作岗位设置；备会计工作岗位的职责和标准；各会计工作岗位的人员和具体分工；会计工作岗位轮换办法；对各会计工作岗位的考核办法。

第八十八条　各单位应当建立账务处理程序制度。主要内容包括：会计科目及其明细科目的设置和使用；会计凭证的格式、审核要求和传递程序；会计核算方法；会计账簿的设置；编制会计报表的种类和要求；单位会计指标体系。

第八十九条　各单位应当建立内部牵制制度。主要内容包括：内部牵制制度的原则；组织分工；出纳岗位的职责和限制条件；有关岗位的职责和权限。

第九十条　各单位应当建立稽核制度。主要内容包括：稽核工作的组织形式和具体分工；稽核工作的职责、权限；审核会计凭证和复核会计账簿、会计报表的方法。

第九十一条　各单位应当建立原始记录管理制度。主要内容包括：原始记录的内容和填制方法；原始记录的格式；原始记录的审核；原始记录填制人的责任；原始记录签署；传递、汇集要求。

第九十二条　各单位应当建立定额管理制度。主要内容包括：定额管理的范围；制定和修订定额的依据、程序和方法；定额的执行；定额考核和奖惩办法等。

第九十三条　各单位应当建立计量验收制度。主要内容包括：计量检测手段和方法；计量验收管理的要求；计量验收人员的责任和奖惩办法。

第九十四条　各单位应当建立财产清查制度。主要内容包括：财产清查的范围；财产清查的组织；时产清查的期限和方法；对财产清查中发现问题的处理办法；对财产管理人员的奖惩办法。

第九十五条　各单位应当建立财务收支审批制度。主要内容包括：财务收支审批人员和审批权限；财务收支审批程序；财务收支审批人员的责任。

第九十六条　实行成本核算的单位应当建立成本核算制度。主要内容包括：成本核算的对象；成本核算的方法和程序；成本、分析等。

　　第九十七条　各单位应当建立财务会计分析制度。主要内容包括：财务会计分析的主要内容；财务会计分析的基本要求和组织程序；财务会计分析的具体方法；财务会计分析报告的编写要求等。

第六章　附　　则

　　第九十八条　本规范所称国家统一会计制度，是指由财政部制定、或者财政部与国务院有关部门联合制定、或者经财政部审核批准的在全国范围内统一执行的会计规章、准则、办法等规范性文件。本规范所称会计主管人员，是指不设置会计机构、只在其他机构中设置专职会计人员的单位行使会计机构负责人职权的人员。本规范第三章第二节和第三节关于填制会计凭证、登记会计账簿的规定，除特别指出外，一般适用于手工记账。实行会计电算化的单位，填制会计凭证和登记会计账簿的有关要求，应当符合财政部关于会计电算化的有关规定。

　　第九十九条　各省、自治区、直辖市财政厅（局）、国务院各业务主管部门可以根据本规范的原则，结合本地区、本部门的具体情况，制定具体实施办法，报财政部备案。

　　第一百条　本规范由财政部负责解释、修改。

　　第一百零一条　本规范自公布之日起实施。1984 年 4 月 24 日财政部发布的《会计人员工作规则》同时废止。

内部会计控制规范——基本规范（试行）

财会〔2001〕41 号

第一章　总　　则

第一条　为了促进各单位内部会计控制建设，加强内部会计监督，维护社会主义市场经济秩序，根据《中华人民共和国会计法》（以下简称《会计法》）等法律法规，制定本规范。

第二条　本规范所称内部会计控制是指单位为了提高会计信息质量，保护资产的安全、完整，确保有关法律法规和规章制度的贯彻执行等而制定和实施的一系列控制方法、措施和程序。

第三条　本规范适用于国家机关、社会团体、公司、企业、事业单位和其他经济组织（以下统称单位）。

第四条　国务院有关部门可以根据国家有关法律法规和本规范制定本部门或本系统的内部会计控制规定。

各单位应当根据国家有关法律法规和本规范，结合部门或系统的内部会计控制规定，建立适合本单位业务特点和管理要求的内部会计控制制度，并组织实施。

第五条　单位负责人对本单位内部会计控制的建立健全及有效实施负责。

第二章　内部会计控制的目标和原则

第六条　内部会计控制应当达到以下基本目标：

（一）规范单位会计行为，保证会计资料真实、完整。

（二）堵塞漏洞、消除隐患，防止并及时发现、纠正错误及舞弊行为，保护单位资产的安全、完整。

（三）确保国家有关法律法规和单位内部规章制度的贯彻执行。

第七条　内部会计控制应当遵循以下基本原则：

（一）内部会计控制应当符合国家有关法律法规和本规范，以及单位的实际情况。

（二）内部会计控制应当约束单位内部涉及会计工作的所有人员，任何个人都不得拥有超越内部会计控制的权力。

（三）内部会计控制应当涵盖单位内部涉及会计工作的各项经济业务及相关岗位，并应针对业务处理过程中的关键控制点，落实到决策、执行、监督、反馈等各个环节。

（四）内部会计控制应当保证单位内部涉及会计工作的机构、岗位的合理设置及其职责权限的合理划分，坚持不相容职务相互分离，确保不同机构和岗位之间权责分明、相互制约、相互监督。

（五）内部会计控制应当遵循成本效益原则，以合理的控制成本达到最佳的控制效果。

（六）内部会计控制应随着外部环境的变化、单位业务职能的调整和管理要求的提高，不断修订和完善。

第三章 内部会计控制的内容

第八条 内部会计控制的内容主要包括：货币资金、实物资产、对外投资、工程项目、采购与付款、筹资、销售与收款、成本费用、担保等经济业务的会计控制。

第九条 单位应当对货币资金收支和保管业务建立严格的授权批准制度，办理货币资金业务的不相容岗位应当分离，相关机构和人员应当相互制约，确保货币资金的安全。

第十条 单位应当建立实物资产管理的岗位责任制度，对实物资产的验收入库、领用、发出、盘点、保管及处置等关键环节进行控制，防止各种实物资产被盗、毁损和流失。

第十一条 单位应当建立规范的对外投资决策机制和程序，通过实行重大投资决策集体审议联签等责任制度，加强投资项目立项、评估、决策、实施、投资处置等环节的会计控制，严格控制投资风险。

第十二条 单位应当建立规范的工程项目决策程序，明确相关机构和人员的职责权限，建立工程项目投资决策的责任制度，加强工程项目的预算、招投标、质量管理等环节的会计控制，防范决策失误及工程发包、承包、施工、验收等过程中的舞弊行为。

第十三条 单位应当合理设置采购与付款业务的机构和岗位，建立和完善采购与付款的会计控制程序，加强请购、审批、合同订立、采购、验收、付款等环节的会计控制，堵塞采购环节的漏洞，减少采购风险。

第十四条 单位应当加强对筹资活动的会计控制，合理确定筹资规模和筹资结构、选择筹资方式，降低资金成本，防范和控制财务风险，确保筹措资金的合理、有效使用。

第十五条　单位应当在制定商品或劳务等的定价原则、信用标准和条件、收款方式等销售政策时，充分发挥会计机构和人员的作用，加强合同订立、商品发出和账款回收的会计控制，避免或减少坏账损失。

第十六条　单位应当建立成本费用控制系统，做好成本费用管理的各项基础工作，制定成本费用标准，分解成本费用指标，控制成本费用差异，考核成本费用指标的完成情况，落实奖罚措施，降低成本费用，提高经济效益。

第十七条　单位应当加强对担保业务的会计控制，严格控制担保行为，建立担保决策程序和责任制度，明确担保原则、担保标准和条件、担保责任等相关内容，加强对担保合同订立的管理，及时了解和掌握被担保人的经营和财务状况，防范潜在风险，避免或减少可能发生的损失。

第四章　内部会计控制的方法

第十八条　内部会计控制的方法主要包括：不相容职务相互分离控制、授权批准控制、会计系统控制、预算控制、财产保全控制、风险控制、内部报告控制、电子信息技术控制等。

第十九条　不相容职务相互分离控制要求单位按照不相容职务相分离的原则，合理设置会计及相关工作岗位，明确职责权限，形成相互制衡机制。

不相容职务主要包括：授权批准、业务经办、会计记录、财产保管、稽核检查等职务。

第二十条　授权批准控制要求单位明确规定涉及会计及相关工作的授权批准的范围、权限、程序、责任等内容，单位内部的各级管理层必须在授权范围内行使职权和承担责任，经办人员也必须在授权范围内办理业务。

第二十一条　会计系统控制要求单位依据《会计法》和国家统一的会计制度，制定适合本单位的会计制度，明确会计凭证、会计账簿和财务会计报告的处理程序，建立和完善会计档案保管和会计工作交接办法，实行会计人员岗位责任制，充分发挥会计的监督职能。

第二十二条　预算控制要求单位加强预算编制、执行、分析、考核等环节的管理，明确预算项目，建立预算标准，规范预算的编制、审定、下达和执行程序，及时分析和控制预算差异，采取改进措施，确保预算的执行。

预算内资金实行责任人限额审批，限额以上资金实行集体审批。严格控制无预算的资金支出。

第二十三条　财产保全控制要求单位限制未经授权的人员对财产的直接接触，采取定期盘点、财产记录、账实核对、财产保险等措施，确保各种财产的安全完整。

第二十四条　风险控制要求单位树立风险意识，针对各个风险控制点，建立有效的风险管理系统，通过风险预警、风险识别、风险评估、风险分析、风险报告等措施，对财务风险和经营风险进行全面防范和控制。

第二十五条　内部报告控制要求单位建立和完善内部报告制度，全面反映经济活动情况，及时提供业务活动中的重要信息，增强内部管理的时效性和针对性。

第二十六条　电子信息技术控制要求运用电子信息技术手段建立内部会计控制系统，减少和消除人为操纵因素，确保内部会计控制的有效实施；同时要加强对财务会计电子信息系统开发与维护、数据输入与输出、文件储存与保管、网络安全等方面的控制。

第五章 内部会计控制的检查

第二十七条 单位应当重视内部会计控制的监督检查工作，由专门机构或者指定专门人员具体负责内部会计控制执行情况的监督检查，确保内部会计控制的贯彻实施。内部会计控制检查的主要职责是：

（一）对内部会计控制的执行情况进行检查和评价。

（二）写出检查报告，对涉及会计工作的各项经济业务、内部机构和岗位在内部控制上存在的缺陷提出改进建议。

（三）对执行内部会计控制成效显著的内部机构和人员提出表彰建议，对违反内部会计控制的内部机构和人员提出处理意见。

第二十八条 单位可以聘请中介机构或相关专业人员对本单位内部会计控制的建立健全及有效实施进行评价，接受委托的中介机构或相关专业人员应当对委托单位内部会计控制中的重大缺陷提出书面报告。

第二十九条 国务院财政部门和县级以上地方各级人民政府财政部门应当根据《会计法》和本规范，对本行政区域内各单位内部会计控制的建立和执行情况进行监督检查。

第六章 附 则

第三十条 本规范由财政部负责解释。

第三十一条 本规范自发布之日起施行。

内部会计控制规范——货币资金（试行）

财会 ［2001］ 41 号

第一章　总　　则

第一条　为了加强对单位货币资金的内部控制和管理，保证货币资金的安全，根据《中华人民共和国会计法》和《内部会计控制规范棄基本规范》等法律法规，制定本规范。

第二条　本规范所称货币资金是指单位所拥有的现金、银行存款和其他货币资金。

第三条　本规范适用于国家机关、社会团体、公司、企业、事业单位和其他经济组织（以下统称单位）。

第四条　国务院有关部门可以根据国家有关法律法规和本规范，制定本部门或本系统的货币资金内部控制规定。

各单位应当根据国家有关法律法规和本规范，结合部门或系统的货币资金内部控制规定，建立适合本单位业务特点和管理要求的货币资金内部控制制度，并组织实施。

第五条　单位负责人对本单位货币资金内部控制的建立健全和有效实施以及货币资金的安全完整负责。

第二章　岗位分工及授权批准

第六条　单位应当建立货币资金业务的岗位责任制，明确相关部门和岗位的职责权限，确保办理货币资金业务的不相容岗位相互分离、制约和监督。

出纳人员不得兼任稽核、会计档案保管和收入、支出、费用、债权债务账目的登记工作。

单位不得由一人办理货币资金业务的全过程。

第七条　单位办理货币资金业务，应当配备合格的人员，并根据单位具体情况进行岗位轮换。

办理货币资金业务的人员应当具备良好的职业道德，忠于职守，廉洁奉公，遵纪守法，客观公正，不断提高会计业务素质和职业道德水平。

第八条　单位应当对货币资金业务建立严格的授权批准制度，明确审批人对货币资金业务的授权批准方式、权限、程序、责任和相关控制措施，规定经办人办理货币资金业务的职责范围和工作要求。

第九条　审批人应当根据货币资金授权批准制度的规定，在授权范围内进行审批，不得超越审批权限。

经办人应当在职责范围内，按照审批人的批准意见办理货币资金业务。对于审批人超越授权范围审批的货币资金业务，经办人员有权拒绝办理，并及时向审批人的上级授权部门报告。

第十条　单位应当按照规定的程序办理货币资金支付业务。

（一）支付申请。单位有关部门或个人用款时，应当提前向审批人提交货币资金支付申请，注明款项的用途、金额、预算、支付方式等内容，并附有效经济合同或相关证明。

（二）支付审批。审批人根据其职责、权限和相应程序对支付申请进行审批。对不符合规定的货币资金支付申请，审批人应当拒绝批准。

（三）支付复核。复核人应当对批准后的货币资金支付申请进行复核，复核货币资金支付申请的批准范围、权限、程序是否正确，手续及相关单证是否齐备，金额计算是否准确，支付方式、支付单位是否妥当等。复核无误后，交由出纳人员办理支付手续。

（四）办理支付。出纳人员应当根据复核无误的支付申请，按规定办理货币资金支付手续，及时登记现金和银行存款日记账。

第十一条 单位对于重要货币资金支付业务，应当实行集体决策和审批，并建立责任追究制度，防范贪污、侵占、挪用货币资金等行为。

第十二条 严禁未经授权的机构或人员办理货币资金业务或直接接触货币资金。

第三章 现金和银行存款的管理

第十三条 单位应当加强现金库存限额的管理，超过库存限额的现金应及时存入银行。

第十四条 单位必须根据《现金管理暂行条例》的规定，结合本单位的实际情况，确定本单位现金的开支范围。不属于现金开支范围的业务应当通过银行办理转账结算。

第十五条 单位现金收入应当及时存入银行，不得用于直接支付单位自身的支出。因特殊情况需坐支现金的，应事先报经开户银行审查批准。

单位借出款项必须执行严格的授权批准程序，严禁擅自挪用、借出货币资金。

第十六条 单位取得的货币资金收入必须及时入账，不得私设"小金库"，不得账外设账，严禁收款不入账。

第十七条 单位应当严格按照《支付结算办法》等国家有关规定，加强银行账户的管理，严格按照规定开立账户，办理存款、取款和结算。

单位应当定期检查、清理银行账户的开立及使用情况，发现问题，及时处理。

单位应当加强对银行结算凭证的填制、传递及保管等环节的管理与控制。

第十八条　单位应当严格遵守银行结算纪律，不准签发没有资金保证的票据或远期支票，套取银行信用；不准签发、取得和转让没有真实交易和债权债务的票据，套取银行和他人资金；不准无理拒绝付款，任意占用他人资金；不准违反规定开立和使用银行账户。

第十九条　单位应当指定专人定期核对银行账户，每月至少核对一次，编制银行存款余额调节表，使银行存款账面余额与银行对账单调节相符。如调节不符，应查明原因，及时处理。

第二十条　单位应当定期和不定期地进行现金盘点，确保现金账面余额与实际库存相符。发现不符，及时查明原因，作出处理。

第四章　票据及有关印章的管理

第二十一条　单位应当加强与货币资金相关的票据的管理，明确各种票据的购买、保管、领用、背书转让、注销等环节的职责权限和程序，并专设登记簿进行记录，防止空白票据的遗失和被盗用。

第二十二条　单位应当加强银行预留印鉴的管理。财务专用章应由专人保管，个人名章必须由本人或其授权人员保管。严禁一人保管支付款项所需的全部印章。

按规定需要有关负责人签字或盖章的经济业务，必须严格履行签字或盖章手续。

第五章　监督检查

第二十三条　单位应当建立对货币资金业务的监督检查制度，明确监督检查机构或人员的职责权限，定期和不定期地进行检查。

第二十四条　货币资金监督检查的内容主要包括：

（一）货币资金业务相关岗位及人员的设置情况。重点检查是否存在货币资金业务不相容职务混岗的现象。

（二）货币资金授权批准制度的执行情况。重点检查货币资金支出的授权批准手续是否健全，是否存在越权审批行为。

（三）支付款项印章的保管情况。重点检查是否存在办理付款业务所需的全部印章交由一人保管的现象。

（四）票据的保管情况。重点检查票据的购买、领用、保管手续是否健全，票据保管是否存在漏洞。

第二十五条　对监督检查过程中发现的货币资金内部控制中的薄弱环节，应当及时采取措施，加以纠正和完善。

第六章　附　　则

第二十六条　本规范由财政部负责解释。

第二十七条　本规范自发布之日起施行。

内部会计控制规范——采购与付款（试行）

财会〔2002〕21 号

第一章 总 则

第一条 为了加强对单位采购与付款的内部控制，规范采购与付款行为，防范采购与付款过程中的差错和舞弊，根据《中华人民共和国会计法》和《内部会计控制规范——基本规范（试行）》等法律法规，制定本规范。

第二条 本规范适用于国家机关、社会团体、公司、企业、事业单位和其他经济组织（以下统称单位）。已纳入政府采购范围的采购与付款业务，还应当执行政府采购方面的有关规定。

第三条 国务院有关部门可以根据国家有关法律法规和本规范，制定本部门或本系统的采购与付款内部控制规定。

各单位应当根据国家有关法律法规和本规范，结合部门或系统有关采购与付款内部控制的规定，建立刊登本单位业务特点和管理要求的采购与付款内部控制制度，并组织实施。

第四条 单位负责人对本单位采购与付款内部控制的建立健全和有效实施以及采购与付款业务的真实性、合法性负责。

第二章 岗位分工与授权批准

第五条 单位应当建立采购与付款业务的岗位责任制、明确相关部门和岗位的职责、权限，确保办理采购与付款业务的不相容岗位相互分离，制约和监督。

采购与付款业务不相容岗位至少包括：

（一）请购与审批；

（二）询价与确定供应商；

（三）采购合同的订立与审计；

（四）采购与验收；

（五）采购、验收与相关会计记录；

（六）付款审批与付款执行。

单位不得由同一部门或个人办理采购与付款业务的全过程。

第六条 单位应当配备合格的人员办理采购与付款业务。办理采购与付款业务的人员应当具备良好的业务素质和职业道德。

单位应当根据具体情况对办理采购与付款业务的人员进行岗位轮换。

第七条 单位应当对采购与付款业务建立严格的授权批准制度，明确审批人对采购与付款业务的授权批准方式、权限、程序、责任和相关控制措施，规定经办人办理采购与付款业务的职责范围和工作要求。

第八条 审批人应当根据采购与付款业务授权批准制度的规定，在授权范围内进行审批，不得超越审批权限。

经办人应当在职责范围内，按照审批人的批准意见办理采购与付款业务。对于审批人超越授权范围审批的采购与付款业务，经办人员有权拒绝办理，并及时向审批人的上级授权部门报告。

第九条 单位对于重要和技术性较强的采购业务，应当组织专家进行论证，实行集体决策和审批，防止出现决策失误而造成严重损失。

第十条 严禁未经授权的机构或人员办理采购与付款业务。

第十一条 单位应当按照请购、审批、采购、验收、付款等规定的程序办理采购与付款业务，并在采购与付款各环节设置相关的记录、填制相应的凭证，建立完整的采购登记制度，加强请购手续、采购订单（或采购合同）、验收证明、入库凭证、采购发票等文件和凭证的相互核对工作。

第三章　请购与审批控制

第十二条　单位应当建立采购申请制度，依据购置物品或劳务等类型，确定归口管理部门，授予相应的请购权，并明确相关部门或人员的职责权限及相应的请购程序。

第十三条　单位应当加强采购业务的预算管理。对于预算内采购项目，具有请购权的部门应严格按照预算执行进度办理请购手续；对于超预算和预算外采购项目，具有请购权的部门应对需求部门提出的申请进行审核后再行办理请购手续。

第十四条　单位应当建立严格的请购审批制度。对于超预算和预算外采购项目，应当明确审批权限，由审批人根据其职责、权限以及单位实际需要等对请购申请进行审批。

第四章　采购与验收控制

第十五条　单位应当建立采购与验收环节的管理制度，对采购方式确定、供应商选择、验收程序等作出明确规定，确保采购过程的透明化。

第十六条　单位应当根据物品或劳务等的性质及其供应情况确定采购方式。一般物品或劳务等的采购应采用订单采购或合同订货等方式，小额零星物品或劳务等的采购可以采用直接购买等方式。单位应当制定例外紧急需求的特殊采购处理程序。

第十七条　单位应当充分了解和掌握供应商的信誉、供货能力等有关情况，采取由采购、使用等部门共同参与比质比价的程序，并按规定的授权批准程序确定供应商。小额零星采购也应由经授权的部门事先对价格等有关内容进行审查。

第十八条 单位应当根据规定的验收制度和经批准的订单、合同等采购文件，由独立的验收部门或指定专人对所购物品或劳务等的品种、规格、数量、质量和其他相关内容进行验收，出具验收证明。对验收过程中发现的异常情况，负责验收的部门或人员应当立即向有关部门报告；有关部门应查明原因，及时处理。

第五章 付款控制

第十九条 单位应当按照《现金管理暂行条例》《支付结算办法》和《内部会计控制规范——货币资金（试行）》等规定办理采购付款业务。

第二十条 单位财会部门在办理付款业务时，应当对采购发票、结算凭证、验收证明等相关凭证的真实性、完整性、合法性及合规性进行严格审核。

第二十一条 单位应当建立预付账款和定金的授权批准制度，加强预付账款和定金的管理。

第二十二条 单位应当加强应付账款和应付票据的管理，由专人按照约定的付款日期、折扣条件等管理应付款项。已到期的应付款项须经有关授权人员审批后方可办理结算与支付。

第二十三条 单位应当建立退货管理制度，对退货条件、退货手续、货物出库、退货货款回收等作出明确规定，及时收回退货货款。

第二十四条 单位应当定期与供应商核对应付账款、应付票据、预付账款等往来款项。如有不符，应查明原因，及时处理。

第六章　监督检查

第二十五条　单位应当建立对采购与付款内部控制的监督检查制度，明确监督检查机构或人员的职责权限，定期或不定期地进行检查。

单位监督检查机构或人员应通过实施符合性测试和实质性测试检查采购与付款业务内部控制制度是否健全，各项规定是否得到有效执行。

第二十六条　采购与付款内部控制监督检查的内容主要包括：

（一）采购与付款业务相关岗位及人员的设置情况。重点检查是否存在采购与付款业务不相容职务混岗的现象。

（二）采购与付款授权批准制度的执行情况。重点检查大宗采购与付款业务的授权批准手续是否健全，是否存在越权审批的行为。

（三）应付账款和预付账款的管理。重点审查应付账款和预付账款支付的正确性、时效性和合法性。

（四）有关单据、凭证和文件的使用和保管情况。重点检查凭证的登记、领用、传递、保管、注销手续是否健全，使用和保管制度是否存在漏洞。

第二十七条　对监督检查过程中发现的采购与付款内容控制中的薄弱环节，单位应当采取措施，及时加以纠正和完美。

第七章　附　　则

第二十八条　本规范由财政部负责解释。

第二十九条　本规范自发布之日起施行。

内部会计控制规范——销售与收款（试行）

财会［2002］21 号

第一章 总 则

第一条 为了加强对单位销售与收款的内部控制，规范销售与收欺行为，防范销售与收款过程中的差错和舞弊，根据《中华人民共和国会计法》和《内部会计控制规范——基本规范（试行)》等法律法规，制定本规范。

第二条 本规范适用于公司、企业和有销售业务的其他单位（以下统称单位）。

第三条 国务院有关部门可以根据国家有关法律法规和本规范，制定本部门或本系统的销售与收款内容控制规定。

各单位应当根据国家有关法律法规和本规范，结合部门或系统有关销售与收款内部控制的规定，建立适合本单位业务特点和管理要求的销售与收款内部控制制度，并组织实施。

第四条 单位负责人对本单位销售与收款内部控制的建立健全和有效实施以及销售与收款业务的真实性、合法性负责。

第二章 岗位分工与授权批准

第五条 单位应当建立销售与收款业务的岗位责任制，明确相关部门和岗位的职责、权限，确保办理销售与收款业务的不相容岗位相互分离、制约和监督。

第六条 单位应当将办理销售、发货、收款三项业务的部门（或岗位）分别设立。

（一）销售部门（或岗位）主要负责处理订单、签订合同、执行销售政策和信用政策、催收货款。

（二）发货部门（或岗位）主要负责审核销售发货单据是否齐全并办理发货的具体事宜。

（三）财会部门（或岗位）主要负责销售款项的结算和记录、监督管理货款回收。

单位不得由同一部门或个人办理销售与收款业务的全过程。

第七条 有条件的单位应当建立专门的信用管理部门或岗位，负责制定单位信用政策，监督各部门信用政策执行情况。信用管理岗位与销售业务岗位应分设。

第八条 单位应当配备合格的人员办理销售与收款业务。办理销售与收款业务的人员应当具备良好的业务素质和职业道德。

单位应当根据具体情况对办理销售与收款业务的人员进行岗位轮换。

第九条 单位应当对销售与收款业务建立严格的授权批准制度，明确审批人员对销售与收款业务的授权批准方式、权限、程序、责任和相关控制措施，规定经办人的职责范围和工作要求。

第十条 审批人应当根据销售与收款授权批准制度的规定，在授权范围内进行审批，不得超越审批权限。

经办人应当在职责范围内，按照审批人的批准意见办理销售与收款业务。对于审批人超越授权范围审批的销售与收据业务，经办人员有权拒绝办理，并及时向审批人的上级授权部门报告。

第十一条 对于超过单位既定销售政策和信用政策规定范围的特殊销售业务，单位应当进行集体决策，防止决策失误而造成严重损失。

第十二条 严禁未经授权的机构和人员经办销售与收款业务。

第三章 销售和发货控制

第十三条 单位对销售业务应当建立严格的预算管理制度，制定销售目标，确立销售管理责任制。

第十四条 单位应当建立销售定价控制制度，制定价目表、折扣政策、付款政策等并予以执行。

第十五条 单位在选择客户时，应当充分了解和考虑客户的信誉、财务状况等有关情况，降低账款回收中的风险。

第十六条 单位应当加强对赊销业务的管理。赊销业务应遵循规定的销售政策和信用政策。对符合赊销条件的客户，应经审批人批准后方可办理赊销业务；超出销售政策和信用政策规定的赊销业务，应当实行集体决策审批。

第十七条 单位应当按照规定的程序办理销售和发货业务。

销售谈判。单位在销售合同订立前，应当指定专门人员就销售价格、信用政策、发货及收款方式等具体事项与客户进行谈判。谈判人员至少应有两人以上，并与订立合同的人员相分离。销售谈判的全过程应有完整的书面记录。

合同订立。单位应当授权有关人员与客户签订销售合同。签订合同应符合《中华人民共和国合同法》的规定。金额重大的销售合同的订立应当征询法律顾问或专家的意见。

合同审批。单位应当建立健全销售合同审批制度。审批人员应对销售价格、信用政策、发货及收款方式等严格把关。

组织销售。单位销售部门应按照经批准的销售合同编制销售计划，向发货部门下达销售通知单，同时编制销售发票通知单，并经审批后下达给财会部门，由财会部门根据销售发票通知单向客户开出销售发票。编制销售发票通知单的人员与开具销售发票的人员应相互分离。

组织发货。发货部门应当对销售发货单据进行审核，严格按照销售通知单所列的发货品种和规格、发货数量、发货时间、发货方式组织发货，并建立货物出库、发运等环节的岗位责任制，确保货物的安全发运。

销货退回。单位应当建立销售退回管理制度。单位的销售退回必须经销售主管审批后方可执行。

销售退回的货物应由质检部门检验和仓储部门清点后方可入库。质检部门应对客户退回的货物进行检验并出具检验证明；仓储部门应在清点货物、注明退回货物的品种和数量后填制退货接收报告。

财会部门应对检验证明、退货接收报告以及退货方出具的退货凭证等进行审核后办理相应的退款事宜。

第十八条　单位应当在销售与发货各环节设置相关的记录、填制相应的凭证，建立完整的销售登记制度，并加强销售合同、销售计划、销售通知单、发货凭证、运货凭证、销售发票等文件和凭证的相互核对工作。

销售部门应设置销售台账，及时反映各种商品、劳务等销售的开单、发货、收款情况。销售台账应当附有客户订单、销售合同、客户签收回执等相关购货单据。

第四章　收款控制

第十九条　单位应当按照《现金管理暂行条例》、《支付结算办法》和《内部会计控制规范——货币资金（试行）》等规定，及时办理销售收款业务。

第二十条　单位应将销售收入及时入账，不得账外设账，不得擅自坐支现金。

销售人员应当避免接触销售现款。

第二十一条 单位应当建立应收账款账龄分析制度和逾期应收账款催收制度。销售部门应当负责应收账款的催收，财会部门应当督促销售部门加紧催收。对催收无效的逾期应收账款可通过法律程序予以解决。

第二十二条 单位应当按客户设置应收账款台账，及时登记每一客户应收账款余额增减变动情况和信用额度使用情况。

单位对长期往来客户应当建立起完善的客户资料，并对客户资料实行动态管理，及时更新。

第二十三条 单位对于可能成为坏账的应收账款应当报告有关决策机构，由其进行审查，确定是否确认为坏账。单位发生的各项坏账，应查明原因，明确责任，并在履行规定的审批程序后做出会计处理。

第二十四条 单位注销的坏账应当进行备查登记，做到账销案存。已注销的坏账又收回时应当及时入账，防止形成账外款。

第二十五条 单位应收票据的取得和贴现必须经由保管票据以外的主管人员的书面批准。

单位应当有专人保管应收票据，对于即将到期的应收票据，应及时向付款人提示付款；已贴现票据应在备查簿中登记，以便日后追踪管理。

单位应制定逾期票据的冲销管理程序和逾期票据追踪监控制度。

第二十六条 单位应当定期与往来客通过函证等方式核对应收账款、应收票据、预收账款等往来款项。如有不符，应查明原因，及时处理。

第五章　监督检查

第二十七条　单位应当建立对销售与收款内部控制的监督检查制度，明确监督检查机构或人员的职责权限，定期或不定期地进行检查。

单位监督检查机构或人员应通过实施符合性测试和实质性测试检查销售与收款业务内部控制制度是否健全，各项规定是否得到有效执行。

第二十八条　销售与收款内部控制监督检查的内容主要包括：

（一）销售与收款业务相关岗位及人员的设置情况。重点检查是否存在销售与收款业务不相容职务混岗的现象。

（二）销售与收款业务授权批准制度的执行情况。重点检查授权批准手续是否健全，是否存在越权审批行为。

（三）销售的管理情况。重点检查信用政策、销售政策的执行是否符合规定。

（四）收款的管理情况。重点检查单位销售收入是否及时入账，应收账款的催收是否有效，坏账核销和应收票据的管理是否符合规定。

（五）销售退回的管理情况。重点检查销售退回手续是否齐全、退回货物是否及时入库。

第二十九条　对监督检查过程中发现的销售与收款内容控制中的薄弱环节，单位应当采取措施，及时加以纠正和完善。

第六章　附　　则

第三十条　本规范由财政部负责解释。

第三十一条　本规范自发布之日起施行。

内部会计控制规范——工程项目（试行）

财会〔2003〕30号

第一章 总 则

第一条 为了加强对工程项目的内部控制，防范工程项目管理中的差错与舞弊，

提高资金使用效益，根据《中华人民共和国会计法》和《内部会计控制规范——基本规范（试行）》等法律法规，制定本规范。

第二条 本规范适用于国家机关、社会团体、公司、企业、事业单位和其他经济组织（以下统称单位）。

国家有关法律法规对工程项目另有规定的，从其规定。

第三条 国务院有关部门可以根据国家有关法律法规和本规范，制定本部门或本系统的工程项目内部控制规定。

各单位应当根据国家有关法律法规和本规范，结合部门或系统的工程项目内部控制规定，建立适合本单位业务特点和管理要求的工程项目内部管理制度，并组织实施。

第四条 单位负责人对本单位工程项目内部控制的建立健全和有效实施负责。

第二章 岗位分工与授权批准

第五条 单位应当建立工程项目业务的岗位责任制，明确相关部门和岗位的职责、权限，确保办理工程项目业务的不相容岗位相互分离、制约和监督。

工程项目业务不相容岗位一般包括：

（一）项目建议、可行性研究与项目决策；

（二）概预算编制与审核；

（三）项目实施与价款支付；

（四）竣工决算与竣工审计。

第六条 单位应当根据工程项目的特点，配备合格的人员办理工程项目业务。办理工程项目业务的人员应当具备良好的业务素质和职业道德。

单位应当配备专门的会计人员办理工程项目会计核算业务，办理工程项目会计业务的人员应当熟悉国家法律法规及工程项目管理方面的专业知识。

第七条 单位应当对工程项目相关业务建立严格的授权批准制度，明确审批人的授权批准方式、权限、程序、责任及相关控制措施，规定经办人的职责范围和工作要求。

第八条 审批人应当根据工程项目相关业务授权批准制度的规定，在授权范围内进行审批，不得超越审批权限。

经办人应当在职责范围内，按照审批人的批准意见办理工程项目业务。对于审批人超越授权范围审批的工程项目业务，经办人有权拒绝办理，并及时向审批人的上级授权部门报告。

第九条 严禁未经授权的机构或人员办理工程项目业务。

第十条 单位应当制定工程项目业务流程，明确项目决策、概预算编制、价款支付、竣工决算等环节的控制要求，并设置相应的记录或凭证,如实记载各环节业务的开展情况,确保工程项目全过程得到有效控制。

第三章　项目决策控制

第十一条　单位应当建立工程项目决策环节的控制制度,对项目建议书和可行性研究报告的编制、项目决策程序等作出明确规定,确保项目决策科学、合理。

第十二条　单位应当组织工程、技术、财会等部门的相关专业人员对项目建议书和可行性研究报告的完整性、客观性进行技术经济分析和评审,出具评审意见。

第十三条　单位应当建立工程项目的集体决策制度,决策过程应有完整的书面记录。

严禁任何个人单独决策工程项目或者擅自改变集体决策意见。

第十四条　单位应当建立工程项目决策及实施的责任制度,明确相关部门及人员的责任,定期或不定期地进行检查。

第四章　概预算控制

第十五条　单位应当建立工程项目概预算环节的控制制度,对概预算的编制、审核等作出明确规定,确保概预算编制科学、合理。

第十六条　单位应当组织工程、技术、财会等部门的相关专业人员对编制的概预算进行审核,重点审查编制依据、项目内容、工程量的计算、定额套用等是否真实、完整、准确。

第五章　价款支付控制

第十七条　单位应当建立工程进度价款支付环节的控制制度，对价款支付的条件、方式以及会计核算程序作出明确规定，确保价款支付及时、正确。

第十八条　单位办理工程项目价款支付业务，应当符合《内部会计控制规范——货币资金（试行）》的有关规定。

单位办理工程项目采购业务，应当符合《内部会计控制规范——采购与付款（试行）》的有关规定。

第十九条　单位会计人员应对工程合同约定的价款支付方式、有关部门提交的价款支付申请及凭证、审批人的批准意见等进行审查和复核。复核无误后方可办理价款支付手续。

单位会计人员在办理价款支付业务过程中发现拟支付的价款与会同约定的价款支付方式及金额不符，或与工程实际完工情况不符等异常情况，应当及时报告。

第二十条　单位因工程变更等原因造成价款支付方式及金额发生变动的应提供完整的书面文件和其他相关资料。单位会计人员应对工程变更价款支付业务进行审核。

第二十一条　单位应当加强对工程项目资金筹集与运用、物资采购与使用、财产清理与变动等业务的会计核算，真实、完整地反映工程项目资金流入流出情况及财产物资的增减变动情况。

第六章　竣工决算控制

第二十二条　单位应当建立竣工决算环节的控制制度，对竣工清理、竣工决算、竣工审计、竣工验收等作出明确规定，确保竣工决算真实、完整、及时。

第二十三条　单位应当建立竣工清理制度，明确竣工清理的范围、内容和方法，如实填写并妥善保管竣工清理清单。

第二十四条　单位应当依据国家法律法规的规定及时编制竣工决算。

单位应当组织有关部门及人员对竣工决算进行审核，重点审查决算依据是否完备，相关文件资料是否齐全，竣工清理是否完成，决算编制是否正确。

第二十五条　单位应当建立竣工决算审计制度，及时组织竣工决算审计。

未实施竣工决算审计的工程项目，不得办理竣工验收手续。

第二十六条　单位应当及时组织工程项目竣工验收，确保工程质量符合设计要求。

单位应当对竣工验收进行审核，重点审查验收人员、验收范围、验收依据、验收程序等是否符合国家有关规定。

第二十七条　验收合格的工程项目，应当及时编制财产清单，办理资产移交手续，并加强对资产的管理。

第七章　监督检查

第二十八条　单位应当建立对工程项目内部控制的监督检查制度，明确监督检查机构或人员的职责权限，定期或不定期地进行检查。

第二十九条　工程项目内部控制监督检查的内容主要包括：

（一）工程项目业务相关岗位及人员的设置情况。重点检查是否存在不相容职务混岗的现象。

（二）工程项目业务授权批准制度的执行情况。重点检查重要业务的授权批准手续是否健全，是否存在越权审批行为。

（三）工程项目决策责任制的建立及执行情况。重点检查责任制度是否健全，奖惩措施是否落实到位。

（四）概预算控制制度的执行情况。重点检查概预算编制的依据是否真实，是否按规定对概预算进行审核。

（五）各类款项支付制度的执行情况。重点检查工程款、材料设备款及其他费用的支付是否符合相关法规、制度和合同的要求。

（六）竣工决算制度的执行情况。重点检查是否按规定办理竣工决算、实施决算审计。

第三十条 对监督检查过程中发现的工程项目内部控制中的问题和薄弱环节，单位应当采取措施，及时加以纠正和完善。

第八章 附　　则

第三十一条 本规范由财政部负责解释。

第三十二条 本规范自发布之日起施行。

内部会计控制规范——担保（试行）

财会〔2004〕6 号

第一章 总 则

第一条 为了加强单位对担保业务的内部控制，规范担保行为，防范担保风险，根据《中华人民共和国会计法》和《内部会计控制规范——基本规范（试行）》等法律法规，制定本规范。

第二条 本规范适用于公司、企业和有对外担保业务的其他单位（以下统称单位）。国家有关法律法规对担保业务另有规定的，从其规定。

第三条 国务院有关部门可以根据国家有关法律法规和本规范，制定本部门或本系统的担保业务内部控制规定。各单位应当按照国家有关法律法规和本规范，结合部门或系统有关担保业务内部控制的规定，建立适合本单位业务特点和管理要求的担保业务内部控制制度，明确担保评估、审批、执行等环节的控制方法、措施和程序。

第四条 单位应当制定担保政策，明确担保的对象、范围、条件、程序、担保限额和禁止担保的事项，定期检查担保政策的执行情况及效果。单位负责人对本单位担保业务内部控制的建立健全及有效实施负责。

第二章 岗位分工与授权批准

第五条 单位应当对担保业务建立严格的岗位责任制，明确相关部门和岗位的职责、权限，确保办理担保业务的不相容岗位相互分离、制约和监督。

担保业务不相容岗位至少包括：

（一）担保业务的评估与审批；

（二）担保业务的审批与执行。

单位不得由同一部门或个人办理担保业务的全过程。

第六条 单位办理担保业务的人员应当具备良好的职业道德，了解担保法等相关法律法规，熟悉担保业务流程，掌握担保专业知识。

第七条 单位应当对担保业务建立授权批准制度，明确授权批准的方式、程序和相关控制措施，规定审批人的权限、责任以及经办人的职责范围和工作要求。

第八条 审批人应当根据担保业务授权批准制度的规定，在授权范围内进行审批，不得超越权限审批。经办人应当在职责范围内，按照审批人的批准意见办理担保业务。对于审批人超越权限审批的担保业务，经办人有权拒绝办理，并及时向审批人的上级授权部门报告。严禁未经授权的机构或人员办理担保业务。

第九条 单位应当建立担保业务责任追究制度，对在担保中出现重大决策失误、未履行集体审批程序和不按规定执行担保业务的部门及人员，应当追究相应的责任。

第十条 单位应当制定担保业务流程，明确担保业务的评估、审批、执行等环节的内部控制要求，并设置相应的记录或凭证，如实记载各环节业务的开展情况，确保担保业务全过程得到有效控制。

第三章　担保评估与审批控制

第十一条　单位应当对担保业务进行风险评估，确保担保业务符合国家法律法规和本单位的担保政策，防范担保业务风险。

第十二条　单位提供担保业务，应当由相关部门或人员对申请担保人是否符合担保政策进行审查；对符合单位担保政策的申请担保人，单位可自行或委托中介机构对其资产质量、偿债能力、财务信用及申请担保事项的合法性进行评估，形成书面评估报告；评估报告应当全面反映评估人员的意见，并经评估人员签章。单位要求申请担保人提供反担保的，还应对与反担保有关的资产进行评估。

第十三条　单位应当根据评估报告以及法律顾问或专家的意见，对担保业务进行集体审批。严禁任何个人擅自决定提供担保或者改变集体审批意见。单位向关联方提供担保的，与关联方存在经济利益或近亲属关系的有关人员在审批环节应予回避。

第十四条　被担保人要求变更担保事项的，单位应当重新履行评估与审批程序。

第四章　担保执行控制

第十五条　单位有关部门或人员应当根据集体审批意见，按规定的程序订立担保合同。订立担保合同前，应当征询法律顾问或专家的意见，确保合同条款符合《中华人民共和国合同法》、《中华人民共和国担保法》和单位担保政策的规定。申请担保人同时向多方申请担保的，单位应与其在担保合同中明确约定本单位的担保份额，并落实担保责任。单位应当在担保合同中明确要求被担保人定期提供财务会计报告，并及时报告担保事项的实施情况。

第十六条 单位应当建立担保业务执行情况的监测报告制度，加强对被担保人财务风险及担保事项实施情况的监测，定期形成书面报告，发现异常情况，应及时采取有效措施化解风险。

第十七条 单位应当加强对反担保财产的管理，妥善保管被担保人用于反担保的财产和权利凭证，定期核实财产在存续状况和价值，确保反担保财产安全、完整。

第十八条 单位应当在担保合同到期时全面清理用于担保的财产、权利凭证，按照合同约定及时终止担保关系。

第十九条 单位应当按照国家统一的会计制度关于担保业务的处理规定，对担保业务进行核算和披露。

第五章 监督检查

第二十条 单位应当建立对担保业务内部控制的监督检查制度，明确监督检查机构或人员的职责权限，定期或不定期地进行检查。

第二十一条 担保业务内部控制监督检查的内容主要包括：

（一）担保业务相关岗位及人员的设置情况。重点检查是否存在担保业务不相容职务混岗的现象。

（二）担保业务授权批准制度的执行情况。重点检查担保对象是否符合规定，担保业务评估是否科学合理，担保业务的审批手续是否符合规定，是否存在越权审批的行为。

（三）担保业务的审批情况。重点检查担保业务审批过程是否符合规定的程序。

（四）担保业务监测报告制度的落实情况。重点检查对被担保人财务风险及被担保事项的实施情况是否定期提交监测报告，以及反担保财产的安全、完整是否得到保证。

（五）担保合同到期是否及时办理终结手续。

第二十二条 对监督检查过程中发现的担保业务内部控制中的薄弱环节，负责监督检查的部门应当及时报告，有关部门应当查明原因，采取措施加以纠正和完善。单位监督检查部门应当按照单位内部管理权限报告担保业务内部控制监督检查情况和有关部门的整改情况。

第六章　附　　则

第二十三条 本规范由财政部负责解释。
第二十四条 本规范自发布之日起施行。

内部会计控制规范——对外投资（试行）

财会〔2004〕6号

第一章 总 则

第一条 为了加强单位对外投资的内部控制，规范对外投资行为，防范对外投资风险，保证对投资的安全，提高对外投资的效益，根据《中华人民共和国会计法》和《内部会计控制规范——基本规范（试行）》等法律法规，制定本规范。

第二条 本规范适用于公司、企业和有对外长期投资业务的其他单位（以下统称单位）。对外短期投资业务的内部控制可参照执行。

国家有关法律法规对单位对外投资业务另有规定的，从其规定。

第三条 国务院有关部门可以根据国家有关法律法规和本规范，制定本部门或本系统的对外投资内部控制规定。

各单位应当根据国家有关法律法规和本规范，结合部门或系统的对外投资内部控制规定，建立适合本单位业务特点和管理要求的对外投资内部控制制度，明确对外投资决策、执行、处置等环节的控制方法、措施和程序。

第四条 单位负责人对本单位对外投资内部控制的建立健全和有效实施负责。

第二章　岗位分工与授权批准

第五条　单位应当建立对外投资业务的岗位责任制，明确相关部门和岗位的职责、权限，确保办理对外投资业务的不相容岗位相互分离、制约和监督。

对外投资不相容岗位至少包括：

（一）对外投资项目可行性研究与评估；

（二）对外投资的决策与执行；

（三）对外投资处置的审批与执行。

第六条　单位办理对外投资业务的相关人员应当具备良好的职业道德，掌握金融、投资、财会、法律等方面的专业知识。

单位对办理对外投资业务的人员，可以根据具体情况定期进行岗位轮换。

第七条　单位应当建立对外投资业务授权批准制度，明确授权批准的方式、程序和相关控制措施，规定审批人的权限、责任以及经办人的职责范围和工作要求。

严禁未经授权的部门或人员办理对外投资业务。

第八条　审批人应当根据对外投资授权审批制度的规定，在授权范围内进行审批，不得超越权限审批。

经办人应当在职责范围内，按照审批人的批准意见办理对外投资业务。对于审批人超越授权范围审批的对外投资业务，经办人有权拒绝办理，并及时向审批人的上级授权部门报告。

第九条　单位应当建立对外投资责任追究制度，对在对外投资中出现重大决策失误、未履行集体审批程序和不按规定执行对外投资业务的部门及人员，应当追究相应的责任。

第十条　单位应当根据不同的对外投资业务制定相应的业务流程，明确各环节的控制要求，设置相应的记录或凭证，如实记载各环节业务的开展情况，加强内部审计，确保对外投资全过程得到有效控制。

单位应当加强对审批文件、投资合同或协议、投资方案书、对外投资处置决议等文件资料的管理，明确各种文件资料的取得、归档、保管、调阅等各个环节的管理规定及相关人员的职责权限。

第三章　对外投资可行性研究、评估与决策控制

第十一条　单位应当加强对外投资可行性研究、评估与决策环节的控制，对投资建议的提出、可行性研究、评估、决策等作出明确规定，确保对外投资决策合法、科学、合理。

第十二条　单位应当编制对外投资建议书，由相关部门或人员对投资建议项目进行分析与论证，并对被投资单位资信情况进行调查或实地考察。对外投资项目如有其他投资者的，应根据情况对其他投资者的资信情况进行了解或调查。

第十三条　单位应当由相关部门或人员或委托具有相应资质的专业机构对投资项目进行可行性研究，重点对投资项目的目标、规模、投资方式、投资的风险与收益等作出评价。

第十四条　单位应当由相关部门或人员或委托具有相应资质的专业机构对可行性研究报告进行独立评估，形成评估报告。评估报告应当全面反映评估人员的意见，并由所有评估人员签章。

第十五条　对外投资实行集体决策，决策过程应有完整的书面记录。

严禁任何个人擅自决定对外投资或者改变集体决策意见。

第四章　对外投资执行控制

第十六条　单位应当制定对外投资实施方案，明确出资时间、金额、出资方式及责任人员等内容。对外投资实施方案及方案的变更，应当经单位最高决策机构或其授权人员审查批准。

对外投资业务需要签订合同的，应当征询单位法律顾问或相关专家的意见，并经授权部门或人员批准后签订。

第十七条　以委托投资方式进行的对外投资，应当对受托单位的资信情况和履约能力进行调查，签订委托投资合同，明确双方的权力、义务和责任，并建立相应的风险防范措施。

第十八条　单位应当加强对资产（含现金和非现金资产，下同）投出环节的控制。办理资产投出应当符合财政部制定的相关内部会计控制规范的规定。

第十九条　单位应当指定专门的部门或人员对投资项目进行跟踪管理，掌握被投资单位的财务状况和经营情况，定期组织对外投资质量分析，发现异常情况，应及时向有关部门和人员报告，并采取相应措施。

单位可根据需求和有关规定向被投资单位派出董事、监事、财务或其他管理人员。

第二十条　单位应当对派驻被投资单位的有关人员建立适时报告、业绩考评与轮岗制度。

第二十一条　单位应当加强投资收益的控制，对外投资获取的利息、股利以及其他收益，均应纳入单位会计核算体系，严禁设置账外账。

第二十二条　单位应当加强对外投资有关权益证书的管理，指定专门部门或人员保管权益证书，建立详细的记录。未经授权人员不得接触权益证书。财会部门应定期和不定期地与相关管理部门和人员清点核对有关权益证书。

第二十三条　单位应当定期和不定期地与被投资单位核对有关投资账目，保证对外投资的安全、完整。

第五章　对外投资处置控制

第二十四条　单位应当加强对外投资处置环节的控制，对投资收回、转让、核销等的决策和授权批准程序作出明确规定。

第二十五条　对外投资的收回、转让与核销，应当实行集体决策，并履行相关审批手续。

对应收回的对外投资资产，要及时足额收取。

转让对外投资应由相关机构或人员合理确定转让价格，并报授权批准部门批准；必要时，可委托具有相应资质的专门机构进行评估。

核销对外投资，应取得因被投资单位破产等原因不能收回投资的法律文书和证明文件。

第二十六条　单位财会部门应当认真审核与对外投资处置有关的审批文件、会议记录、资产回收清单等相关资料，并按照规定及时进行对外投资处置的会计处理，确保资产处置真实、合法。

第六章　监督检查

第二十七条　单位应当建立对外投资内部控制的监督检查制度，明确监督检查机构或人员的职责权限，定期或不定期地进行检查。

第二十八条　对外投资内部控制监督检查的内容主要包括：

（一）对外投资业务相关岗位设置及人员配备情况。重点检查岗位设置是否科学、合理，是否存在不相容职务混岗的现象以及人员配备是否合理。

（二）对外投资业务授权审批制度的执行情况。重点检查分级授权是否合理，对外投资的授权批准手续是否健全、是否存在越权审批等违反规定的行为。

（三）对外投资业务的决策情况。重点检查对外投资决策过程是否符合规定的程序。

（四）对外投资的执行情况。重点检查各项资产是否按照投资方案投出；投资期间获得的投资收益是否及时进行会计处理，以及对外投资权益证书和有关凭证的保管与记录情况。

（五）对外投资的处置情况。重点检查投资资产的处置是否经过集体决策并符合授权批准程序，资产的回收是否完整、及时，资产的作价是否合理。

（六）对外投资的会计处理情况。重点检查会计记录是否真实、完整。

第二十九条 对监督检查过程中发现的对外投资业务内部控制中的薄弱环节，负责监督检查的部门应当及时报告，有关部门应当查明原因，采取措施加以纠正和完善。

单位监督检查部门应当按照单位内部管理权限报告对外投资业务内部控制监督检查情况和有关部门的整改情况。

第七章 附 则

第三十条 本规范由财政部负责解释。

第三十一条 本规范自发布之日起施行。

后 记

改革开放以来，我国社会主义市场经济体制逐步建立与完善，人民群众参与社会管理和服务的积极性日益高涨，民间非营利组织不断发展。财政部根据《中华人民共和国会计法》及有关法律法规，制定并发布了《民间非营利组织会计制度》，自2005年1月1日起在全国适用的民间非营利组织范围内实施。为了促进民间非营利组织的健康发展，规范民间非营利组织的会计行为、提高会计信息质量是贯彻培育发展与监督管理工作的重要一环。

为了帮助各类民间非营利组织会计人员能更便捷、清楚地掌握《民间非营利组织会计制度》，我们根据在实际工作中遇见的情况以及广大民间非营利组织会计人员反映的问题，将《民间非营利组织会计制度》《民间非营利组织会计制度讲解》《民间非营利组织会计制度讲解与实务》《民间非营利组织会计实务》等相关书籍和资料汇总编辑，结合民间非营利组织业务内容特点编写了《民间非营利组织会计制度相关知识读本》。

本书本着方便使用、突出重点的原则，力求使民间非营利组织会计人员在实际工作中能迅速掌握和运用《民间非营利组织会计制度》。为了涉税方面一些账务处理问题的操作，我们介绍了一些税收方面的知识与政策，希望对大家有所帮助。

　　在本书的编写过程中，我们得到了北京市社会团体管理办公室谢鸿业处长、北京市地方税务局张翅两位同志的鼎力支持，他们为本书提供了很好的修改建议。

作　者

2014 年 6 月